U0738769

WOGUO **B**AOYE ZUZHI

HEXIN JINGZHENGLI YANJIU

钟虎妹◎著

我国**报业**组织核心竞争力研究

——基于"格式塔"竞争的视角

人民出版社

目　　录

导　论

改革开放以来,随着市场经济的发展和新闻体制改革的深化,市场竞争已成为中国报业的生存策略和生存方式,进入 21 世纪,报业组织核心竞争力问题日益凸显,对报业组织核心竞争力的研究具有重大的理论和现实意义。

一、问题的提出

(一)选题来源与研究背景

1. 选题来源

20 世纪 90 年代以来,我国开始主动融入经济全球化的进程,随着经济、政治、文化等各个领域发生的深刻变化,新闻传媒业日益成为我国社会主义市场经济的重要组成部分,产业化随之成为我国新闻传媒进一步发展的基本条件。

文化产业化是我国民族文化现代化发展的必然。不同于文化事业,"文化产业属于社会文化中的经营性文化部分,是文化的经济属性的集中体现,一般是指从事文化产品生产和提供文化服务的经营性行业"①,媒介产业化则是指传媒"从单纯的文化、精神生产的媒介单位沿着经营合理性的轨迹向企业状态过渡的一种现象"②。产业化的过程也就是市

---

① 欧阳友权主编:《文化产业通论》,湖南人民出版社 2006 年版,第 3 页。
② 张海潮:《走向产业化》,http://book.sina.com.cn/nzt/ele/yanqiuweiwang/36.shtml.

场化的过程,传统意义上我国新闻传媒意识形态性与政治性的高度结合正日益替换成意识形态性与经济性的有机交融,"从一种垄断行业向有限开放的社会行业转化,从一种单纯的新闻媒体观念向综合功能的大众媒体观念转型,从一种完全的社会政治主体向具有意识形态特殊性的市场主体移位,从一种单一的喉舌媒体向服务大众的公众媒体过渡"①,这一转型逐渐影响并作用于中国新闻传媒业的各个领域和层面。

市场即竞争。自国人创办第一份报纸开始,我国民族新闻业就具有良好的竞争意识和传统,并取得了卓越的成效;党的新闻机构建立后,在特定历史年代及革命任务下,党领导的新闻业曾一度在市场竞争上完全消退,然而随着社会的变化,自 20 世纪 80 年代开始,我国新闻传媒原有的质的规定性逐渐地不再完全适合传媒发展的客观需要,获取更好发展的有效方法就是在市场竞争中去锻炼和成长。

当今时代,一个国家、一个民族的传媒实力往往也就意味着这个国家这个民族在全球社会中的政治、经济、文化地位。加入世界贸易组织后,我国与西方发达国家在传媒产业发展中形成的经济优势,实际上正在成为各自实施意识形态教育的更加锐利有效的武器,在应对全球化的过程中,为了坚守住民族的、大众的、先进的文化阵地,必须首先赢得市场,否则一切都是空话。因此,在全球化时代,传媒必然是开放的、动态的、在竞争中寻求发展的,中国的市场化正是这样一种正面力量,它使中国新闻传媒也像其他行业一样,需要也必须义无返顾地在市场竞争中发展和壮大自己。

2. 研究背景

本课题的研究对象为既具有浓厚传统色彩又处于变革前沿的中国报业组织。报业本是一个很成熟的产业或行业,自 20 世纪 90 年代末开始,在全球范围内,新技术的进步和传播方式的变革使传媒生态环境发生了深刻变化,不同媒体间的竞争日趋激烈,作为平面媒体的报纸,要面对来自其他媒体的多重挤压,其处境尤为艰难和严峻,最近几年世界各国报纸发行量和广告市场份额的不断收缩便是一个体现。现代信息社会中,报纸如何在网络新媒体、电视、广播以及同行的多重冲击中寻求出路,其发

---

① 尹鸿、李底钢:《2003:中国电视产业备忘》,《南方电视学刊》2004 年第 1 期。

展和命运已引起了人们的广泛关注。

市场经济条件下,我国报业也面临着来自业内业外各媒体的挑战以及国外报业集团的威胁,然而与发达国家不同的是,我国报业还处在发展的上升时期,正具有巨大的市场潜力和活力。

我国是世界上拥有最大报业市场的国家,其市场化起步较晚,2005年报业千人拥有量约为76.84份①,不仅低于联合国规定的2000年世界日报千人拥有量100份,更远低于日本、挪威、美国等发达国家。整体而言,由于我国经济处在发展上升阶段,报业体制改革又不断深化,因此我国报业正处在发展的上升时期,不仅存在着很大的发展空间而且面临着全球化背景下"走出去"的问题。

关于我国报业的这一发展态势,新闻出版总署报纸期刊出版管理司作出了充分的说明。在2006年8月召开的第三届中国报业竞争力年会上,其拟定的《全国报纸出版业"十一五"发展纲要(2006—2010)》(下简称《发展纲要》)指出,不仅"十五"时期报纸出版业成为我国发展最快的行业之一,"十一五"期间也是报纸出版业深化改革、加快发展的关键时期,这一时期要建立惠及广大城乡居民的报纸出版发行体系,既要促使报业发展成果由主要惠及中心城市居民向普遍惠及广大城乡居民转变,也要力争使日报拥有量达到平均每千人90份,报纸普及率达到平均每户0.3份。② 同年,报纸期刊出版管理司联合外事司、国务院新闻办召开中国报刊"走出去"研讨会,强调了报刊国际发展对于一个国家所具有的重要战略意义,专门探讨了我国报刊业参与国际文化信息传播和国际传媒产业竞争的策略和措施。③

报纸期刊出版管理司制定的《中国报业发展报告》(下简称《发展报告》)也对此作出了分析。《中国报业发展报告2005》指出:报业已经成为

---

① 参见新闻出版总署信息中心传媒发展研究所:《中国报业发展报告二〇〇七:创新成就未来》,http://www.china.com.cn/txt/2007-07/05/content_8484588.htm.

② 参见新闻出版总署报刊司:《全国报纸出版业十一五发展纲要》,http://media.people.com.cn/GB/4671005.html.

③ 参见周志懿:《石峰:积极推动中国报刊走出去——访新闻出版总署副署长石峰》,《传媒》2006年第11期。

我国发展最快的行业之一,1990年以来报业发展呈现出周期性增长规律,出现了1990—1993年、1994—1999年、2000—2004年三次增长周期,截至2005年年初,我国日报出版的总量规模连续五年居世界第一,出版日报种类占全球日报总量的14.5%,世界每7种日报中就有1种出自中国,日报平均期印量近1亿,居世界第一位。① 根据世界报业协会2005年的统计数据,2004年我国日报总发行量、日均发行量都位居世界第一,取代日本成为世界日报发行量前100名中日报数最多的国家②;根据加博研究咨询集团的调查,到2006年,在中国、印度、日本、德国、美国五个全球最大的报业市场中,中国是保持增长速度最快的地区,日报总发行量增长了8.9%,高出印度近两个百分点,德国、美国、日本则分别下降9.63%、2.35%和0.97%。③ 相应地,我国报业经济实力也大幅上升,《中国报业发展报告2005》指出:2004年全年报纸总定价达252.9亿元,报纸广告经营额达230.7亿元,报纸印刷总量达到了1526亿对开张,比上年增长23.5%。④

同样重要的是,我国报业还存在着不少问题。《发展纲要》指出,目前制约我国报纸出版业发展的一些长期性深层次矛盾依然存在,例如遵循社会主义精神文明建设的特点和规律、适应社会主义市场经济发展要求的报纸出版体制没有真正建立;人民群众多方面、多层次、多样化的精神文化需求与报纸出版能力之间的矛盾依然存在;资源配置方式不适应社会主义市场经济要求,报纸出版资源紧缺与资源闲置浪费的矛盾突出;统一开放、竞争有序的现代报业市场体系尚未形成,粗放型发展模式导致报业市场恶性竞争,等等。⑤ 总之,报纸生产出版的资源利用率不高,粗

---

① 参见新闻出版总署报刊司:《中国报业发展报告2005》,http://press.gapp.gov.cn/news/wenadmin.php? aid=9335&val=news.

② 参见吴长亮、谭新波:《专家透视发行量》,http://news.xinhuanet.com/newmedia/2005-06/03/content_3039492.htm.

③ 参见加博研究咨询集团:《2006中国纸媒体行业研究报告》,http://www.chinab-gao.com/reports/15039.html.

④ 参见新闻出版总署报刊司:《中国报业发展报告2005》,http://press.gapp.gov.cn/news/wenadmin.php? aid=9335&val=news.

⑤ 参见新闻出版总署报刊司:《全国报纸出版业十一五发展纲要》,http://media.people.com.cn/GB/4671005.html.

放型增长的发展模式还比较落后。对此,《发展报告》也揭示出我国还远未成为报纸出版强国,报业发展基本上属于粗放型、外延型、数量型增长,尚处于向质量型、效益型、集约型的报业发展模式转变的战略调整期。①

对于我国报业而言,它在获取更大发展的同时也正处在打破传统模式实现向现代经营转型的必然阶段和前沿地带。就当下来看,国际传媒资本正通过各种方式进入国内市场,我国报业面临的是来自国内外报业自身和其他媒介的多重挑战,报纸和报纸、报纸和网络、报纸和其他媒介的竞争将日益激烈。面对战略机遇和时代挑战,我国报业应把握现阶段报业发展的主要特征,立足科学发展观开创报业繁荣发展的新局面。为此,中国报业必须进一步深化体制机制改革、重塑报业市场主体,在市场竞争中不断增强报纸的影响力和竞争力,核心竞争力正是其参与市场博弈、实现可持续发展,通过做大做强以提高舆论影响力、文化创新力和市场竞争力的主要依据和途径。

(二)研究目的与意义

作为传统的平面新闻媒体,报纸以新闻传播为专职,"对全体编辑人员来说,报纸吸引了许多人,是因为人们觉得报纸不同于其他经营项目,报纸有一种精神,有一个灵魂。"②无论东西方,在国家的整个新闻传媒系统中,报纸一直都居于举足轻重的地位,历来都是新闻传媒业的主体,中国新闻传媒的产业化变革中,报业的发展和变革也具有重大的目的和意义。

1. 研究目的

信息时代需要新的竞争方法,当今普遍接受的竞争力概念是西方学者普拉哈拉德(C. K. Praharad)和哈默(G. Hamel)于 1990 年提出的"核心竞争力(Core Competence)"概念。核心竞争力是企业持续竞争优势之源,它是企业基于市场竞争的需要,对周围环境和自身条件进行知性整合的结果,它代表了企业的一种综合素质和整体能力。核心竞争力理论是

---

① 参见新闻出版总署报刊司:《中国报业发展报告 2005》,http://press. gapp. gov. cn/news/wenadmin. php? aid = 9335&val = news.

② [美]杰克·富勒:《新闻的价值——信息时代的新思考》,陈莉萍译,新华出版社1998 年版,第 205 页。

当代占居主导地位的战略竞争理论,对参与市场竞争的所有企业或组织来说,不论是制造业还是服务业,核心竞争力都具有普遍的指导或借鉴意义;对于社会主义市场经济体制下中国报业的变革和发展而言,它也具有重要的启示意义和参考价值。本课题正是借鉴这一理论,力图在已有研究的基础上对报业组织的核心竞争力作出进一步的发现和揭示。

报业由报业组织组成,本课题旨在通过对报业组织,包括企业化的报社、报业集团以及报业经营性组织的研究(以报社为主),来获得新时代条件下报业可持续性发展的有益经验和法则。其立足点是新媒介环境下报纸的业内竞争(即报纸与报纸的竞争),兼顾报纸与网络、电视等其他媒介的竞争,着重探讨的是我国报业组织核心竞争力的性质、识别以及培育,力图为全球化背景下中国报业的发展壮大提供有价值的理论参考和可操作的实践指导。

具体研究任务如下:

(1)揭示描述出我国报业组织核心竞争力的必然性、实质及特点;

(2)提供一套我国报业组织核心竞争力评价识别的指标体系;

(3)建构一个我国报业组织核心竞争力培育的一般模型;

(4)探讨总结我国报业组织核心竞争力培育的具体方法,包括提高报纸生产质量与流程效率的标准与方法、提高报纸经营效果和市场影响的途径与方法、适合中国国情的报业组织管理体系与方法;

(5)提供我国区域性报业组织核心竞争力培育成功的典型案例。

2. 研究意义

(1)为我国报业的发展提供实践指导

由于新闻体制改革正处在深化阶段,在双轨制和产权改革的宏观规定下,国内规范的传媒市场、独立的市场主体以及配套的法规政策尚未正式形成,在这一"破冰"①时期,报业组织市场竞争充满了丰富性和复杂性。一方面,我国报纸媒体的市场意识和竞争水平整体上都有了提高;另一方面,究竟如何以市场主体的身份来参与竞争又面临着竞争战略、管理

---

① 参见《中国文化体制改革启动"破冰之旅"》,http://politics.people.com.cn/GB/1026/4255659.html.

方法等所带来的困惑,科学地参与竞争成为当务之急,它使对报纸核心竞争力作出实践总结和理论探讨具有强烈的现实意义。

（2）为我国报业的发展提供战略指导

作为新闻传媒业的主体,报纸历来以深度报道的优势和平面阅读的方便在新闻传媒的使命承担中扮演着重要角色,其核心竞争力针对的不仅是我国报媒的现实生存,更针对了它们今后的可持续发展,知识经济和全球化背景下,如何持续地参与市场竞争、解放和壮大新闻生产力,需要对报业组织核心竞争力进行更多地探究。以核心竞争力为基础,中国新闻传媒不仅要能真正提供符合民众需求的新闻信息,也要体现社会公器的优良影响,还要以强大的产业效益为国家经济发展作贡献,最终适应我国全面建设小康社会的总目标和总要求。

（3）理论拓展和学术创新意义

基于对核心竞争力整合特点的理解,本研究试图进行一些理论上的创新。笔者认为核心竞争力的实质是企业的"格式塔"竞争,报业组织核心竞争力是"影响力企业"的"格式塔"竞争,它是在"经济利益←→社会控制"二元对立中的整合。与西方报纸企业不同的是,我国报业组织核心竞争力具有二元独特性,它拥有党委领导与企业法人的双法人身份,并体现出社会效益第一前提下的利润最大化,实现的是社会效益与经济效益的兼容与互动。

为了说明报业组织"格式塔"竞争展开的内部机制,笔者运用价值链理论分析了我国报业组织的价值链构成及核心竞争力的培育。认为在报业组织价值链的基本活动和辅助活动中,价值创造的主要战略点包括:生产活动环节中的新闻信息提供、采编流程、新媒介与技术;市场活动环节中的受众定位、报纸发行、报纸广告;服务环节中的社会公益活动;辅助活动环节中的资本运作、组织管理。其核心竞争力构建体现为价值链上相互关联的三个方面的协同整合:①新闻优势＋②市场优势＋③管理优势→核心竞争力:整合优势,它们演绎为不同要素的组合和熔铸,呈现出价值链链状球体的动态运行模式。

以上观点不一定都正确,但确实是笔者思考的结果,希望能为理论研究和行业实践作出微不足道的贡献。

二、国内外研究述评

(一)国外研究述评

国外以"竞争力"或"核心竞争力"名目来直接研究报业和新闻传媒的并不多,笔者在中国图书馆创设的海外图书采选系统、Google 英文版、超星图书阅览器以及中南大学数字图书馆"Proquest"、"Questia"等外文期刊网上能查到的直接研究资料都很少,但这并不等于说西方就没有对报业及新闻传媒核心竞争力的研究。

报业是西方新闻传媒市场化运作和商业竞争中最早最成熟的一类。自 1833 年大众报纸出现,日本、欧美等国新闻传媒的市场竞争已有一百多年的历史,随着传媒实践和管理学、经济学的不断推进,近 100 年来新闻学、传播学、媒介经济学的各种研究中,人们实际上已经从不同方面对报业组织及新闻媒介的竞争力或核心竞争力进行了有益的探讨。

关于报纸及新闻传媒的自觉研究始于 19 世纪末 20 世纪初期。19世纪末已经有人开始对报纸生产和管理进行探讨,随着广告业的发展和媒介自身的日益繁荣,进入 20 世纪,除了以沃尔特·李普曼(Walter Lippman)、威尔伯·施拉姆(Wilbur Schramm)等人为代表的对传媒原理和社会功能进行的探讨外,人们对传媒经济及新闻竞争也表现出了日益热切的关注。

例如,20 世纪初期杰森·罗杰斯(Jason Rogers)已经注意到了报纸广告经营的重要性及相关问题,其《经营报纸广告:出售报纸副产品》(*Building Newspaper Advertising : Selling the By-product of the Newspaper.* Harper & Brothers,1919)一书以详实的案例对报纸发行、广告、社会作用及其关系进行了分析,50 年代传播政治经济学理论泰斗达拉斯·斯麦兹(Dallas W. Smythe)明确提出了"受众商品理论(audience commodity thesis)",60 年代马歇尔·麦克卢汉(Marshall Mcluhan)进一步提出了"二次售卖理论(The second-selling thesis)"。第二次世界大战结束后,除了有意识地从企业或组织的角度来探讨报业等媒体的竞争,人们还开始普遍运用政治经济学方法探讨传媒问题,20 世纪 70 年代有线电视的发展和报纸行业的诸多问题使媒介经济学(media economics)研究开始走向高潮和成熟,传媒竞争研究也得到了发展;80 年代以来,研究者和从业人士日益重视传媒作为企业的商业经济机构状况,媒介企业经营管理的许多方面,诸如产品生产与消费、市场策略、组织结构、运营方式、赢利模式、集中和垄断等都得到了探讨;90 年代以后,随着经济全球化和传媒竞争的不断加剧,战略分析、国际化发展、媒介融合、传媒帝国与多样化等问题受到关注,"媒体竞争(media competition)"等词也在许多文章的标题中频频出现。此时人们更加强调媒体企业与传媒生态环境的有机互动,如何根据环境变化不断获取竞争优势等问题日益凸显,这时的媒体实践和媒体研究实际上已开始指向"核心竞争力"的本质、原理或构建。此外,信息产业"注意力经济(Attention Economy)"的提出为探讨媒介经济和媒介竞争的本质打开了一扇大门,以迈克尔·高得哈伯(Michael H. Goldhabe)《注意力购买》(Attention Shopper)为代表的相关研究实际上揭示了传媒核心竞争力的某一重要特质。因此,尽管没有冠以"核心竞争力"的名目,但西方半个世纪以来,尤其是近十多年来关于报纸和传媒的各种研究又可以看做是和"核心竞争力"有关的,它们为系统研究报业组织的核心竞争力提供了广阔的理论背景、来源及多种方法支持。

(1)众多研究中,宏观分析媒体发展趋势和应对策略的以美国本杰明·康佩恩(Benjamin Compaine)、拜克丁汉·本(Bagdikian Ben)、艾伦·阿尔巴朗(Alan B. Albarran)、西尔瓦·奥姆斯逊(Sylvia M. Chan-Olmsted)、加拿大马歇尔·麦克卢汉(Marshall Mcluhan)、美国杰克·富勒(Jack William Fuller)、罗杰·菲德勒(Roger Fidler)、罗伯特·拉罗斯(Robert Larose)、约瑟夫·斯特劳巴哈(Joseph Straubhaar)、约翰·第米克(John Dimmick. W)等人为代表。

本杰明·康佩恩在 20 世纪 70 年代末期就对传媒发展作出了前瞻性分析和预测,其《谁拥有传媒:大众传媒的集中》(Who Owns the Media?: Concentration of Ownership in the Mass Communications. Knowledge Industry Publications,1979)一书对报纸、广播、电视等不同媒介的现状和发展可能性逐一进行了分析,他强调了媒介经济实力的重要;立足于新传媒格局的变化,2000 年本杰明又与道格拉斯·戈梅里(Douglas Gomery)一起推出了该书的第三版《谁拥有媒体：媒体产业的竞争与集中》(*Who Owns the Media? : Competition and Concentration in the Mass Media Industry*. Lawrence Erlbaum Associates, 2000)，对报纸等传统媒介的严峻形势及应对重新进行了分析。拜克丁汉·本的《传媒垄断》(*The Media Monopoly*. Beacon Press, 1997)、艾伦·阿尔巴朗的《媒介经济学：理解市场、产业和概念》(*Media Economics: Understanding Markets, Industries, and Concepts*. The Iowa State University Press, 1996)以及与西尔瓦合著的《全球媒介经济学：世界传媒市场的商业集中和一体化》(*Global Media Economics : Commercialization Concentration and Integration of World Media Markets*. The Iowa State University Press, 1998)、《媒介管理与经济学手册》(*Handbook of Media Management and Economics*. Routledge, 2005)等书则从经济学的角度集中描述了传媒垄断竞争的到来，分析了全球化时代不同媒体的特性和媒介市场竞争的规则与趋势。马歇尔·麦克卢汉、杰克·富勒、罗杰·菲德勒、罗伯特·拉罗斯注重结合时代背景分析信息新技术带给媒介的变化，包括传媒变革的必然、媒介形态变化的特点、新竞争时代新闻品质的重要等各个方面。马歇尔·麦克卢汉著有《理解媒介——论人的延伸》(*Understanding Media : The Extensions of Man*. McGraw-Hill Companies, 1964)、杰克·富勒著有《信息时代的新闻价值观》(*News Values : Ideas for an Information Age*. University of Chicago Press, 1996)、罗杰·菲德勒著有《媒介形态变化：认识新媒介》(*Mediamorphosis : Understanding New Media*. Pine Forge Press, 1997)、罗伯特·拉罗斯与约瑟夫·斯特劳巴哈合著有《今日媒介：信息时代的传播媒介》(*Media Now : Communications Media in the Information Society*. Wadsworth Publishing Company, 1995)。约翰·第米克的贡献则在于对媒体竞争"适当位置"(也即市场定位与细分市场)的阐发，其《媒体竞争与共存："壁龛"(利奇)理论》(*Media Competition and Coexistence : The Theory of the Niche*. Lawrence Erlbaum Associates Inc, 2002)一书对信息时代各传媒的竞争格局及市场细分策略作出了很透辟的分析。

(2)具体探究媒介经济行为及竞争优势的以美国罗伯特·皮卡特(Robert G. Picard)、加拿大柯林·霍斯金斯(Colin G. Hosins)、美国菲利普·拉玻里(Philip M. Napoli)、可勒布卢·科(Killebrew K. C)、安锐特·艾瑞斯(Annet Aris)等人为代表。

皮卡特是传媒经济学的奠基人之一,20 世纪 80 年代以来他一直致力于包括报业在内的传媒经济及竞争研究,著有《美国报业的市场特点》(*Market Characteristics of the U. S. Newspaper Industry*. Louisiana State University Journalism Extension Service,1986)、《中型日报发行定价的特性与操作》(*Circulation Pricing Behavior and Practices in Mid-sized Dailies*. Louisiana State University Journalism Extension Service ,1987)、《报刊集中与垄断:报纸拥有和运作的新视野》(*Press Concentration and Monopoly*: *New Perspectives on Newspaper Ownership and Operation*. Ablex Publishing,1988)、《报业经济学参考书目》(*Newspaper Economics Bibliography*. the Teaching Standards Committee of the Media Management and Economics Division, Association for Education in Journalism and Mass Communication ,1991)等研究报告和著作,并与他人合著《报纸出版业》(*The Newspaper Publishing Industry*. Allyn & Bacon,1996)等书,其《媒介经济学:概念与问题》(*Media Economics*: *Concepts and Issues*. Sage Publications,1989)、《传媒管理学导论》(*The Economics of Financing of Media Companies*. Fordham University Press,2002)等著作以及主编的《媒介公司:结构、操作与执行》(*Media Firms*: *Structures*, *Operations*, *and Performance*. Lawrence Erlbaum,2002)、《媒介产品组合:多元化产品与服务的管理问题》(*Media Product Portfolios*: *Issues in Management of Multiple Products and Services*. Lawrence Erlbaum,2005)等书都对传媒经济与市场博弈作出了宏观的描述、阐释和揭示。霍斯金斯与斯图亚特·麦克法蒂耶(Stuart McFadyen)以及亚当·费恩(Adam Finn)合著的《媒介经济学:经济学在新媒介与传统媒介中的应用》(*Media Economics*: *Applying Economics to New and Traditional Media*. SAGE Publications,2004)、菲利普·拉玻里的《受众经济学》(*Audience Economics*:*Media Institutions and the Audience Marketplace*. Columbia University Press, 2003)等书也对传媒竞争作出了媒介意义和受众意义上的分析和解释,菲利普·拉玻里所著《整改对媒介市场竞争和媒介管理的影响》(*The Impact of Regulatory Change on Media Market Competition and Media*

Management. Lawrence Erlbaum,2004）、可勒布卢·科所著《媒体整合管理：新闻工作合作之路》（*Managing Media Convergence：Pathways to Journalistic Cooperation*. John Wiley & Sons,2004）从变革管理入手探讨了传媒竞争优势的获取，安锐特·艾瑞斯则关注媒介公司的价值创造,其与杰克斯·布斤（Jacques Bughin）合著的《媒体公司的价值创造管理》（*Managing Media Companies：Harnessing Creative Value*. John Wiley & Sons,2005）直指传媒组织的价值创造,为报业组织核心竞争力研究提供了切实的参照。

此外,欧美等国在对传媒与社会、政治的关系进行探讨时往往会提及传媒的市场竞争行为,也为传媒核心竞争力研究提供了启示,以爱得文·拜克（C. Edwin Baker）《媒体、市场和民主》（*Media，Markets and Democracy*. Cambridge University Press,2001）一书为代表,他在探讨不同民主政体所对应的媒介时,分析了媒介产品的特性和经济问题,提出了服务受众、服务公民和市场检验等原则。

（3）直接研究报业发展与竞争的主要人物有美国威尔伯·施拉姆（Wilbur Schramm）、弗兰克·鲁克（Frank Warren Rucker）、哈伯特·威廉斯（Herbert Lee Williams）、科芮达·芬克（Conrad C. Fink）、威廉·索恩（William Thorn）、弗兰克·邓通（Frank Denton）、非利普·梅耶（Philip Meyer）、日本中马清福以及前文提到的罗伯特·皮卡特等人。

施拉姆与弗瑞德克·希伯特（Fredrick Siebert）、瑟欧多罗·帕特森（Theodore Peterson）等人对报纸新闻制度及新闻生产的基本要求进行了阐发,《报刊的四种理论》（*Four Theories of the Press：The Authoritarian，Libertarian，Social Responsibility， and Soviet* ……. University of Illinois Press,1963）在报刊属性研究中一直有着权威性的影响;鲁克·弗兰克和哈伯特·威廉斯对报业企业应具备的组织结构和管理方式进行了分析,其合著的《报业组织和管理》（*Newspaper Organization and Management*. Iowa State University Press）1974 年即在美国出至第四版;芬克·科芮达和威廉·索恩则对报纸战略管理和发行的商业化操作等问题进行了探讨,芬克·科芮达著有《报业战略管理》（*Strategic Newspaper Management*. Random House,1988）,威廉·索恩和玛丽·帕特（Mary Pat Pfeil）合著有《报纸发行:新闻市场营销》(*Newspaper Circulation*:*Marketing the News*. Longman Group United Kingdom,1987)。进入20世纪90年代后,随着网络等新媒体的普及和竞争的迅速加剧,弗兰克·邓通、非利普·梅耶等人开始专注于报纸生存的危机、机会的攫取和独特竞争优势的培育。弗兰克·邓通和霍华达·库路兹(Howard Kurtz)于1993年出版《重造报业》(*Reinventing the Newspaper*. The Twentieth Century Fund Inc,1993)一书,剖析了报业所面临的危机并对报业的重整提出了框架性意见;非利普·梅耶于2004年出版《消失中的报纸:拯救信息时代的新闻工作》(*The Vanishing Newspaper*:*Saving Journalism in the Information Age*. University of Missouri Press,2004),对报业如何在残酷竞争的既定现实中获得自身的机会作出了敏锐而深切的剖析,他提出要加强报纸的公信力、影响力以及报道的准确性,呼吁采取急切手段拯救报业。2003年,日本《朝日新闻》前任总编中马清福也在所写的《报业的活路》(崔保国、艾勤径、高扬译,清华大学出版社,2005)一书中敲响了报纸如何在新媒介环境下适应读者、赢得市场的警钟。

此外,瑞欧得·詹耳若(Riode Janeiro)和布拉兹·拉斯特简(Brazil lastJune)著有《报业资源的成功战略》(*Materials Successful Newspaper Strategies*. World Association of Newspapers,2001)、理查德·克勃(Richard Keeble)著有《报刊指南(媒体实践)》(*The Newspapers Handbook (Media Practice)*. Routledge,2005)、杰姆斯·玻拉得(James E. Pollard)著有《报纸管理原则》(*Principles of Newspaper Management*. READ BOOKS,2007)等书,都从实际操作的角度对报业竞争行为进行了某些分析。

以上各种研究从组织构造、战略管理、经营方式、市场策略、发行营销、新闻资源运用、报道风格、形成社会影响等众多方面对报业组织的竞争力作出了探讨,为报业组织核心竞争力的研究提供了直接多样的理论启发和方法指示。

(4)除了代表性人物和专著以外,类似研究还包括各种研究性和学位性的论文、报告,以及发表它们的多种研究专刊和杂志,代表性期刊杂志有《传媒经济学学刊》(*Journal of Media Economics*)、《国际传媒管理学刊》(*International Journal on Media Management*)、《传媒管理研究学刊》

（Journal of Media Business Studies）、《报纸研究期刊》（Newspaper Research Journal）、《新闻研究季刊》（Journalism Quarterly）、《美国新闻评论》（American Journalism Review）、《哥伦比亚新闻评论》（Columbia Journalism Review）、《广播电子媒介研究期刊》（Journal of Broadcasting & Electronic Media）等。在这些刊物上人们发表了有关传媒经济、经营管理与竞争的许多重要观点，直接与报业有关的例如《传媒经济学学刊》上发表的艾伦·阿尔巴朗的文章《传媒产业经济的多样性与集中》（Concentration and Economies of Multiformity in the Communication Industries，1996，9（4））与罗伯特·皮卡特的文章《慢性衰退：报业公司规模与多种经营》（Weathering a Recession：Effects of Size and Diversification on Newspaper Companies，1999，12（1））、《国际传媒管理学刊》上发表的可勒布卢·科的文章《文化、创意和整合：信息变化时代的媒介管理》（Culture，Creativity and Convergence：Managing Journalists in a Changing Information Workplace. 2003，5（1）、《报纸研究期刊》上发表的斯第芬·拉西（Stephen Lacy）的文章《竞争、发行与广告》（Competition，circulation and advertising，2004，12（1））等等，限于篇幅，此处不再一一罗列。

（二）国内研究述评

与国外相比，20 世纪 80 年代前，国内业界和学界对报业及整个新闻传媒的研究主要落在宣传报道上，80 年代以来人们开始探讨传媒变革及其经营管理，进入 90 年代，相关研究随着核心竞争力理论的引进和传媒经济学在国内的兴起而迅速发展。由于有意借鉴"注意力经济"与"核心竞争力"等概念来解答社会主义市场经济体制下我国新闻传媒业的改革和拓进，进入 21 世纪后国人对新闻传媒影响力经济与核心竞争力的研究蔚然成风，可以说国内对报业及新闻传媒核心竞争力的研究是十分明确的。

国内的相关研究可分为三种情况：一是对整个新闻传媒经营管理的探讨，包括产业化变革、体制转换、经济属性、发行营销、广告运作、内部管理、受众需求、媒介竞争等各方面的分析及案例；二是集中对新闻传媒核心竞争力进行探究，包括一般原理的阐释和具体构建的分析；三是专门研究报业及其核心竞争力。这三方面研究不同程度地交叉渗透在一起,近十多年来涌现了一大批专家、学者、业界人士及大量专著、论文和报告。

(1)侧重于对新闻传媒发展与经营管理作出整体探讨的以孙旭培、黄升民、邵培仁、周鸿铎、吴飞等人为代表。

孙旭培被称为中国最敢言的新闻研究学者,他关注中国的新闻体制改革,强调社会主义的新闻自由并提出了一系列重要的观点:20世纪70年代末提出中国新闻改革的内涵应包括新闻业务和新闻体制两个方面(见1977年10月17日《人民日报》),80年代提出"民办报纸(公共报纸)"①的观念,90年代中期提出报业作为信息产业应推向市场参与竞争,其在新闻自由、新闻立法、新闻改革等敏感领域内的探索为中国报业改革和竞争提供了有益的启示。黄升民和邵培仁是国内较早系统研究大众传媒产业化与经营管理规律的学者,黄升民在其编著的《媒介经营与产业化研究》(与丁俊杰合编,北京广播学院出版社1997年版)一书中建立了解释媒介产业化的"大众传播媒介产业平衡器模型",并编著《报纸广告策略与个案分析》(与丁俊杰合编,北京广播学院出版社1997年版)、《中国报刊媒体产业新动向》(与周艳合编,中国传媒大学出版社2005年版)等书考察了报刊的发展趋势和广告化经营措施;邵培仁提出开放条件下应对传媒国际竞争的"媒介特区"②构想,主张在"媒介特区"内实行报业等的跨媒介、跨行业、跨地区的竞争和合作,其所著《媒介经营管理学》(与刘强合著,浙江大学出版社1998年版)强调了媒介经营管理"四M要素(人、财、物、讯)"的同等重要以及双元、双效、双赢的经营导向,他还分析了媒体经营管理的两大规律和八大原则③,并提出了中国报业集团发展的十大悖论④。周鸿铎主要研究传媒经济现象,其编著的

---

① 参见柴葳、王永亮:《孙旭培:甘为新闻改革铺路奠基》,http://www.people.com.cn/GB/14677/22114/31734/31735/2332306.html.

② 参见章东轶:《邵培仁:学术呼唤良知》,http://www.people.com.cn/GB/14677/21965/22072/2329836.html.

③ 参见傅百荣:《系统·科学·新颖》,http://cjr.zjol.com.cn/05cjr/system/2003/09/04/001909479.shtml.

④ 参见邵培仁、陈兵:《论中国报业管理改革中的十大悖论》,《中国传媒报告》2004年第4期.

"传媒经济丛书"(8卷,经济管理出版社2003年版)和"媒介经营与管理丛书"(12卷,经济管理出版社2005年版)对传媒产业经济、市场策划、资本运营、产业机构模式、现代化经营与管理、媒介组合策略、集团运营机制、财务管理、媒介调查分析、传媒集团成功之道等作出了较为翔实的分析,其中谈到了竞争的相关问题,《报业经济》和《报业产业经营与管理》对中国报业经济的新发展和报业经营管理新变革集中作出了阐发和揭示。吴飞推出"解析传媒丛书"(中国传媒大学出版社2005年版),对媒体的性质、定位及运作作出了基于媒介特性的学理分析,其《传媒批判力》、《传媒影响力》和《传媒竞争力》对现代传媒成功经营的关键与运作进行了发掘和总结。以上研究都为报业组织核心竞争力的研究提供了广泛而多样的理论借鉴和参照。

(2)侧重于直接探讨报业发展、报业经济与报纸竞争的以喻国明、郑保卫、许中田、唐绪军、曹鹏、连福寅、屠忠俊、董天策、陆小华、宋健武、金碚、蔡雯、辜晓进等人为代表。

郑保卫提出新闻传媒的核心竞争力是该传媒核心资源和能力的总和,它以传媒自身采写编评等主体业务为核心(《试论新闻传媒核心竞争力的开发》,与唐远清合撰,《新闻战线》2003年第1期),其编著的《论媒介经济与传媒集团化发展》(中国人民大学出版社2003年版)、《论传媒改革与发展》(新华出版社2004年版)两本论文集比较集中地探讨了以报纸为代表的我国新闻媒体在竞争和改革中所面临的问题和困境以及能实施的对策与出路。许中田、连福寅、唐绪军等人对报业经济和经营管理的研究较早,许中田著有《面向21世纪的中国报业经济》(人民日报出版社1998年版)、连福寅著有《报业经济论稿》(人民日报出版社1998年版)、唐绪军著有《报业经济与报业经营》(新华出版社1999年版)、屠忠俊著有《当代报业经营管理》(华中理工大学出版社1999年版)、董天策著有《中国报业的产业化运作》(四川人民出版社2002年版),他们对我国报业产业化运作的历史进程、生存格局、报纸的商品性、报业经营管理及集团化等都进行了探讨。曹鹏、宋健武致力于报业集团发展和报刊赢利模式研究,曹鹏著有《中国报业集团发展研究》(新华出版社1999年版),他较早提出并分析了媒介的"影响力经济"和"注意力经济",强调影响力经济是信息供受方之间产生的互动①,指出了影响力经济和媒介核心竞争力的内在关系②,并认为报业组织核心竞争力由核心内容、核心团队与核心受众三者构成(《中国媒介前沿》,新华出版社 2003 年版);宋健武《中国媒介经济的发展规律与趋势》(中国人民大学出版社 2005 年版)一书则对媒介经济与集团化发展作出了基于实践的理论阐释。陆小华关注报业的整体变革和对策,在其《整合传媒:传媒竞争趋势与对策》(中信出版社 2002 年版)、《再造传媒:传统媒体系统整合方略》(中信出版社 2003 年版)、《激活传媒:传媒竞争力发掘与执行策略》(中信出版社 2004 年版)等系列著作中传达了对中国报业形势、对策、方法的系统思考。金碚更侧重于报业经济学的分析,他阐明了报业竞争力研究的经济学方法并建构了一套基于经济学分析的"报纸评估指标体系"(《竞争力经济学》,广东经济出版社 2003 年版),其《报业经济学》(经济管理出版社 2002 年版)一书对报业组织作为企业的经济特殊性和具体经济行为进行了阐发。蔡雯侧重报纸生产的资源开发与新闻策划,著有《新闻报道策划与新闻资源开发》(中国人民大学出版社 2004 年版)、《新闻编辑学》(中国人民大学出版社 2006 年版)等著作。以上研究为报业核心竞争力的研究提供了理论和方法上的直接支持。

此外,从事国内外报业比较研究的以尹良富、辜晓进和胡连利等人为代表。尹良富的《日本的报业集团研究》(南方日报出版社 2005 年版)、辜晓进的《走进美国大报:探索媒体竞争力的第一现场报导》(左岸文化 2004 年版)、胡连利的《英法美日报业发展研究》(河北大学出版社 2003 年版)比较详尽地披露了日本、美国等国报纸的发展、现状、经营理念及管理模式。这些都为研究中国报业的发展与竞争提供了有益的借鉴。

以上学者和业界人士中,中国人民大学新闻学院喻国明教授的研究具有一定的代表性。2000 年前后喻国明开始探讨我国传媒变革及市场竞争的一系列问题,其研究涵盖了当代中国新闻传媒变革及报业转型与

---

① 参见曹鹏:《影响力经济与媒体赢利模式》,《新闻与写作》2001 年第 12 期。
② 参见曹鹏:《影响力经济概念的提出与媒介核心竞争力简析——在北京广播学院的学术演讲》,《杭州师范学院学报(社会科学版)》2002 年第 2 期。

对策的各个方面,包括理论诠释、案例总结、数据分析等,他系统地总结和强调了新闻传媒的影响力与影响力经济本质,对传媒市场竞争进行了多方面的分析。主要著作有:《媒介的市场定位:一个传播学者的实证研究》(北京广播学院出版社 2000 年版)、《解析传媒变局:来自中国传媒业第一现场的报告》(南方日报出版社 2002 年版)、《传媒影响力:传媒产业本质与竞争优势》(南方日报出版社 2003 年版)、《变革传媒:解析中国传媒转型问题》(华夏出版社 2004 年版)、《传媒竞争力:产业价值链案例与模式》(与张小争编著,华夏出版社 2004 年版)、《传媒发展前沿》(中国传媒大学出版社 2005 年版)等书。

(3)近几年来高校新闻学、传播学或管理学、经济学领域涌现出了一批硕士博士,其中有一些对报业竞争与报业核心竞争力也进行了专门的研究。

例如,硕士学位论文有:厦门大学田文生《报纸品牌建设——21 世纪中国报业发展策略》(2001,新闻学);暨南大学梁瑜虹《我国报纸营销策略分析》(2002,新闻学);中国社会科学院研究生院邢立新《论报业竞争及其对我国报业发展的影响》(2002,新闻学);河北大学张灵辉《市场化报纸发行渠道研究》(2003,新闻学);对外经济贸易大学张庆《北京都市类报纸核心竞争能力研究》(2003,工商管理);郑州大学白锋哲《中国业外资本进入报刊业的历史演进及前景展望》(2003,工商管理)。博士学位论文有:北京航空航天大学朱友芹《报业流程再造的关键使能技术研究》(2001,管理科学与工程);复旦大学严三九《中国传媒资本运营研究》(2003,新闻学);复旦大学林如鹏《广东报业竞争战略与竞争优势研究》(2004,传播学);复旦大学刘勇《重塑权威、重塑核心——省级党报改革发展的现实选择》(2004,传播学);复旦大学陶志峰《中国报业规制问题研究》(2004,产业经济学);复旦大学丁和根《传媒竞争力:评价理论与提升战略》(2004,新闻学博士后);复旦大学张健《新闻自由与经济自由的和谐与悖谬》(2005,传播学);天津大学赵曙光《我国报业发展研究》(2004,新闻学);中南大学肖光华《我国报业产业组织研究》(2004,管理科学与工程);西安交通大学赵文华《优化报业集团经营与管理的理论研究与实践分析》(2000,管理科学与工程博士后)等。相关的专著有：丁和根《传媒竞争力：中国媒体发展核心方略》（复旦大学出版社2000年版）；赵曙光、陶志峰等人的"M-MBA"丛书，包括陶志峰《媒介战略管理：方向性的把握》、赵曙光与史宇鹏《媒介经济学：一个急速变革行业的原理和实践》、贾国飚《媒介营销：整合营销的观点》、赵曙光与耿强《媒介资本市场：应用导向的分析》（以上皆由湖南人民出版社2003年出版）。

以上年轻学者中，专门对报业组织"核心竞争力"进行探讨的以广州日报报业集团博士后、清华大学新闻与传播学院的刘年辉为代表，其《报业核心竞争力：理论与案例》（中国广播电视出版社2006年版）一书引进社会学中"社会资本"的概念和分析框架，讨论了报业组织核心竞争力的独特本质。

（4）至于各种研究的论文、报告多见于《新闻与传播研究》、《当代传播》、《新闻大学》、《国际新闻界》、《中国记者》、《新闻战线》、《新闻记者》、《中国报业》、《传媒观察》、《新闻与写作》、《新闻界》、《中国广播电视学刊》、《传媒》等期刊和人大报刊复印资料《新闻与传播》，以及各大学学报、各社科研究刊物与中国新闻研究、中华传媒网、传媒学术网、中国新闻传播学评论网等网站上。此外，我国香港、台湾等地也有一些专家学者作出了相关的研究，此处不再赘举，它们都为报业组织核心竞争力的研究提供了理论与方法上的多种借鉴和参照。

最后要说明的是，报业是我国文化产业的核心构成之一，国内文化产业领域的一些专家学者虽然没有对报业或媒介竞争作出专门的阐述，但他们对国内外文化产业的深入研究却为探讨我国报纸产业化发展提供了富于启发的理论指导和方法指引，例如中国人民大学金元浦教授、北京工业大学王国华教授、上海社科院花建研究员、国家行政学院祥述裕教授、中南大学欧阳友权教授等的相关研究。

三、主要内容、创新与方法

（一）已有研究可拓展的领域

从东西方的研究来看，对报业竞争的探讨大体基于"二次售卖"的产业特性,总体上倾向于采用"一般原理的描述+若干专项因素阐析"的研究模式。目前,人们探讨的眼光已关注于报业的整合竞争,诸如品牌管理、集约化管理、资本经营、打造产业链、企业文化等,然而结合报业组织价值创造的特性,从竞争主体知性整合的角度来对报业核心竞争力作出专门系统的研究还不是很多。据此本研究认为,我国报业核心竞争力有三个方面值得进一步开拓和深入:

(1)明确报业的产业特性。社会主义市场经济条件下,和所有产业一样,我国报业等新闻媒体行业也卷入了市场竞争的洪流,但我国新闻业的固有特性使我国报业的竞争不同于一般产业或企业及西方报业的竞争,其市场份额和利润最大化应在遵循二次售卖原理的同时符合社会主义国家的义利关系,其核心竞争力应有独特的内涵和规定。

(2)增强报纸媒体的微观研究。报业竞争最终落实于具体报业组织的竞争,我国报业组织正处在向现代企业转变的阶段,党委领导下的法人治理结构作为市场主体具有特殊性,其内部究竟是如何运作的、怎样才能充分发挥社会和市场的双重效用,这些都需要更具体的分析,只有注重对这一微观单位核心竞争力的研究,才能构建并提升我国报业个体和整体的核心竞争力。

(3)从价值创造整合的角度解析报业组织的核心竞争力。报业组织核心竞争力是一定外部条件下,报业组织对生产、经营、管理等各项活动的有机整合,其构建必有得力点,但并非只要具备几个专项因素就可以解决。报业组织需要在相关政策规定和制度安排下,从品牌管理出发,对价值创造的所有环节及要素进行识别和整合,只有运用一种基于新闻立场、市场意识和管理创新之上的全方位的眼光和方法,报业组织核心竞争力的实质和面貌才能真正被认识,其构建和培育也才能真正付诸实施。

(二)主要内容与逻辑结构

基于以上考虑,笔者试图站在对企业核心竞争力科学理解的基础上,融合管理学和新闻学的相关理论,结合国内外关于报业(含新闻传媒业)产业化发展(含市场竞争)的各种文献和研究资料,对我国报业组织核心

竞争力作出从历史到现实、从表象到本质、从整体构建到具体培育的全景
式观照和探索。

1. 主要内容

本研究的基本理论支点是对企业核心竞争力的"格式塔(Gestalt)"
理解,结合报业组织企业与事业的二重性,笔者对我国报业组织核心竞争
力的实质、特性、识别、培育以及相关实例,进行了分析和探讨。

本研究包括导论、六大主体章节和结束语,主要内容如下:

导论阐明了研究的背景、对象与意义,强调了客观环境下我国报业组
织竞争研究的重要性,介绍了研究的基本思路、逻辑结构、主要创新点与
方法。

第一章对企业核心竞争力理论作出了详细的梳理和归纳,分析了企
业核心竞争力知性整合的本质。基于对核心竞争力整合特点的理解,笔
者引入心理学上的"格式塔(Gestalt)"概念,将企业核心竞争力概括为企
业的"格式塔"竞争,即知觉整合竞争。笔者以为,企业核心竞争力具有
普适性,对于知识经济时代参与竞争的组织和企业而言,核心竞争力是生
存的基本依据和竞争的最高哲学。

第二章对我国报业组织核心竞争力的时代必然性和可能性进行了
分析和探讨。本章界定了报纸及我国报业组织的含义,回顾了中国报
业从诞生到 20 世纪 80 年代末期的历史进程,揭示了我国民族报业发
展历程中市场竞争的合理性。本章指出了 20 世纪 90 年代以来我国新
闻传媒整体生存环境的变化,从报业市场化经营、企业化改制以及新
媒介格局等方面剖析了我国报业参与市场博弈的必然性和合法性,最
后分析了知识经济时代新闻传播活动与核心竞争力的关系,阐明了报
业组织核心竞争力在报业自身发展及国家层面战略发展中的地位与
意义。

第三章探讨了我国报业组织核心竞争力的实质。本章列举了我国报
业组织核心竞争力的相关观点,从企业的角度阐明了报业组织核心竞争
力"格式塔整合"的一般特点,立足于媒介的固有机理和产业特性,分析
了报业影响力及影响力经济的内在规定性。本章界定报业组织是一种
"影响力企业",其核心竞争力的实质是"影响力企业"格式塔竞争,这一

过程是在以"信息传递"为基础的"经济利益←→社会控制"的二元框架中实施的整合与平衡过程。本章最后分析了我国报业组织"影响力企业"格式塔竞争的独特性,即"双法人"的市场主体身份以及社会效益第一、社会效益和经济效益的互动统一。

第四章对我国报业组织核心竞争力的识别、培育及构建模型进行了分析。基于格式塔的整合性,本章指出了报业组织核心竞争力的品牌识别、关键活动识别及基本要求,提供了报业组织核心竞争力识别的指标体系。引用波特的价值链理论,本章探讨了企业格式塔竞争展开的内在机制,着重分析了核心竞争力的价值链构建原理,阐明了文化企业核心竞争力构建的一般要求及途径,构建了文化企业的基本价值链模型。在此基础上,本章描绘了我国报业组织价值链上的战略节点,并构建了报业组织核心竞争力构建的价值链链状球体动态模型。

第五章对我国报业组织核心竞争力的培育作出了操作上的具体阐发。本章指出了报业组织核心竞争力培育是一个格式塔的培育过程,强调了其价值链构成中新闻价值、市场导向、管理协同的各自地位与要求,依次分析了报业组织核心竞争力培育中新闻生产为基石、市场运作为关键、管理成效为保障的机理关系以及主要原则和方法。本章从内容为王、流程优化、信息数字化等方面就报媒新闻本位优势的铸就,从市场定位、需求拉动生产、整合营销等方面就报媒市场优势的确立,从内部机制变革、学习型组织建设、资本管理等方面就报媒管理优势的形成,一一进行了阐发。

第六章分析介绍了源自湖南的两家性质、职能各不相同的品牌报纸——《体坛周报》和《潇湘晨报》在市场竞争中获得持续性发展的过程,以它们从地方报跃升为全国性强势报纸和区域性强势报纸的案例分析形象具体地验证我国报业组织"影响力企业"格式塔(知觉整合)竞争所包含的某一普遍意义。

结束语归纳了主要结论,并对下一步研究进行了展望。

2. 逻辑结构

本研究的逻辑结构如下图所示。

```
┌─────────────────────────────┐
│      我国报业组织核心竞争力研究        │
└─────────────────────────────┘
```

| 导　论 | 第一章 企业核心竞争力：企业"格式塔"竞争 |

| 问题的提出 | 国内外研究述评 | 主要内容、创新与方法 | 企业"核心竞争力"的界定 | 核心竞争力的理论背景和时代意义 | 企业"格式塔"竞争：企业知觉整合竞争 |

报业产业化趋势
报业发展现状
报业"走出去"战略

"格式塔"与知觉整合
企业知觉和组织学习
核心竞争力的整合性

我国报业组织核心竞争力的
历史必然性、时代意义、实质、特性、识别、培育、案例

| 第二章 我国报业组织核心竞争力的历史必然性与现实意义 | 第三章 我国报业组织核心竞争力的实质：影响力企业"格式塔"竞争 | 第四章 我国报业组织核心竞争力能够被识别，其整体构建有基本模型 | 第五章 我国报业组织核心竞争力能从平面操作的角度来实施具体培育 |

第六章 案例分析：体坛周报与潇湘晨报的"影响力企业"格式塔竞争

结论与研究展望

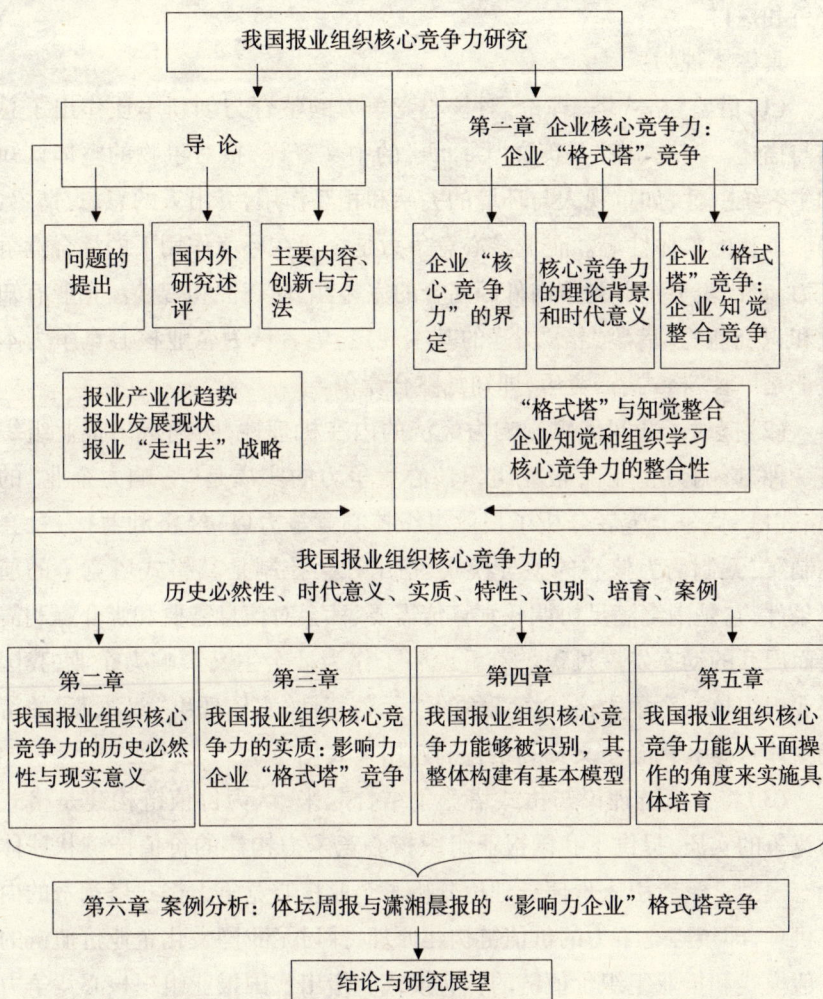

本研究的逻辑结构图

（三）主要创新与研究方法

1. 主要创新

本研究的创新在于,根据对企业核心竞争力和报业组织双重属性的理解,借鉴心理认知的"格式塔"理论,将报业组织核心竞争力界定为"影响力企业"格式塔竞争,以此对我国报业组织核心竞争力进行了全面的

解析和探讨。

具体体现为:

(1)借鉴"格式塔"理论,对核心竞争力的整合与创新本质作出了总结与描述。"格式塔"是英文"Gestalt"的中文音译,指对事物的整体认知和主客统一性,如重视人与环境的关系和相互作用,突出人的意志、情感,强调事物的整体性等。企业核心竞争力是企业在环境作用下的综合竞争能力,它代表了企业竞争内外因结合的完整性、动态性和智性。企业有知觉和识别能力,借鉴"格式塔"的基本规定,笔者认为企业核心竞争力本质上是一种"格式塔"竞争,即知觉整合竞争。

(2)探讨了新闻传媒影响力经济的内在机理性,明确指出报业组织是一种"影响力企业",报业组织核心竞争力的实质是"影响力企业"的"格式塔"竞争。笔者分析了报业组织核心竞争力以"经济利益←→社会控制"二元制衡为核心的整合模式,指出社会控制是其格式塔竞争的前提条件,它是围绕满足协调政党宣传需要、社会对信息需要和媒介赢利需要而展开的动态发展过程。着重说明了作为社会主义影响力企业,我国报业组织核心竞争力格式塔竞争的二元独特性,它体现出"双法人"的市场主体身份和社会主义义利结合的效用最大化。

(3)将价值链理论与格式塔竞争结合起来,认为价值链构建是格式塔竞争的实质,提供了我国报业组织核心竞争力构建的价值链链状球体动态模型。笔者引入价值链理论分析了企业核心竞争力格式塔竞争的内在机理,即核心竞争力的价值链构建原理,探讨了我国文化企业价值链的一般模式和报业组织价值链的特有模式。指出我国报业组织核心竞争力的格式塔构建缘自其价值链上价值创造活动的有机整合,它以新闻生产为基石、市场运作为关键、管理协同为保障。笔者提供了这一动态构建的价值链链状球体模型。

(4)探讨了我国报业组织核心竞争力的具体培育途径,它是一个多方整合,也即格式塔的培育过程。本研究分析了报业组织价值链上价值创造的主要战略点,指出其具体整合包括:新闻生产活动环节中"三贴近"的新闻信息提供、敏捷的采编流程、新媒介与技术的运用;市场活动环节中准确的受众定位、强势报纸发行、整合营销的推广(含服务环节的社会公益活动);辅助活动环节中的资本运作、组织管理。在一定的外部环境下,诸多因素围绕"经济利益←→社会控制"的核心运作,其最终的整合和创新便是该报业组织的核心竞争力。

2. 主要研究方法

我国报业组织核心竞争力研究既是理论问题,也是实践问题,鉴于报业产业化发展中所具备的宣传和经济的双重属性,本研究力图采用的基本研究方法是规范分析和实证分析的结合,即既描述当下我国报业组织现实竞争的生存状况、演变规律,也给出其健康持续发展应具备的理性规定,其侧重点在于以实证分析为基础,以规范分析为旨归。

本研究的基本方法还包括定性分析与定量分析的结合,以理论研究为主导,以数据和统计分析为辅助。定性方法在于对各种已有理论的理解、把握和运用,定量方法则包括数据收集、变量间的关系设计、验证假设的方法和手段,诸如统计数据查询、问卷法、访谈法、实地研究、实验法等,本文定量分析方法主要是资料查询和案例调查分析法。

本研究大量地运用了比较分析法,通过比较揭示事物的本质、特性与规律。比较分析法几乎贯穿了本研究的每一章,例如企业核心竞争力界定的比较、我国报业不同发展时期的比较、新经济时代报业变革的前后比较、传统媒介与新媒介的比较、报业及报业经济与一般企业及一般企业经济的比较、报业核心竞争力与一般企业核心竞争力的比较、我国报业组织核心竞争力与国外报业组织核心竞争力比较、报业组织核心竞争力识别的方法与指标比较、一般企业价值链、文化企业价值链、报业组织价值链的比较、报业组织核心竞争力培育中新闻生产、市场营销、管理协同等不同支撑点的比较,等等。

笔者在进行阐释和论证时,力图将上述方法融合在一起来使用。

第一章　企业核心竞争力：
企业"格式塔"竞争

核心竞争力不是新概念，其相关研究也很成熟，下面先就其相关研究作一述评，以期获得对核心竞争力本身的准确理解。笔者以为，企业核心竞争力乃是企业的"格式塔"（知觉整合）竞争。

一、核心竞争力的界定

"核心竞争力"所指代的对象是客观存在的，但人们对其性质及固有逻辑关系等的认识却一直处于争论与探索之中。事实上，"核心竞争力"是一个集合性概念，自一提出它就不断地得到补充、丰富和完善，其内涵和外延至今仍处于动态的演进之中，笔者先就这一概念的相关界定作一简要阐述。

（一）"核心竞争力"的提出及含义

"核心竞争力"的英文原词为"Core Competence"（译为"核心竞争力"，还可译为"核心能力"、"核心胜任"、"核心专长"等）。1990 年，美国的普拉哈拉德（C. K. Praharad）和英国的哈默（G. Hamel）在《哈佛商业评论》5—6 月刊上发表《公司核心能力》（*The Core Competence of the Corporation*）一文，正式提出"Core Competence"的概念，这篇文章是我们理解"核心竞争力"的前提和基础。

应该说，普拉哈拉德和哈默并没有科学地定义"Core Competence"，但对它的描述和阐释却是很详尽的，若归纳一下的话，其"Core Competence"针对的是企业竞争，它包含了两点意思：(1)主要体现为企业的核心技能;(2)代表着企业的自组织能力。

首先,普拉哈拉德和哈默认为企业的核心技能是企业制胜的因素。原文的标题是"Core Competence",分析时却大多用的是"core competencies",即用的是"Competence"的同义词"Competency"的复数形式。英文中,"Competence"指胜任的能力,寓有竞争和比较的意味,带有普泛性和抽象性,一般没有复数形式;"Competency"虽是"Competence"的同义词,但在运用上更侧重指技术性强、能完成特定任务的专项技能或技术专长,语义相对具体且常以复数形式出现。综观全文,行文中"core competencies"不仅大量出现,其出现的语境、语义也都和关键技能或专项技术相关,而且论述的对象主要是制造业,文章正是以大量制造业的实例分析来说明企业如何通过培植关键技能和技术以获取持续竞争优势的,对于制造企业来说,只有拥有至关重要的技术能力才能赢得市场主动及长期生存。

在看到核心技能重要的同时,普拉哈拉德和哈默也意识到了核心技能之所以形成和付诸实施的更深刻原因,那就是企业对组织中的各种技能、机制、人员、价值观等的协同整合,两位学者将此看做是"组织中的积累性学识,特别是关于如何协调不同的生产技能和有机结合多种技术流派的学识"[1]。文章特别指出,"core competence"是企业的"management's ability(管理能力)"[2],它是企业这棵大树的根系,这一根系保证了树干、主枝、分枝、叶、花、果实等企业其他方面的成长,文章所强调的"strategic architecture(组织战略结构)"实施、对 SBU(战略事业单元)分散管理的批评以及要求从整个企业的角度实现资源配置等都说明了这一点。综观全文,核心技能只是"core competence"的表层,无形的"organization capable(组织能力)"[3]才是核心竞争力的真面目,这种整体的自组织能力才导致了核心技能优势的形成。

---

[1] Prahalad,C. K. & Hamel,G. *The Core Competence of the Corporation*. Harvard Business Review,1990,68(3):82.

[2] Prahalad,C. K. & Hamel,G. *The Core Competence of the Corporation*. Harvard Business Review,1990,68(3):81.

[3] Prahalad,C. K. & Hamel,G. *The Core Competence of the Corporation*. Harvard Business Review,1990,68(3):80.

1989 年年初,哈默、普拉哈拉德及多兹(Yves L. Doz)在《与竞争对手合作并获胜》(*Collaborate with your Competitors and Win*)一文中就提出了"Manufacturing Excellence(杰出制造)"①的观点,指出"Manufacturing Excellence"不是简单的"Technology(技术)",而是"Technology"与其他要素生成的一种复合优势;同年夏天,哈默和普拉哈拉德在《战略倾向》(*Strategic Intent*)一文中论述本田的核心竞争优势时已用了"Core Competence"一词,它是本田以技术为主导的整体优势,本田因此能进入表面上无关的汽车、割草机、水下引擎和发电机等行业。② 次年提出的"Core Competence"无疑是对这些研究的总结、提炼和拓展,它就是指一种整体优势,这一界定一直为两位学者所坚持,例如 1991 年普拉哈拉德在芝加哥举办的产业研究大会上宣读了《公司核心竞争力的作用》(*The Role of Core Competencies in the Corporation*)一文,强调"Core Competence"不能等同于核心技术,前者是以技术为基础的复合优势,而后者只是单纯的技术③;1994 年哈默在《核心竞争力的概念》(*The Concept of Core Competence*)一文中也重申核心竞争力代表着对多种技能的整合,这种组织能力才形成了核心竞争力的突出特性④。

从两位学者的用意来看,"Core Competence"无疑是企业的能量之源,看不见摸不着但又决定着企业的长期发展,它必须从延展性、价值性、难以模仿性等三个方面来鉴别,整合性、独特性、无形性等也都是确定核心竞争力的参照标准。正如两位学者在文章开头提到的,在竞争不断激烈的环境中,企业必须要主动适应环境而不再简单依靠外部市场,他们提出的"Core Competence"正是企业在成长过程中形成的适应并驾驭环境的一种整体的心智水平和能力,只不过两位专家将其聚焦为关键技术或核心技能罢了。

---

① Hamel,G. & Doz,Yves L. & Prahalad,C. K. *Collaborate with Your Competitors and Win*. Harvard Business Review,1989,67(1):133—139.

② Hamel,G. & Prahalad,C. K. *Strategic Intent*. Harvard Business Review,1989,67(3):63—76.

③ Prahalad,C. K. *The role of Core Competencies in the Corporation*. Research Technology Management,1993, 36(6):44—46.

④ Hamel,G. *The Concept of Core Competence*. In:Gary Hamel &Aimé Heene,eds. *Competence-Based Competition*[C]. England Chichester:Wiley & Sons Ltd. ,1994.11—33.

(二)"核心竞争力"的其他界定

1. 国外的界定

国外对核心竞争力的研讨流派繁多、内容广泛,国内学者陈劲、王毅、魏江等都对此作过归纳,例如陈劲、王毅等(1999)将其概括为整合观(Prahaladand、Hamel;Kesler)、网络观(Klein)、协调观(Sanchez;Durand)、组合观(Prahalad;Coombs)、知识载体观(Dorothy Leonard-Barton)、元件—构架观(Hendersonand;Cockburn)、平台观(Meyerand;Utterback)、技术能力观(Pateland;Pavitt)等八大观点[①],魏江(1999)则将其描述为基于技术和技术创新观(Prahaladand、Hamel)、基于知识观(Dorothy Leonard-Barton)、基于资源观(Christine Oliver)、基于组织与系统观(Coombs;Raffa;Zollo)等四大派别[②],等等。在综合相关文献资料的基础上,本研究将20世纪80年代以来普拉哈拉德和哈默之外国外学界对核心竞争力的研讨分为技术基础论、资源基础论、能力基础论、知识基础论以及组织基础论等五大流派,相关内容见表1—1。

表1—1 国外核心竞争力各种观点一览表

流派	主要观点	代表人物
技术基础论	类似于普拉哈拉德和哈默,该派强调技术和技术创新在核心竞争力形成中的作用。认为核心技术从根本上导致了企业竞争优势的强弱,持续竞争优势植根于企业特有的技术和技能,核心竞争力就是以技术为主的整合与创新。	爱温(Robert A. Irvin,1989)、米查尔斯(Edward G. Michaels,1989)、鲁宾斯坦(Rubenstein. A,1989)、阿德勒(Adler,1990)、森巴(Shenbar,1990)、帕特尔(P. Patel,1992、1997)、帕维特(K. Pavitt,1992、1997)、古尔德·迈克尔(Goold Michael,1997)、安德鲁·坎贝尔(Andrew Campbell,1997)、科林(J. Klein,1998)、奎因(J. B. Quinn,1990)、道赖(T. L. Doorley,1990)、库姆斯(R. Coombs,1993、1996)、梅雅(M. H. Meyer,1993)、乌特巴克(J. M. Utterback,1993)等。

---

① 参见陈劲、王毅、许庆瑞:《国外核心能力研究述评》,《科研管理》1999年第5期。
② 参见魏江:《企业核心能力的内涵与本质》,《管理工程学报》1999年第1期。

流派	主要观点	代表人物
资源基础论	沿袭并发展了20世纪80年代的资源优势观，认为企业是资源的集合体，资源包括企业所拥有的各种要素、各种有形无形的资产，诸如知识、能力、制度、人员、信息、程序、关系等都可纳入资源的范畴，核心竞争力正来自于对独特资源的获取、占有、整合和保持。	鲁梅特（Richard P. Rumelt, 1982、1984）、沃纳非尔特（Birger Wernerfelt, 1984、1991）、巴尼（J. B. Barney, 1988、1991）、库勒（Kathleen R. Conner,1991）、库尔（Karel cool,1989、1990）、迪瑞克斯（Ingemar Dierickx, 1989、1990）、皮特瑞夫（Margaret A. Peteraf, 1990、1993）、柯利斯（David J. Collis, 1991、1995）、蒙哥马利（Cynthia A. Montgomery, 1995）、福克纳（D. Faulkner, 1997）、鲍曼（C. Bowman, 1997）、奥利佛（Christine Olivier, 1997）等。
能力基础论	把企业看做能力的集合体，认为能力是对资源进行配置、开发、使用及保护的特殊智力和生产力，企业掌握和积累的知识、经验、资源和技能等都应纳入能力运用的范畴，能力才确保企业以更有效的方式从事各种活动并使企业在技术运用和资源效率方面存在差异，企业特有的能力体系构成了企业的核心竞争力。	桑切斯（R. Sanchez,1994、1995）、赫尼（A. Heene, 1994、1995）、托马斯（Thomas H, 1995）、斯多克（George Stalk, 1992）、伊万斯（Philip Evans,1992）、舒尔曼（Lawrencee E. Shulman,1992）、兰格路易斯（R. N. Langlois,1992、1995）、提斯（David J. Teece,1990、1997）、匹萨诺（G. Pisano, 1990、1997）、舒恩（A. Shuen, 1990、1997）、克里斯蒂森（J. F. Christensen, 1995、1996）、福斯（N. J. Foss, 1995、1996）克里斯蒂安·克努森（Christian Knudsen, 1995、1996）等。
知识基础论	对彭罗斯（E. T. Penrose）知识积累论（1959）和德姆塞茨（Harold Demsetz）企业知识基础论（1988）的进一步发扬。该派将知识从资源里剥离出来，认为企业是知识的集合体，隐藏在企业背后对资源效用与能力差异起决定作用的是企业所积累的知识，企业在关系到自身生存发展的关键环节上独有而持久的知识体系是企业持续竞争优势之源，核心竞争力就是企业不易为外界获取和模仿的知识与信息，学习能力是其核心。	温特（Winter S. G, 1987）、休伯（G. Huber, 1991）、尼尔森（Richard R. Nelson, 1992）、巴顿（D. Leonard-Barton, 1992、1995）、野中育太郎（I. Nonaka, 1991、1992、1995）、科古特（Bruce Kogut, 1992）、让恩德（Udo Zander, 1992）、维娜·艾莉（Verna Allee, 1997）、格兰特（Grant R. M,1991、1996）、斯本达（J. C. Spender, 2005）等。

续表1—1

流派	主要观点	代表人物
组织基础论	从整个组织及与环境作用的角度来考察竞争优势,认为核心竞争力是群体或团队中根深蒂固、互相弥补的一系列知识和技能的结合。该派不再侧重于某类因素或子系统的重要,而是将所有因素或子系统都纳入到组织体系当中来考虑,认为核心竞争力建构于企业战略和结构之上,是企业各方面技能、资产、机制等一切条件在环境下的融合,是跨越组织边界整合各种文化、人员、职能等而形成的有机系统。	麦肯锡(McKinsey)集团凯文·科因(Kevin P. Coyne,1997)、威廉姆森(Williamson P. J,1994)、桑切斯(R. Sanchez,1996)、库姆斯(R. Coombs,1996)、梅雅(M. H. Meyer,1993)、乌特巴克(J. M. Utterback,1993)、圣吉(Peter M. Senge,1990)、伯格纳(William C. Bogner,1996)、索马斯(Howard Thomas,1996)、杜兰得(Durand Thomas,1997)、拉法(Mario Raffa,1995、1999)、佐罗(Giuseppe Zollo,1995、2002)、古尔德·迈克尔(Goold Michael,1994、1995)、安德鲁·坎贝尔(Andrew Campbell,1994、1995)、阿迈·辛德(Amy Snyder,1992)、威廉姆·艾伯伦(William H. Ebeling,1992)、埃里克森·鲍(Eriksen B,1996)和杰斯帕·米克尔森(J. A. Mikkelsen,1996)等人。埃里克森和米克尔森提出了组织资本与社会资本的观点,拉法、佐罗则尤为强调组织文化在核心竞争力形成的作用。

2. 国内的界定

国内学界对核心竞争力的研究主要是对国外各种学说的介绍和引进,并结合中国的实际情况作出了一些新的丰富和发展。经笔者整理,国内关于企业核心竞争力的主要观点见表1—2。

表1—2　国内核心竞争力各种观点一览表

流派	主要观点	代表人物
技术论	将核心竞争力看做企业独特的技术及技术整合,认为核心竞争力是能使公司提供附加价值给客户的一组独特的技能和技术,是不同技术系统、管理系统及技能的有机结合。	杨　浩(2000) 戴月明(2000) 芮明杰(2000) 费明胜(2000)等
资产论	将核心竞争力看做企业的独特资产或资产组合,认为核心竞争力在本质上是企业通过对各种技术、技能和知识进行整合而获得的无形资产或资源。	李悠诚(2000) 方统法(2001)等

流派	主要观点	代表人物
知识论	将核心竞争力看做企业独特的知识及知识体系,认为核心竞争力的本质是知识,知识创新是企业核心竞争力培育和更新的源泉,核心竞争力是企业特定的知识体系。	范　徵(2000) 魏　江(1999) 管益忻(2000)等
能力论	认为核心竞争力是企业在成长过程中建立和发展的独特能力或能力体系,是融于企业内质并支撑企业竞争优势和可持续发展的核心性能力或资产与知识的互补体系,是企业资源有效整合而形成的独具的、支撑企业持续竞争优势的能力。	管益忻(2000) 许　可(2001) 徐二明(2001) 白津夫(2003)等
创新论	认为创新是核心竞争力的基础,核心竞争力就是企业持续创新的能力,包括不断创造新产品、不断提供新服务、不断创新管理和不断创新营销手段等各方面。	陈清泰(2000) 康荣平(2000)等
文化论	认为核心竞争力的第一维度是组织的文化,其赢得竞争的能力核心是企业的文化与价值观,它包括企业理念、企业文化、企业行为规范、企业价值标准等等。	史东明(2002)等
体制与制度论	将企业体制与制度看做核心竞争力的根本,认为制度选择或者制度安排在最终意义上决定了企业的竞争力,一种比较合适的制度安排才能保证企业具有很强的核心竞争力。	魏　杰(1998) 左建军(2000)等
消费者剩余论	认为核心竞争力是以企业核心价值观为主导的,旨在为顾客提供更大、更多、更好的消费者剩余的企业能力体系,核心竞争力的本质是消费者剩余,核心竞争力必须以有益于最终产品的顾客利益为标准。	管益忻(2000) 鲁开垠(2001) 汪大海(2001)等
软硬核心竞争力论	将核心竞争力看做技术硬件与管理软件的组合,认为企业以核心产品形式、核心技术或技能形式为主要特征的核心竞争力是硬核心竞争力,而在长期运作中形成的经营管理方面的能力则是软核心竞争力,核心竞争力是硬核心竞争力和软核心竞争力的综合。	王秉安(2000)等
多因素融合论	认为核心竞争力是企业将各种技能、资源和机制有机融合的自组织能力,是企业推行内部管理性战略和外部交易性战略的结果,是CTHIO5要素的整合,是企业智力、技术、产品、管理、文化的综合优势在市场上的体现。	丁开盛(1999) 刘世锦(1999) 杨建龙(1999) 陈　劲(1999) 王　毅(1999) 程杞国(2000) 管益忻(2000) 滕光进(2002) 于永达(2002)等

(三)核心竞争力的特点

在对核心竞争力进行界定时,人们往往会从各自的立场出发对核心竞争力的特点作出阐发,少则两三项,多则十多项。不过,中外学者对核心竞争力特征的分歧并不大,人们一致认为核心竞争力具有内生性、价值性、独特性、延展性、创新性、不可模仿性等特性。下面就比较有影响的说法作一整理,其特点见表1—3所示。

表1—3 国内外核心竞争力特点研究一览表

代表人物	观点
普拉哈拉德 哈默	核心竞争力必须从三个方面来鉴别(1990),即:延展性、价值性、难以模仿性,这三个方面的鉴别也即核心竞争力的三个基本特征;此后哈默又提出了确定核心竞争力的五个标准,整合性、独特性、无形性等都成为对核心竞争力特点的说明(1994)。
巴尼 鲍·埃里克森 杰斯帕·米克尔森	核心竞争力必须具备价值性、稀缺性、完全不能仿制性以及难以被替代性等四个条件,这四个条件也就是核心竞争力的四个特点(1991);鲍·埃里克森和杰斯帕·米克尔森除了引用巴尼关于核心能力的四个标准外,还认为核心能力是模糊的、彼此关联的、历史依存的、积累性学习的、不可还原的和知识性的,并强调了核心竞争力的资产专用性(1996)。
巴顿	企业核心能力具有系统性、知识性和文化价值观性等特点,同时也指出了其所具有的"核心刚性"(Core Rigidities)。(1992)
桑切斯 赫尼	核心竞争力具有系统性、知识性、整体性以及动力性特点。(1996)
提斯 匹萨诺 舒恩	提出核心竞争力的"粘性"(sticky)和动态性、创新性等特性。(1997)
20世纪80年代资源学派	鲁梅特(1982)提出的"普遍模糊性"和"不确定性",尼尔森(1982)和温特(1982)提出的"组织惯例"和"缄默知识",迪瑞克斯(1989)和库尔(1989)强调的"不可交易性"和"内生性",都对20世纪90年代以来人们辨别核心竞争力提供了重要的启示,模糊性、内生性、不确定性、不可交易性等也都成了核心竞争力的主要特征。
朱雨良	核心竞争力有八个特点:1.技术或知识的集合;2.能够不断适应和演进;3.可使企业拥有进入多种市场的潜力;4.应能给最终用户带来实惠;5.不易被竞争对手模仿;6.有助于整合从外部市场获得的资源;7.可以叠加;8.相对稳定。(1999)

代表人物	观点
管益忻 芮明杰 张新华 范宪	核心竞争力有五个特点。管益忻(2000)认为核心竞争力是独有的、优异的、扎根于组织之中的、适应市场机会的和能形成可持续竞争优势的;芮明杰(2000)认为核心竞争力具有不可占性、是支撑企业的关键、提供顾客特殊利益、有助于企业开拓未来商机、经过较长时间的形成等特性;张新华和范宪(2002)认为核心竞争力的特点首先是知识集合性与价值优越性,其次是难以替代性和路径依赖性,再者是一定的延伸性。
白津夫	核心竞争力有四个特点:价值性、延展性、独特性和组织性。(2003)
方统法 史东明 魏江 李建明 邹统钎	核心竞争力有三大特性。方统法(2001)认为核心竞争力的三大特性是:1. 创造独特价值的价值特征,2. 专用性资产特征,3. 隐性知识特征,此外,不可还原性投资、历史依存性、异质性、难以被仿制或替代等其他特性也相伴而生;史东明(2002)认为核心竞争力的三大特性是拓展性、持久竞争性、不可复制性;魏江(1999)将其归纳为专用性、不可模仿性、稀缺性;李建明(1998)将其归纳为消费者价值、竞争者差异和延展性;邹统钎(2000)将其归纳为独特性、难以模仿性、共享与使用后不损耗反而增值等三大特性。
黄继刚 郭斌	核心竞争力有两大特性。黄继刚(2004)认为核心竞争力的特性分为关键特性和一般特性,关键特性有显著增值性、领先性、延展性、整合性,一般特性有相对性、时间性、局部优势性和不可交易性;郭斌(1998)则将其归纳为企业独特性和途径依赖性,还有的研究者将其归纳为价值性和释放性。
张维迎	最形象的特性界定,即偷不去、买不来、拆不开、带不走和流不掉。(2002)

(四)核心竞争力已有研究小结

由于基本假设及分析角度的不同,国内外关于企业核心竞争力的诸多界定各有要求和侧重,但必须看到,人们大都是以内生整合的眼光,将核心竞争力看做企业竞争优势之源来进行考量的,除了"Core Competence"外,研究者们也常用"Core Capabilities"(核心能力)来指代核心竞争力,实际上它们正是同一事物的不同说法,就外部竞争而言称为核心竞争力,就内在资质而言则称为核心能力。

基于认识论和方法论的不同,也由于核心竞争力本身的认识难度,一直以来,人们大都是对核心竞争力的部分属性、特点和规定进行了揭示,从不同的方面对它进行了认识,总的来说,没有一个公认的理论范式是已有核心竞争力研究存在的主要不足,对于非制造业和一些不起眼的中小企业而言,核心竞争力的探讨更有待加强和深入。

尽管没有形成一个普遍接受的核心竞争力概念,但人们对核心竞争力还是形成了一些共识,主要包括:核心竞争力是企业持续竞争优势之源,培育和发展核心竞争力是企业的根本战略;核心竞争力并非单一固定的能力或资源,而是企业在发展过程中整合多方面因素形成的综合素质和整体能力;核心竞争力往往通过一个或几个专长与强项表现出来,企业其他方面的竞争力都来源于核心竞争力;核心竞争力具有价值性、稀缺性、延展性、创新性和持久性,不可交易、难以替代和模仿。

随着战略竞争的不断推进,作为企业持续竞争优势之源,核心竞争力的研究也将会越来越完善,其研究趋势总的来说是从部分走向整体,包括:从技术、资源、知识、能力或文化等不同子系统的研究转向整个企业或组织的大系统研究,从以理论研究为主转向兼顾更广阔的实践研究,从注重制造业研究转向多产业并重的研究,等等。不难推想,不同角度、层次、侧重点的研究思路和方法还将进一步渗透、补充和融合,从而使这一理论不断走向完备、丰富和全面。

二、核心竞争力:企业"格式塔"竞争

"形成竞争战略的实质就是将一个公司与其环境建立联系"①,就实质而言,企业核心竞争力是企业的"格式塔"竞争,也即知觉整合竞争。

(一)核心竞争力的理论基础和时代意义

从提出的理论背景和现实意义来看,核心竞争力意味着新经济时代一种新的管理思想和竞争态势,即将企业竞争内因与外因有效结合的新管理和新竞争的到来。

---

① [美]迈克尔·波特:《竞争战略》,陈小悦译,华夏出版社 1997 年版,第 3 页。

1. 核心竞争力的理论基础

20 世纪 90 年代以前,不论侧重经济学研究还是侧重管理学研究,关于企业竞争及竞争优势来源的学说大致形成了两个流派,即强调企业异质、由企业自身条件决定的竞争优势内生理论和强调企业同质、由企业外部环境决定的竞争优势外生理论。若从时间上比较,竞争优势来源研究应以优势内生理论为先,因为企业内在成长理论是"古典经济学的遗产"①,20 世纪 20—70 年代,马歇尔(A. Marshall,1920)、菲利普·塞尔兹尼克(P. Selznick,1957)、彭罗斯(E. T. Penrose,1959)、理查德森(G. B. Richardson,1960)等人已对此作了相当精辟的阐述②。然而 20 世纪 70 年代以后占据上风的却是优势外生理论,战略管理学家钱德勒(A. D. Chandler,1962)的"战略适应环境,结构追随战略"模式在当时的企业竞争中很风行,波特(Michael E. Port,1980)的产业结构分析则自 20 世纪 80 年代居于主导地位。因此,尽管优势内生理论出现得更早,但在"Core Competence"提出以前,几乎 20 年的时间中西方占主导地位的竞争优势理论是以环境为基点的优势外生理论。

环境理论虽具有合理性,但对事物自身能动性的忽视却使它带有不可避免的偏颇,如果在 20 世纪 70—90 年代的历史时段中它还能对现实的企业竞争进行解释,那么当环境发生更剧烈的变化时,它的弊病就显示出来了。20 世纪 80 年代中后期以来,技术革新和第三次全球化浪潮③兴起,知识和信息在生产和生活中的重要性日愈加强,不确定性和全球竞争开始成为各国经

---

① [丹]尼古莱·J. 福斯、克里斯第安·克努森编著:《企业万能:面向企业能力理论》,李东红译,东北财经大学出版社 2003 年版,第 24 页。

② 参见[丹]尼古莱·J. 福斯、克里斯第安·克努森编著:《企业万能:面向企业能力理论》,李东红译,东北财经大学出版社 2003 年版,第 24—34 页。

③ 笔者认同关于全球化的第三次浪潮的观点:第一次全球化浪潮是指第二次世界大战前的 100 年,其特征是宗主国投资于殖民地的资源开发,从而使世界贸易结构以初级产品为主;第二次全球化浪潮是指第二次世界大战后到 20 世纪 80 年代末,其特征是发达国家间进行产业内投资,从而使世界贸易结构以工业制成品为主;第三次全球化浪潮从 20 世纪 80 年代末至今,主要特征是发达国家向发展中国家进行制造业投资,从世界贸易结构看,虽然还是以制成品贸易为主,但是流向发生了变化,是从发展中国家流向发达国家。参见 http://zhidao.baidu.com/question/50716780.html? si＝2.

济的主题。相应地，企业的成功已不能再简单依靠市场环境分析或独特的产业定位，而是更应依赖企业自身灵活应变环境的能力或本领，这种自我调适、自我造血的能力才更可靠。就像普拉哈拉德和哈默所描述的，有些企业例如 JVC（日本胜利公司）、NEC（日本电气股份有限公司）等早在 20 世纪 60、70 年代就开始了能力的培养，到了 80 年代末其成功有目共睹；有的企业如 GTE（美国通用电话电气公司）等仍胶着于产品和市场，80 年代末其衰落也有目共睹。现实的经验教训使人们意识到，要形成企业的长期竞争优势，不能再像以前那样仅仅关注市场和产业位势，而是更应修炼内功，从整体上提高应对环境、运用资源的智慧和能力，只有具备这种"活力"才能从根本上比别人更卓有成效地参与竞争和解决各种问题。"Core Competence"就是在此时提出的，一提出它就是指基于环境变化的企业内在生长力，从哲学的意义来看，它代表了事物发展外因作用下的内因决定论。

需要稍加说明的是，优势外生理论占据主导地位的同时优势内生理论并没有完全消失。1982 年经济学家鲁梅特就通过实证研究打破了人们对环境学派的迷信，沃纳菲尔特《企业资源基础学说》(1984)一文发表后，内生优势的各种理论不断涌现，诸种理论统称为资源学派。资源学派着眼于企业或组织的内部条件对于市场的重要，尽管它并没有把企业或组织的资源与环境更有机地联系起来，但它无疑是核心竞争力理论的直接母体。而且，自 1957 年塞尔兹尼克"独特竞争力（Distinctive Competence）"提出以来，着眼于企业能力的探索一直都没有停止过，20 世纪 60 年代有戈登（Gordon R. Conrad）、安索夫（H. I. Ansoff）、安德鲁斯（K. R. Andrews）、克里斯蒂森（C. R. Christensen）、伦德（E. P. learned）、古斯（W. Guth）等人，70、80 年代有鲁梅特、海耶斯（Hayes Robert. H）、荷提（Hitt Michael. A）等人，到了 1989 年夏，爱温和米克尔斯已对"核心技能（Core Skill）"与企业竞争的关系作了全面阐发，他们的"核心技能"就是组织拥有的驾驭环境的整体性能力，它使组织能根据环境变化开发出带来收益的产品和服务。[1] 因此，"Core Competence"的提出既是普拉哈拉德和哈

---

[1] Robert A. Irvin &Edward G. Michaels. *Core Skills*: *Doing the Right Things Right.* McKinsey Quarterly,1989,2:4—19.

默对优势外生理论的批判性改造,也是对优势内生理论的批判性吸收,是两种优势理论在 20 世纪 90 年代的融合。

换个角度说,企业核心竞争力是企业的优势、弱势与环境的机会、威胁协同作用的结果,它填补了战略管理研究中所谓"SWOT 框架造成的空白"①。战略管理最基本的问题是如何获得和维持长期竞争优势,而经典战略管理理论是强调将企业内部与外部统一起来的,SWOT 框架就基于这种双重分析而构建;然而这一框架一直未在实践中得到充分的印证和强调,因为 20 世纪 60 年代以后战略管理研究大多偏重于外部环境的"O"与"T",或偏重于静态均衡的"S"与"W",而很少考虑两者的互动关系。核心竞争力内生于企业而外应于环境并在企业与环境的双向作用中不断强大,它说明的正是企业发展自身条件与外在因素的不可偏废,"Core"和"Competence"的结合正代表了事物发展内外因的共同重要和不同作用。

2. 核心竞争力的时代意义

20 世纪 90 年代是一个与以往不同的新的时代开端——"传统的以大量消耗原材料和能源为特征的经济正在逐渐丧失往日的荣耀,一种全新的基于最新科技和人类知识精华的经济形态已经显示出勃勃生机"②,这就是知识经济(Knowledge Economy)时代。知识经济是 20 世纪 60 年代以来人类开始步入的以知识(智力资源)的占有、配置,以科学技术的生产、分配、使用(消费)为最重要因素的经济形式,随着计算机通讯新技术的出现与普及,进入 90 年代后这种经济形态日益拓展和突出。

---

① [英]安德鲁·坎贝尔等编著:《核心能力战略——以核心竞争力为基础的战略》,严勇、祝方译,东北财经大学出版社 1999 年版,第 17 页。"SWOT 矩阵"是最重要的战略分析工具之一,旨在解决企业实力与环境如何匹配。1969 年由哈佛商学院教授肯尼思·安德鲁斯(Kenneth R. Andrews)首创,四个字母分别代表企业优势(Strengths)、企业弱势(Weaknesses)、环境机会(Opportunities)与环境威胁(Threats),其含义是指对企业内外条件进行综合与概括以分析组织优劣势及面临的机会和威胁。20 世纪 80 年代初,旧金山大学的管理学教授海因茨·韦里克(Heinz Weihrich)正式提出"SWOT 分析法",又称为"态势分析法"、"TOWS 分析法"、"道斯矩阵"。该方法现在被广泛应用于战略制定、竞争对手分析等领域。

② 刘路沙、薛冬:《两院院士谈知识经济》,《光明日报》1998 年 6 月 5 日。

　　知识经济代表了人类历史上的第三次文明时期。就经济领域而言，它使社会经济发展的程度不再取决于厂房、资本和有形资源的多寡，而是取决于知识与信息的拥有量，具体包括：（1）知识取代土地、资本和劳动力成为发展经济的最重要生产要素；（2）知识与经济呈现一体化趋势，高技术产业成为支柱产业；（3）主要生产资料不再是有形的设施和工具，人力资源成为最重要的资源；（4）遵循新的经济规律，如收益递增规律、经济发展持续化、生产的非标准化、分散化与多样化、产业投入无形化、知识密集型产品成为主导产品等等。知识经济使旧的经济运行方式与运行秩序发生了彻底的变革，新经济来临。

　　"新经济"一词最早出现在美国1996年年底的《商业周刊》，本用来指美国经济从1991年开始的一种充满活力的状态，因为它表现为低失业率、低通货膨胀率和经济的持续增长而与传统经济学上的"菲利普斯曲线"①迥然不同，所以被称为美国的"新"经济，它以信息科技占主导地位的知识产业和服务业的增长为主。之后，世界各国经济学家广泛引用"新经济"一词来指代各种类似的经济现象，虽然人们目前对此还没形成完全统一的认识，但把它看做20世纪90年代以来世界范围内的一种新经济形态或新经济模式则是毫无疑义的。

　　新经济本质上就是知识经济，它以信息革命和全球市场为基础，反过来又促进了全球经济一体化和信息化的不断加速，按照某些学者的说法，新经济是"以知识经济为核心和动力，充分利用经济全球化加速发展的大趋势，配以适当宏观经济政策的一种全新的经济形态"②。与农业经济和工业经济相比，新经济以智力资源为依托，以高技术产业为支柱，以全球化、知识化、信息化、网络化和创新为基本特点。就像《商业周刊》所指

---

①　1958年，新西兰经济学家菲利普斯（A. W. Philips）根据英国近100年的资料画出了一条表示社会失业与通货膨胀之间关系的几何曲线，这条曲线表明：通货膨胀高时，失业率低；通货膨胀低时，失业率高，这就是经济学中著名的菲利普斯曲线（Philips curve）。菲利普斯曲线是宏观经济学中最著名的曲线之一，它简约地描述了两大宏观经济变量之间此消彼长的关系，即降低失业率将付出使通货膨胀上升的代价。

②　周绍森、杨润生、熊哲家：《新经济论——中国实现跨越式发展的理性分析》，高等教育出版社2001年版，第3页。

出的,"谈'新经济'时我们的意思是指这几年已经出现的两种趋势,第一种趋势是经济的全球化,第二种趋势是信息技术革命"①。在新经济环境下,知识与科技成为至关重要的生产要素,信息技术运用日益深广,资源全球配置日趋普遍,各国经济边界不断弱化,跨国经济活动日愈频繁,这些新经济规则不仅带来了社会经济结构、经济组织、经济体制和经济运行方式的根本变化,也深刻地改变了企业生存与发展的内外环境,企业开始进入"超竞争"时代。

"超竞争"是"极度竞争"或"超级竞争(hyper-competition)"的简称,由美国著名策略大师戴维尼(Richard A. D'Aveni)率先提出(*Hyper-Competition:Managing theDynamics of Strategic Maneuvering*. Free Press,1994)。按照戴维尼的说法,所谓"超竞争"就是20世纪90年代以来在瞬息万变的动态环境下的激烈竞争。他认为,全球化和新技术的运用使竞争环境充满了变数,诸如市场需求日愈多样化和个性化,产品生命周期、开发周期越来越短,新技术不断更新,新的产业和企业不断涌现,产品同质越来越严重,技术和资源的获取越来越容易,资金人才的全球流通越来越顺畅,充满敌意的各种竞争者则随时能出现,等等;在这样一个技术飞速进步和偏好多变的环境中,竞争优势的来源正以不断加快的速度被创造出来和被侵蚀掉,长期竞争的成功之路不是试图维持长期竞争优势,而是通过不断地创新追求一系列暂时的优势。戴维尼"超竞争"一词用来形容的正是当今激烈而动荡的竞争世界,在此世界中没有一种优势能够永久持续,他分析的这种复杂而快速变化的"超竞争"现象也就是乔治·戴(George S. Day)和大卫·瑞伯斯坦(David J. Reibstein)所归纳的"动态竞争(dynamic competition)"(*Wharton on Dynamic Competitive Strategy*. Wiley,1997),随着新经济的发展,这种充满风险、不均衡性和不确定性的竞争还将一直强化下去,而财富的再分配和权力的再定义也将取决于人们所拥有的知识、信息和智慧。

超竞争时代的到来,改变了原有的竞争环境,它主要表现为环境变化

---

① 转引自张瀛、于文明、张峰:《聚焦新经济——解读新经济时代的生存战略》,地震出版社2000年版,第7页。

的速度越来越快,竞争的动荡日益加剧,竞争优势的创造与毁灭则以极快的速度进行,任何一个竞争者保持原有竞争优势的时间急剧缩短,而企业总处于不断的变化和非均衡的状态之中。因此,与以往相比,"超竞争"环境下的企业竞争表现出开放性、知性、柔性和互动性的显著特点。

关于此,1993年,美国学者詹姆斯(James F. Moore)曾提出了"商业生态系统(Business Ecosystems)"的概念①。所谓商业生态系统,是指以商业世界中的有机体,如组织和个人的相互作用为基础而形成的经济联合体,也即以生产商品和提供服务为中心,由供应商、生产商、销售商、市场中介、投资商、政府、消费者等组成的群体,它们虽有不同的利益驱动,但在这一商业生态系统中担当着不同的功能,各司其职、各有所求但又互利共存、资源共享,彼此共同维持系统的延续和发展。按照詹姆斯的观点,企业存在于日愈错综复杂的商业生态网络中,经济活动的各种要素,包括宏观的微观的,自然的社会的,政治的经济的,科技的文化的,都将进入或影响这个网络并发生各种各样的关系,竞争因此变得复杂诡秘。

的确,20世纪90年代以来的企业竞争就是在这样一个逐渐敞开而交错的商业生态系统中进行的,企业与环境的关系比以往任何时候都复杂和严峻,企业也需要比以往任何时候更加与环境休戚与共。所谓应需而变,如果离开了对环境的密切关注和及时应对,一切都无从谈起,因此开放性是新经济时代企业竞争的基本特点;与此同时,超竞争环境下企业的竞争最终将取决于企业的知识和思想,在一个不稳定的开放的商业生态系统中,各因素的介入、作用和变化会使企业处于非连续与非线性的急剧动荡中,竞争的复杂诡秘使人们不能再像以前那样来应付所发生的事情,不仅资本、技术、机制、人才等司空见惯的竞争手段和方式远远不能满足要求,就连对抗本身也不足以代表竞争的全部,竞合、互赢等各种新的竞争方式都会频繁错杂地出现,因此企业竞争的心智条件越来越重要,竞争的成败更倚重企业所拥有的眼光、智谋和个性,人们必须努力调动更广泛的因素和更复杂的力量来对企业的生存进行思考并灵活地付诸执行,

---

① James F. Moore. *A New Ecology of Competition*. Harvard Business Review, 1993, 71 (3).

知性和柔性成为竞争的决定性因素;再者,每一个组织内都存在所谓的"惰性区"和"努力熵"①,组织的能力体系本来就必须不断得到调整和更新,动荡激变而富于权谋的环境不仅会严重削弱企业经营管理的可能性和确定性,也会导致既有环境所提供或企业过去所积累的优势的裂变或过时,这更意味着该环境下任何竞争优势都不可能是长久的,人们应该更主动地适时破坏组织中已存在的固有优势而去发现和创造新的竞争优势,企业必须通过持续的创新来获取一系列暂时优势以保证长期的领先地位。因此新经济时代的企业竞争不仅是开放、知性和柔性的,也是动态发展的,它要求企业随环境的改变更新完善自身,从而不断超越现状去适应新的竞争形式,这也就是提斯、匹萨诺、舒恩等人所总结的"动态能力(dynamic capabilities)"观②。

环境的急剧变化不仅导致了竞争的白热化、复杂化和残酷化,也使以往的竞争手段和方式不再有效,生存的"超竞争"要求企业的竞争理念和行为都发生根本变革,这种内外的知性整合也就是企业核心竞争力。

(二)企业"格式塔"竞争的实质

1."格式塔"的含义

"格式塔"是格式塔心理学的主要术语,代表了格式塔心理学的整合认知原理。

"格式塔"是英文"Gestalt"的音译,该词最初来自德文,在德文中有两种含义:一是指物体抽象的形状或形式;二是指一个具体的实体,亦即任何分离的整体。关于该词的确切含义,格式塔心理学的代表人物之一、

---

① 组织中的"x—非效率"现象由美国行为经济学家哈维·莱宾斯坦(H. Leibenstein)1966 年提出,在《一般 x 效率理论与经济发展》(1978)一书中有详细阐释。莱宾斯坦指出,组织中任何努力状态变动都要付出"惰性成本",当这种成本大于可能得到的收益时,变动就不会发生,这个区域被称为"惰性区",所谓的压力感、紧迫感和监督系统都是逐渐衰弱的,从而努力的水平也随之下降,这个过程叫"努力熵"。

② Jeece, D. J., Pisano, G., and Shuen, *A. Dynamic Capabilities amd Strategic Management*. Strategic Management, 1997, 18(7).

美籍德裔心理学家库尔特·考夫卡(Kurt Koffka)在自己的学说被介绍到英美时曾指出,该词应翻译为"configuration"①,即"部分配置成整体"的意思。英文中依照德文的发音用"Gestalt"一词来对应这一专门术语,中文音译为"格式塔",义译为"完全形态"或"经验的整体"等,简称为"完形"。

格式塔心理学由德国心理学家 M. 魏特曼(Martinus Veltman)首创,主要研究人的知觉过程。该学派受物理学中"场论"的影响,认为人脑中也有一个"场",它决定了人看外界东西的状况,由于"场"有一定规律,人脑就按此规律把客观的东西组成一定的完形,它代表人们认知时从无序到有序的规整能力。格式塔心理学认为,个体的任何经验或行为其本身是不可分解的,每一种经验或活动都有它的整体形态,是个人对外界刺激进行选择与组织后的反应。比如一个人往窗外观望,他看到的是树木、天空、建筑还是组成这些物体的各种感觉素质如亮度、色调等等,现实的经验只能证明他看到的是整棵树,即知觉是把各个部分或各个因素集合成一个具有意义的整体,各个元素或局部必须取决于该整体的内在特性,它是各种要素协调平衡的结果,这一过程和结果就是心理认知的格式塔。

下面这段话生动地说明了格式塔心理学的原则:

一本书放在桌子上。一个人进去后,别人问他看见了什么,他回答"一本书"。另一个人进去,回答同样的问题时说,"我看到了一个暗红色的平行四边形,在它的下面有一条灰白色的边,再下面是一条暗红色的细线,细线下面是桌子,周围是一些闪烁着淡褐色的杂色条纹。"②人们究竟真正看到了什么呢? 格式塔心理学家会激烈地抨击第二个人,"任何一个蠢人都知道,'书'是最初立即直接得到的不容置疑的知觉事实! 至于那种把知觉还原为感觉,不是别的什么东西,只是一种智力游戏。任何人在应该看见书的地方,却看到一些暗红色的斑点,那么这个人就是一个病人。"③

---

① [德]库尔特·考夫卡:《格式塔心理学原理》,黎炜译,浙江教育出版社 1997 年版,第 3 页。

② [德]库尔特·考夫卡:《格式塔心理学原理》,黎炜译,浙江教育出版社 1997 年版,第 4 页。

③ [德]库尔特·考夫卡:《格式塔心理学原理》,黎炜译,浙江教育出版社 1997 年版,第 4—5 页。

考夫卡本人对格式塔心理学的认知原理有过清楚的表述,他认为格式塔心理学所具有的特殊功能就是实现对世界的整体理解。在《格式塔心理学原理》第一章中他说,"一切科学都有其特殊的功能,心理学能作出什么特定的说明呢?……我们能否声言心理学特别适合于整合(Integration)的任务,……我认为我们是能够的。"[1]针对当时构造主义和行为主义心理学派将人的意识割裂化和机械化的倾向,考夫卡主张把科学的原则和意义的原则结合起来,以此强调人类心理活动是自然、生命和心理三个领域的水乳交融,并要求从数量、顺序和意义的整合中来研究人类心理行为。

从考夫卡等人的心理认知学说来看,不难理解,所谓"格式塔"(完形)就是对事物的整合认知,其强调的是,认识事物不是各要素的简单相加或随机堆砌,而是对世界从形式到意义、从外在到内在的整体体认,它是一种知觉进程,也即从杂乱无章走向规整有序的认知前进过程,在这一认识过程中,人不仅和环境发生作用,也处于不断地更新和平衡中,它是人的主观能动性和环境客观规定性的交互作用。据此,格式塔也即知觉整合。

由于格式塔心理认知的实质在于以整体有机的方式来创造性地认识环境中的事物,因此这一认知原理具有普遍性。借用德裔美籍心理学家皮尔斯(Frederick S. Perls)的话,其普遍意义在于,"完形乃是一种形态,是构成某事物的个别部分的一种特定组织。完形心理学的基本前提是,人类本质乃一整体,并以整体(或完形)感知世界,而不同事物也唯有以其组成之整体(或完形)方能被人类了解。"[2]毋庸置疑,一切事物都包含在某一联结组或联结单位之中,宇宙和其中的一切事件实际上都有自身的完形存在,科学的不同领域,诸如文艺、医学、语言等中都可以发现各自的格式塔。

例如,美国人鲁道夫·阿恩海姆(Rudolf Arnheim)就对"格式塔"的这一整合认知原理有过细致而专门的发挥。他将这一心理原理充分运用

---

① [德]库尔特·考夫卡:《格式塔心理学原理》,黎炜译,浙江教育出版社1997年版,第11页。

② 转引自佚名:《关于完形治疗》,http://www.psych.org.cn/Article_Show.asp?ArticleID=834.

到艺术研究中,指出艺术创作存在整合的特性和要求。在阿恩海姆看来,"一个视觉式样,是不能在不考虑到它所处的空间环境的结构的情况下,孤立地被观看的"①,而视觉的作用并非对元素的机械复制,而是"对有意义的整体结构式样的把握"②,因此艺术创作的整体不能通过所谓的各部分相加之和来达到,而是属于每一个心智健全的人把"'内在的'东西与'外在的'东西联系起来"③,至于艺术品则势必是一种"由方向性的力"④所构成的平衡的、有秩序的和统一的式样。

阿恩海姆的意图和结论是十分明晰的,他正是"绝大部分"⑤地引用格式塔心理学原理来阐明艺术创作不是对局部进行个别分析就能完成的,而是与"自然界的物体一样,都服从着同一个基本的组织规律"⑥,连同人类的追求活动,它总是力求使"自己个人的需要与周围环境的需要达到平衡"⑦。

因此"格式塔"虽缘于以视知觉为主的心理研究,但其意义和应用范围却远远超越了这一领域。就像考夫卡提及的,"运用格式塔范畴也意味着去找出自然界的哪些部分属于机能整体的部分,并发现它们在这些整体中的地位,它们相对独立的程度,以及较大的整体结合成次级整体的情况。"⑧而阿恩海姆尽管是站在文艺角度对艺术与视知觉关系作出分

---

① [美]鲁道夫·阿恩海姆:《艺术与视知觉》,滕守尧、朱疆源译,中国社会科学出版社1984年版,第13页。
② [美]鲁道夫·阿恩海姆:《艺术与视知觉》,滕守尧、朱疆源译,中国社会科学出版社1984年版,第6页。
③ [美]鲁道夫·阿恩海姆:《艺术与视知觉》,滕守尧、朱疆源译,中国社会科学出版社1984年版,第609页。
④ [美]鲁道夫·阿恩海姆:《艺术与视知觉》,滕守尧、朱疆源译,中国社会科学出版社1984年版,第39页。
⑤ [美]鲁道夫·阿恩海姆:《艺术与视知觉》,滕守尧、朱疆源译,中国社会科学出版社1984年版,第4页。
⑥ [美]鲁道夫·阿恩海姆:《艺术与视知觉》,滕守尧、朱疆源译,中国社会科学出版社1984年版,第92页。
⑦ [美]鲁道夫·阿恩海姆:《艺术与视知觉》,滕守尧、朱疆源译,中国社会科学出版社1984年版,第608页。
⑧ [德]库尔特·考夫卡:《格式塔心理学原理》,黎炜译,浙江教育出版社1997年版,第25页。

析,但鉴于其文艺心理的内涵就是整合,一旦剥离艺术色彩其普遍性同样不言而喻,正如阿恩海姆亲自指出的,"对自然界的大多数现象的描述,仅仅通过对其局部进行个别分析的方法是无法完成的"、"某一整体式样中各个不同要素的表象看上去究竟是个什么样子,主要是取决于这一要素在整体中所处的位置和起的作用"①。

在这个意义上,笔者将"格式塔(完形)"描述为知觉整合,希冀以此来表明,所有处于一定环境中的有机体,其对周围事物的认识、反映和作用都是基于内外心智体认的一种"格式塔"过程,企业竞争同样如此。

2."格式塔"竞争:企业知觉整合竞争

"整合"与"创新"是核心竞争力的基本特点,它意味着核心竞争力既是对企业技术、资产、知识、机制等的协同整合,也是企业在特定领域中和环境有机互动的结果,它是持续更新的。在新经济时代,核心竞争力代表了企业战略竞争SWOT的完整性,它是开放、知性和动态发展的,其全部过程的展开正是一种"格式塔"行为。

首先,像任何有机体一样,企业也有知觉。任何企业都由一系列专业化分工活动按一定方式联结起来,每个企业都是在"差异——整合"基础上形成的具有集成效应的整体,企业因此有对内对外的统一方式和运作机制,所谓"成员之间的交互方式为企业带来了统一的语言和行动的共同框架"②、"共同的身份不仅可以降低交流的成本,而且可以建立起协调的明确的或隐含的规则"③,它主要表现为企业能"根据自己创造和拥有的知识进行市场机会选择"④并"依据无穷无尽的经验来行动"⑤,这些判断、决策和执行随着企业日常活动的展开而遍布于企业的所有方面,或是

---

① [美]鲁道夫·阿恩海姆:《艺术与视知觉》,滕守尧、朱疆源译,中国社会科学出版社1984年版,第5页。

② John Paul MacDuffie & Susan Helper. *Creating Lean Suppliers: Diffusing Lean Production Thought the Supply Chain*. California Management Review, 1997, 39(4):118—151.

③ Bruce Kogut & Udo Zander. *What Firms Do? Coordination, Identity and Learning*. Organization Science, 1996, 7(5):502—518.

④ 慕继丰、陈方丽:《基于知识的企业理论》,《经济管理》2002年第2期。

⑤ 慕继丰、陈方丽:《基于知识的企业理论》,《经济管理》2002年第2期。

制度性的,或是意会性的,从而形成企业独特的理解方式和行动方式。因此,企业是有认知的,企业的认知虽不能等同于人类个体的生命体认,但无疑也具有刺激——反应的生物活性,企业的所有因素,包括人员、设备、体制、资源、知识等等,不仅参与了这一整体的构建,最终也都会纳入或消解到这一整体中。

其次,能力本是一个心理学概念,指人"成功地完成某种活动所必需的个性心理特征"①,不论是人还是其他事物,只要是行为主体,其"顺利完成某种活动的本领"②都可称之为能力,它以知识为基础并在学习和实践中形成。不管对核心竞争力持什么观点,必须承认,核心竞争力是在企业的发展过程中逐渐形成的综合性能力,是企业的综合素质在现实行动中表现出来的、能正确驾驭企业各种活动和解决各种难题的独特本领,从知识和能力的关系来看,核心竞争力就是对知识的学习、积累和运用。关于企业与企业知识的关系人们已有很多阐述,而大家所提及的企业知识的积累和运用并不等于员工个体的知识积累和运用,而是指由他们集成的整个企业的动态的学习过程。

例如,马歇尔最早探讨了企业知识的产生和积累,他所强调的因专业化分工而导致的知识联合化过程就是人们共同的学习过程,这一过程不仅发生在企业范围内,也发生在整个产业乃至社会范围中;之后,彭罗斯解释了企业内部的知识是如何随着生产性资源的使用而暗暗产生并增加的,企业把关联的和正式的知识,以最佳的解决某一问题的方式,转化为程序化的、富有针对性的、意会的知识的过程也就是"干中学(learning by doing)"③或"用中学(learning by using)"④的集体学习过程;理查德森则把企业之间的交往概括为企业外协调和企业内协调之外的第三种协调,

---

① 夏征农主编:《辞海》,上海辞书出版社 1989 年版,第 1270 页。

② 刘晋伦:《能力与能力培养》,山东教育出版社 2001 年版,第 3 页。

③ "干中学"由美国经济学家阿罗(Kenneth J. Arrow)1962 年提出。他指出知识本身就是一种生产要素,有关生产方法的知识积累是通过"学"来完成的,且这种经验主要来自"干",生产过程中边干边学积累的知识经验也就是一种要素投入。

④ "用中学"由美国经济学家罗森伯格(N. Rosenberg)1982 年提出。他认为有些很复杂的技术只有在相当长时间的使用和强化性使用后人们才能理解,此类学习主要依赖使用中的经验,包括"体现型知识"和"非体现型知识"两类。

这个协调同样导致了企业知识的产生和积累,它涉及的主要是企业之间的认知和学习。① 以上理论为后来各种各样的企业知识论奠定了基础,不管对知识及其与企业之间的关系有怎样的看法,人们大都强调企业知识的积累和运用是一种持续而整体的学习活动,这也就意味着核心竞争力是一种与环境作用的整体的学习过程和结果,它体现在组织基于环境分析的战略决策、生产制造、市场营销、内部管理的各个环节及交互作用中。

这一点的深刻含义,即从组织整体学习的角度能必然说明核心竞争力的生成,可从克瑞斯·阿吉里斯(Chris Argyris)、唐纳德·舍恩(Donald Schon)、乔治·休伯(George P. Huber)等人的组织学习理论(Organizational Learning Theroy,OLT)中得到体现。就像我们已知道的,这些学者们将组织学习描述为:组织学习是企业围绕自己的日常活动和企业文化构建知识体系、补充知识技能以及执行例行公事的一种方式,通过广泛运用员工所掌握的各项知识与技能,组织可以发展整体的效能并提高行动的过程。在他们看来,组织学习的重要性在于它绝不仅仅是个人学习的总和,而是作为个人集合体的组织如何通过适当的形式和流程来保证提高组织自身的理解能力和行动能力,这归功于组织通过学习所累积起来的组织历史、组织经验、组织规则以及组织故事,该组织学习能力对"组织记忆(Organizational Memory)"所产生的巨大贡献也就在于促使和帮助组织不断地诊断和改正错误,从而应对变化的环境,如果信息交换时组织的潜在行为范围发生了变化,那么学习活动在这一变化过程中就已经产生了,其体现的乃是一种持续的整体变革特征。②

根据以上学者们的观点,核心竞争力就是通过组织有系统的、复杂的、动态的学习过程而形成的,这一学习过程表现为组织与环境间的多向交流、作用和积累,其学习过程和学习方法为各企业所专有或私有,每个

① 参见[丹]尼古莱·J.福斯、克里斯第安·克努森编著:《企业万能:面向企业能力理论》,李东红译,东北财经大学出版社2003年版,第31~34页。
② 以上参见MBA智库百科网:《组织学习理论》,http://wiki.mbalib.com/wiki/%E7%BB%84%E7%BB%87%E5%AD%A6%E4%B9%A0%E7%90%86%E8%AE%BA.

企业正是以其独特的学习方式和学习过程将自身资产、技能、经验进行积累并在实践中转变为企业的新方法和新思路，从而形成企业独特的竞争优势。

也就是说，核心竞争力之所以形成，是因为企业总在观察、评估自身和周围，并以积累的、相互作用的、目的明确的方式对来自组织内部和外部的刺激采取行动，它是一个与环境博弈的过程，这种形成过程也就是企业根据对市场的理解和分析，调整自身各种条件而与市场相适应的螺旋前进过程。它具有格式塔的完全形态意味，其完整性就在于既眼光向外，又眼光向内，通过统揽全局来重组、构建企业的内部和外部而不断达到新的平衡和统一，从而在积极把握环境的同时能动地造就自己。正如有学者揭示的："在现代企业竞争发展中表现出的最重要特点就是企业竞争的视野有所改变。竞争不但朝着纵深发展，而且竞争的视野进一步拓宽，向着全方位拓展……为了获得持久的生存发展，企业竞争现实迫使企业全方位地关注长期发挥作用的竞争性因素，注重提升企业适应内部及外部变化和防范各种风险的能力，全面培育竞争优势，以维持和提高企业整体上的竞争力。"[①]

早在20世纪30年代，类似的观点就在巴纳德（Chester Irving Barnard）的系统组织理论中体现出来了。在《经理人员的职能》（1938）一书中，巴纳德指出，组织总处于与环境的交换中，管理就是把企业的内部平衡和外部适应协同起来，当时巴纳德已用了感觉、判断、感知、协调、平衡、相称等词语来表述这一过程[②]，即他已将企业的生存发展看做一种完整的认知行为过程。知识经济时代，企业竞争更是动态、系统、知性的，企业更应抓住竞争中最关键或最实质的问题，多方面施展自己的资源和方法，时刻保持自身与环境的有机互动，这些行为可能是自觉的，也可能是不自觉的，但必定都是企业对周围环境和自我状况持续而系统的体认、处理和把握，这正具有完全形态的知觉整合特点，正因为这种知觉的整合，核心

---

① 彭丽红：《企业竞争力——理论与实证研究》，经济科学出版社2000年版，第41页。

② 参见《巴纳德的系统组织理论》，http://esoftbank.com.cn/wz/60_4160.html.

竞争力才表现出内生性、知识性、系统性、动态性、创新性以及模糊性、不可模仿性等诸多特点。

显然,企业核心竞争力的这一特性与"格式塔"原理有极其一致的地方。事实上,考夫卡曾经强调,心理认知的"场"分为两大系统:一部分是环境,一部分是自我,环境是自我的环境,自我是环境里的自我,同时他还把环境分为地理环境与行为环境,以此说明心理、行为和环境之间的关系,即人的行为受自我的心理活动结构与外在的环境结构两者的决定。而格式塔心理学派后来的代表——勒温(Kurt Lewin)的拓扑心理学派(topological psychology)①更侧重在整个物理和社会的关系中研究人类行为。

具体而言,动力性和整体性是勒温心理动力场理论的两个基点,人与环境被看做是一个共同的动力整体,其基本原则是:为了理解或预测人的行为,必须把人及其环境看做是一种相互依存因素的集合,每一心理事件都取决于人的态度及其与环境的关系。对于这一整合认知,他用了函数式

$$B = F(P,E) \qquad (公式 1—1)$$

(B:Behavior 行为;P:Person 个人;E:Environment 环境;F:function 函数)来表示。此公式的含义是,个人的一切行为(包括心理活动)是随其本身与所处环境条件的变化而改变的,换句话说,人的表现是由他们自身的素质和当时面对的情景共同决定的,以此产生了三个结论:

(1)同一个人在不同的环境可产生不同的行为;

(2)不同的人对同一环境也可产生不同的行为;

(3)不同的个人在不同的环境也将产生不同的行为。

当把上面的"人"都置换成"企业"后,"格式塔"无非就是对企业核

---

① 库尔特·勒温(1890—1947)是完形学派的一员,勒温的心理学理论体系严格说来属于格式塔心理学派的一个分支,由于借用几何学上拓扑学的概念来描述与解释心理场,他的心理场理论又称为拓扑心理学(topological psychology)。整合性是拓扑心理学所具有的一个主要特点,其动力场理论有以下特点:动力观、整体观、系统观、心理取向、整合倾向、建构法和数学表达,动力场理论的特点基本上也就是勒温心理学的主要特征。

心竞争力的另一种归纳和解释。为什么企业的竞争力会不一样呢？为什么它不可模仿呢？究竟是内因还是外因在起作用？事实不断提醒人们，企业竞争也存在社会关系的"动力场"，持续竞争优势取决于企业主体与环境客体的相融程度。菲利普·塞尔兹尼克曾说过，对组织的充分研究需要"一种强调历史起源和历史发展阶段的发生和发展理论。有必要把企业视为一个整体来研究其如何应付环境变化"①，而核心竞争力最为清晰地印证了这一点:一方面它要遵守环境的客观要求和规定;另一方面它又要发挥自己的内在条件和主观能动性,通过在对竞争主体和客体的完整体认和有机协同中来实施自己作为企业竞争源头的职责。

正是在这个意义上,笔者将企业核心竞争力看做一种"格式塔"竞争,以此体现事物发展内因与外因的统一以及企业生命行为更深层的心智因素。

实际上,已有的核心竞争力研究都程度不同地涉及了这一实质,例如库姆斯、梅雅和乌特巴克认为企业核心竞争力是战略决策、生产制造、市场营销、内部管理的综合(1993),鲍·埃里克森和杰斯帕·米克尔森把组织资本和社会资本看做核心竞争力不可或缺的两个维度(1996),还有的学者如提斯等人则强调核心竞争力是企业内部管理和外部交易的统一(1997),因此笔者提出"格式塔"竞争的观点不过是对其完整性进行了强化并力图将两者的联结模式化而已,旨在以此提醒人们,在关注企业内部的整合时不能忽略企业对环境的观照和反馈。

"格式塔"竞争的含义可如图1—1所示。如果要用一个公式来描述核心竞争力的这种"格式塔"特点,笔者以为该公式暂时可以列为函数式:

$$Cc = f(E, O) \qquad\qquad (公式1—2)$$

其中 Cc 表示核心竞争力,E、O 分别表示环境(Environment)和企业自身条件(Organization),其内部又可以分解为不同的自变量,核心竞争力的最终形成便来自于企业对这两方面各种因素进行认知及处理的综合

①　转引自[丹]尼古莱·J.福斯、克里斯第安·克努森编著:《企业万能:面向企业能力理论》,李东红译,东北财经大学出版社2003年版,第45页。

函数关系。

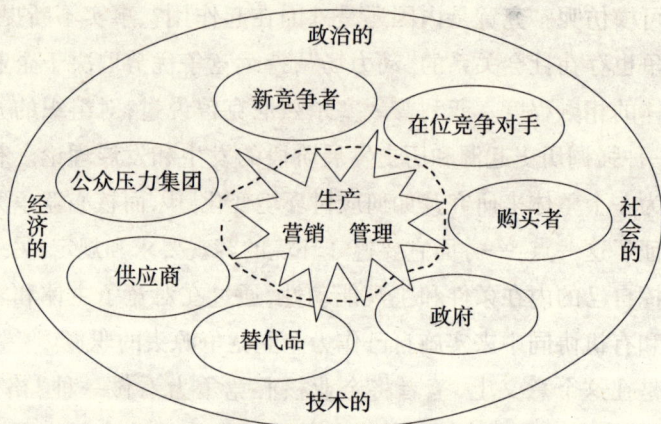

图1—1　企业核心竞争力格式塔模型图

图示:虚线代表企业,多角形为企业核心竞争力。

三、本章小结

当今企业已进入新的竞争时代,即核心竞争力时代。究其实质,核心竞争力是企业的整合竞争行为,即"企业或组织以在长期发展中所积累的知识和资源为基础的对内外环境迅速做出反应和调节的智能体系,是在成长过程中经由遭遇和经验磨合积淀而成的心智格式"①。借鉴心理学上以考夫卡等人为代表的完形认知学说,笔者引用"格式塔(完形)"范畴来对核心竞争力的知性与整合性作出总结与描述,将企业核心竞争力看做企业的"格式塔"竞争行为。

"格式塔"竞争包括六个方面的含义:(1)企业核心竞争力是"合力"而不是"核力";(2)企业核心竞争力是"开放力"而不是"封闭力";(3)企业核心竞争力是"知性力"而不是"感性力";(4)企业核心竞争力是"动态力"而不是"静态力";(5)企业核心竞争力是"长期力"而不是"短期力";(6)企业核心竞争力是"创新力"而不是"惯性力"。就像人的综合

---

① 欧阳友权主编:《文化产业通论》,湖南人民出版社2006年版,第132页。

素质一样,企业核心竞争力在企业的成长过程中经由特定路径形成,它深嵌且弥散于组织的每个环节和每个角落,却又常表现为不同的得力点,只有依据环境条件的变化积极进行自我调整,企业这种"活"的造血功能才会越来越强大。

核心竞争力的提出不是偶然的学术事件或个人突发创新,而是一种带有规律性的社会学术行为。就像桑切斯和赫尼所说,"把竞争当做能力的竞赛进行分析似乎找到了一个公平解决现实社会中包含复杂和动态的竞争的方法。一方面,人们需要用他有限的认知能力去理解复杂、动态的事物;另一方面,在战略研究与理论构造中将能力作为分析单元就像把适当的概念之网撒入企业竞争行为的海洋"[1],它不仅使人们对企业竞争本质的认识前进了一大步,"引发了对企业价值观的重新思考和管理方式的嬗变"[2],也提供了企业战略管理的新范式,"从更深的层面和更长远的视角进化了企业的发展战略观"[3],为知识经济时代企业的长期性生存提供了实践指导和方法支持。

"核心竞争力"在代表更先进的管理思想和竞争方略的同时具有竞争哲学的意味,其知觉演化序列的极限追求构成了企业现代化竞争的理想终极,这也应是我们对核心竞争力有更为完整理解与科学把握的地方。

---

[1]　转引自周治翰:《动态能力与基于知识网络的企业能力发展》,管理科学与工程博士学位论文,东南大学 2003 年。

[2]　欧阳友权主编:《文化产业通论》,湖南人民出版社 2006 年版,第 132 页。

[3]　欧阳友权主编:《文化产业通论》,湖南人民出版社 2006 年版,第 132 页。

第二章　我国报业组织核心竞争力的
历史必然性及其现实意义

　　社会主义市场经济条件下,作为传统纸质新闻媒体,我国报业参与市场博弈是历史和时代发展的必然,它不以个人意志为转移。报业市场竞争及产业实力最终落实为微观报业组织核心竞争力的具备及培育上,随着经济社会发展和传媒改革的深化,以核心竞争力为主导的战略变革与可持续性发展,不仅是我国报业组织发展壮大的基本依据和途径,也是全球化背景下推进我国报业产业发展及国家精神文明建设的必然要求。

一、我国报业组织与报业竞争概说

　　我国报业组织核心竞争力的具备是中国民族报业发展到社会主义市场经济阶段的必然产物,它既是社会不断演进的结果,也是报媒内在发展规律所致,是一定历史传统基础上,时代对报纸发展提出的新的客观要求。

(一)报纸及我国报业组织的含义

1."报纸"的含义

什么是报纸,目前还没有完全统一的说法,有代表性的几种观点是:

《大英百科全书》认为,报纸是"每日、每周或有规律的其他间隔时间发行的,提供新闻、观点、特写及其他公众感兴趣的信息,并且常常伴有广告的出版物"[1]。

---

① 转引自唐绪军:《报业经济与报业经营》,新华出版社 2003 年版,第 2 页。

美国《报纸保护法》（美国国会 1970 年通过）认为，报纸是"每周发行一期或多期的、以新闻纸印刷的出版物⋯⋯并且其内容的较大部分刊载的是新闻和评论"①。

联合国教科文组织则使用"日报"的概念，将报纸看做"每周至少出版 4 期"、以"刊登综合性新闻为主"的"连续性出版物"。②

在我国，《现代汉语词典》的解释是，报纸是"以国内外社会、政治、经济、文化等新闻为主要内容的散页的定期出版物，一般指日报"③。

《中国大百科全书·新闻出版卷》认为，报纸是"以刊载新闻和新闻评论为主的，面向公众，定期、连续发行的出版物。通常散页印刷，不装订，没有封面。有固定的名称。多数每日出版，也有隔日或每周出版的"④。

2005 年 12 月 1 日起施行的《报纸出版管理规定》认为，报纸是"有固定名称、刊期、开版，以新闻与时事评论为主要内容，每周至少出版一期的散页连续出版物"⑤。

有的学者则定义报纸为"以刊登新闻为主的定期连续向大众发行的印刷品"⑥或"定期出版发行的提供新闻、信息、观点、广告等内容的散页印刷不装订的印刷品"⑦，等等。

不难发现，尽管没有一个关于报纸的统一定义，但大家都强调报纸必须具备几个基本要素，即：（1）刊登新闻（包括新闻报道和新闻评论）；（2）每周至少出版一次；（3）连续性出版；（4）散页纸张形式；（5）文字报道。应该说，以上观点都是关于报纸的较为科学的理解，也都可以看做是

---

① 转引自唐绪军：《报业经济与报业经营》，新华出版社 2003 年版，第 3 页。
② 转引自唐绪军：《报业经济与报业经营》，新华出版社 2003 年版，第 4 页。
③ 中国社会科学院语言研究所词典编辑室编：《现代汉语词典》，商务印书馆 1983 年版，第 41 页。
④ 转引自唐绪军：《报业经济与报业经营》，新华出版社 2003 年版，第 2 页。
⑤ 转引自李德成编著：《文化传媒业政策法规精解》，法律出版社 2006 年版，第 113 页。
⑥ 李良荣：《新闻学概论》，复旦大学出版社 2005 年版，第 68 页。
⑦ 参见陶志峰：《中国报业规制问题研究》，产业经济学博士学位论文，复旦大学 2004 年。

关于报纸的狭义的定义。

　　报纸应是新闻纸,这是理解或界定报纸的基本立足点,而新闻时效最强的日报应是报纸的主要形态。在西方的报业实践中,无论管理还是统计,报纸都是以面向广大读者的日报为主的,这些日报通常是以刊登新闻为主的综合性报纸,而非日报则是侧重于某一个领域或某一类对象的非综合性出版物,因此西方报业中严格的报纸定义是日报,例如美国报业协会(Newspaper Association of America)和加拿大报业协会(Canadian Newspaper Association)都只接受"日报"为其协会成员,报刊发行量稽核局(Audit Bureau of Circulations)和世界报业协会(World Association of Newspapers)在统计时也将日报与非日报区分对待。① 我国报业的情况另有不同。根据新闻出版总署信息中心传媒发展研究所《中国报业发展报告2007》中的统计数据,我国报纸以周七刊日报和周一刊周报最多,分别为513种和545种,各占全国报纸总量的26.5%和28.2%,而综合新闻性的党报和晚报都市类报纸又是我国日报的主体部分,占全国日报总数的73.9%,同时一个明显的趋势是,中国报纸刊期继续向日报化方向发展,2006年全国出版周四刊以上日报984种,占全国报纸总量的50.9%,日报比重数首次超过周报。② 因此,我国的报纸以日报和周报为主,然而最近一两年日报的主体地位正日益凸显。

　　需要说明的是,尽管报纸应以刊登新闻为主,但报纸仍是一个比较复杂的概念,事实上,国内外对于报纸的划分都带有笼统性,都包含一部分不具备新闻性职能的报纸。例如,国外报纸一般分为9类,不仅将日报与非日报区分出来,也将它们与少数民族类报、外语类报、宗教类报、军事类报、其他专业性报相并列,其中日报又划分为国际性或全国性日报、都市或地区性日报、地方日报③;国内报纸没有统一的分类标准,按办报主体、读者对象、报纸内容与性质的不同都可以进行不同的划分,中宣部新闻调

---

① 参见唐绪军:《报业经济与报业经营》,新华出版社2003年版,第5页。
② 参见新闻出版总署信息中心传媒发展研究所编著:《中国报业发展报告二〇〇七:创新成就未来》,社会科学文献出版社2007年版,第14—16页。
③ Robert Picard & Jeffrey Brody. *The Newspaper Publishing Industry*. Boston:Allyn & Bacon,1996.8.

研小组在 1991 年曾根据报纸的主办单位和主要内容做过一次分类,包括机关报、社会群众团体报、行业和专业报、生活服务类报、企业报、综合类报、晚报、文摘报、军队报等 9 类①,而根据国家新闻出版总署 1995 年制定的《报纸质量管理标准实施细则(试行)》,我国报纸则主要有 8 个级别或种类:省地市级党委机关报、中央国务院各部委的机关报和专业报、省级及省级以下专业行业报、晚报、社会群体对象报、企业报、生活服务类报、文摘报,此外还包括解放军系统报纸、外宣类报纸、少数民族文字的报纸,以及一些特殊专业的报纸②。

可见,"报纸"这一定义本身有不同的内涵和外延,除了新闻性报纸外,还包括那些虽具备报纸的版式特征,但实质上已不具备新闻媒体功能的报纸,国内外报纸分类中专业行业报、社会群体对象报、生活服务类报、少数民族文字报等有不少就是非新闻性的报纸,例如我国的教育辅导类报纸、书画艺术类报纸就很典型。而且,随着现代社会生活的发展和读者对信息需求的多样化,这类报纸也日益成为人们日常生活中信息获取不可或缺的一部分,因此除了以传播新闻和新闻评论为主以外,以传播知识、提供娱乐或生活服务为主要内容的散页印刷物也都可以看做是报纸,而宽泛的报纸便还包括"以非新闻性内容为主或者出版周期超过一周,持有国内统一连续出版物号的其他散页连续出版物"③了。

基于我国报纸作为事业的惯性和人们订报读报的习惯,本文所研究的报纸面向所有报纸类型,但主要指狭义的报纸,即以刊登新闻和新闻评论为主的报纸,它们多以日报为主。

2. 我国报业组织的含义

报纸的生产以报业组织为单位。从管理学的角度来讲,组织是对

---

① 参见中宣部新闻调研小组编著:《中国报业总量结构效益调查》,新华出版社 1996 年版,第 4 页。

② 参见国家新闻出版总署政策法规司:《报纸质量管理标准实施细则(试行)》,ht-tp://www. gapp. gov. cn/cms/cms/website/zcfgs/layout3/index. jsp? channelId = 782&infoId = 450826&siteId = 48.

③ 转引自李德成主编:《文化传媒业政策法规精解》,法律出版社 2006 年版,第 113 页。

"完成特定使命的人们的系统性安排"①,报业组织即指所有有组织性的报纸生产出版单位或团体,它包括"报社、报业集团以及没有设立报社的报纸编辑部和其他从事报纸出版的"②一切机构或单位。本文的报业组织不是指人们习惯性理解的事业单位,而是指企业化的报社、报业集团及事业单位报社的经营性部门,尤其以企业化的报社为主。

中外报业发展史上,报业组织大致可分为独资或集资经营的企业型和政党或政府出资包办的政治宣传型两种,前者以市场盈利为目的,以报社董事会或发行人为最高权力机构,社长或总编辑秉承董事会或发行人的意旨来决定编辑方针和经营策略;后者以政治宣传为目的,以党派或政府为最高决策机构,编辑方针和经营策略由社长或总编辑根据政党主张或政府意图来制定。相比之下,中国报业组织的情况比较复杂,也更为特殊,大体上说,从革命战争年代起直到 20 世纪 90 年代初期,我们党领导下的报纸生产出版机构一直属于后一种组织形式,也即事业单位形式,但随着市场经济的发展,中国新闻传媒的产业化属性日益鲜明,新闻体制改革也日益深入,建立现代企业制度成了报业发展的客观要求。

企业是"集合生产要素,并在利润动机和承担风险条件下,为社会提供产品和服务的单位"③,由于具有专业生产机构的多种优势,报业企业化是世界报业发展的共同趋势与规律,也是中国报业走向现代化的重要标志之一。然而中国的报业企业不同于传统民族报业或西方报业的企业形式,由于我国新闻体制改革采取的是演进式分步走的变革方式,中国报业的企业化乃是一个逐渐普及深入的进程。

党的十六大召开以来,在中央及其相关部门一系列文件的支持和推动下,到 2003 年年底,我国新闻体制试点改革已过渡到培育新型市场主体、完善投融资体制的核心阶段,把事业部分留住,其他大胆放开转为企

---

① [美]斯蒂芬·罗宾斯:《管理学(第 4 版)》,黄卫伟等译,中国人民大学出版社 1997 年版,第 4 页。

② 刘年辉:《报业核心竞争力:理论与案例》,中国广播电视出版社 2006 年版,第 30 页。

③ 参见董俊武:《企业的本质、性质与企业成长的理论研究》,管理科学与工程博士学位论文,武汉理工大学 2004 年。

业成为明确的政策导向。2004 年 5 月,新闻出版总署下发《关于进一步规范新闻出版单位出版合作和融资行为的通知》,强调对新闻出版单位实行企业准入和特殊产品准入审批制度;2005 年年底,《中共中央国务院关于深化文化体制改革的若干意见》和 2006 年 3 月中央召开的全国文化体制改革工作会议,则开始推动报业企业化的全面展开。自此,产权制度改革提上日程,明晰报业组织产权、确立管办分离的企业法人治理结构已不容置疑。

对此,大体的改革思路是,将报业按业务范围划分为新闻采编、印刷、发行、广告、零售等产业链,在铆定新闻采编“守土有责”主要责任的前提下对其他环节实行完全的现代企业运作。其形式有三种:

(1)剥离改制为企业。它针对以党报为首的报业集团,即新闻业务部分仍为事业性质,广告、发行、印刷等经营部分则剥离出来组建为企业为主业服务。

(2)整体转制为企业。它针对出版集团和一般性专业报刊,允许在整体上转制为企业。

(3)引进战略投资者,在政策框架内对非内容生产环节直接进行股份制改造。

从我国目前的报业情况来看,企业化报业组织是未来中国报业组织的主要形式,也是本书的研究对象,不过,在一些历史背景的交代或横向纵向的比较中,本书的报业组织也包括事业型或其他类型的报纸生产出版机构。

(二)我国报业发展及竞争的历史扫描

我国虽然自唐代起就出现了“邸报”、“小报”、“京报”等各种以“报”命名的传播媒介,但我国报业的形成却始于近代外国传教士来华创办报纸。根据近代以来报纸的发生演变,笔者将我国报业的发展划分为三个阶段:近代阶段、现代阶段、当代阶段,每一阶段报业发展与竞争情况各有不同。

1. 近代报业发展与竞争(1815—1919)

我国近代报刊肇始于 19 世纪初期外国传教士和商人来华创办的各种报刊。《察世俗每月统纪传》(1815,马六甲)标志了我国近代报刊的正式诞生,《东西洋考每月统纪传》(1833,广州)标志着中国本土第一份中文报刊的出现。19世纪50年代起,外国人在中国所办的各种中文报刊或外报中文版发展迅猛,既包括《遐迩贯珍》(1853,香港)、《六合丛谈》(1857,上海)、《万国公报》(1868,上海)等宗教报刊,也包括《申报》(1872,上海)、《新闻报》(1893,上海)、《香港船头货价纸》(1857,香港)、《香港中外新报》(1864年末或1865年初,香港)、《香港华字日报》(1872,香港)等商业性报刊。

19世纪70年代起,完全由国人自主创办的第一批报纸陆续在广州、香港、上海等城市出现,《循环日报》(1874,香港)是我国第一份华人资本、华人操权的中文日报。戊戌变法时期掀起了第一次国人办报高潮,《时务报》(1896,上海)等政党报刊开始成为我国近代报刊的主角,戊戌变法失败后到辛亥革命爆发前,以梁启超为代表的维新人士和以孙中山为首的资产阶级革命团体都积极创办自己的报纸,《清议报》(1898,横滨)、《新民丛报》(1902,横滨)、《中国日报》(1900,香港)、《民报》(1905,东京)一时都很有影响。1899年到1905年内地还涌现了不少民营报纸,著名的有1902年创刊于天津的《大公报》、1904年创刊于上海的《时报》、1904年创刊于北京的《京话日报》等。

1906年到辛亥革命爆发期间,近代报业获得了进一步发展,该时期的办报思想具有明确的民族资产阶级新闻观性质,现代报纸的形态基本奠定。这一时期大量出现的清政府官报也使行政派发、摊派报费等弊端开始形成。

中华民国成立后到五四运动前,"癸丑报灾"①使中国近代民族报业陷入低潮,但一些大的民营报纸,如英敛之主持(1902—1912)的《大公报》和史良才接管(1912—1934)的《申报》等有所发展。

报纸是西方资本主义商品经济的产物,受西方报业运营模式和外商

---

① 癸丑报灾:中国新闻史上把"二次革命"失败后袁世凯为了复辟而对新闻界施行的迫害和收买称为"癸丑报灾",由于事情发生在1913年即癸丑年,故得名。1913年底,经过袁世凯政府的清洗、镇压,得以残存的报纸仅有130多家,相比于民国元年的532家,锐减2/3。自1913年年底到1916年6月,全国报纸总数仅维持在130—150家左右。

中文报的影响,在近代中国,报纸一出现就烙上了商业的色彩,例如外报《孖剌报》的中文版《香港船头货价纸》(1857,香港)和《北华捷报》的中文版《上海新报》(1861,上海)就分别是香港、上海最早出现的中文商业报纸,自《香港中外新报》、《香港华字日报》、《申报》等带有国人自办色彩的中文报刊诞生后,我国近代民族报业已烙上了资产阶级商业化运作和市场竞争的印记,《申报》(1872—1949)便是近现代报业发展中市场竞争的一个成功典范。

戊戌变法以来,不少民族报纸以改良或革命为倡导,它们虽然名为政党报,但在经营管理上大多仍属于资本主义企业性质,例如报刊的开办经费多出自私人捐款或合股集资,不少报社设有董事局,有专门的股东、董事长、总经理与总编辑。事实上,不论是《时务报》、《民报》等政党报还是《申报》、《大公报》之类的民营报,当时的报纸大都比较注重新闻业务改革以及发行、广告的竞争,例如,《申报》、《上海新报》、《新闻报》的价格战便是中国报业价格战历史上最早最成功的案例。① 我国近代民族报刊奠定的报业组织的这一企业性质一直沿袭到建国初期,它们在新闻性、商业性乃至与党性相结合等方面,早已为后来我国报业的发展打下了基础并提供了良好的借鉴。

2. 现代报业发展与竞争(1919—1949)

五四时期到北伐前后,现代民族报业基本定型,该时期的突出特点之一是统一战线报纸的兴旺。《每周评论》(1918,北京)是第一份统一战线性质的政治报纸,《先驱》(1922,北京)、《向导》(1922,北京)、《热血日报》(1925,北京)等无产阶级报刊,包括日报、周报、机关报等都正式诞生,党报的使命、性质基本确定,党性原则成为党领导的无产阶级报刊的基本原则。

---

① 1872年,《上海新报》在上海一支独秀,英国商人创办了《申报》,两家报纸展开价格战。当时《上海新报》的售价为每份铜钱30文,《申报》为了快速抢占市场,定价为每份铜钱8文,《上海新报》无奈之中,以每份8文应对,5个月之后便倒闭。消灭了竞争对手后,《申报》将售价提高到每份10文。20年后,1899年重新开张的《新闻报》以每份7文的价格进入市场,并且给摊贩更高的折扣价,从而导致发行量一路攀升,创下日发行15万份的最高纪录,在很短的时间成为和《申报》并驾齐驱的大报。

与此同时,《申报》、《新闻报》、《大公报》(1926,"新记"大公报)等资产阶级民营报纸开始向股份制企业化大报转变,例如报纸由董事长、总经理、总编辑共同经营,市场赢利成为新闻业务和经营管理的基本指向,注重受众定位和市场营销,强调新闻业务改革和内部管理,拥有一流的设备规模等,它们都体现出了鲜明的现代企业办报特色。这一阶段各报纸间的竞争日益激烈,都市小报也开始流行。

十年内战时期,国统区内国民政府最高机关报《中央日报》掌控了报纸宣传报道的中心,《申报》、《大公报》等民营报刊继续发展,《新民报》(1929,上海)等新的民营商业大报出现,共产党的报刊转为地下出版,东北三省的报纸则被日本人控制。人民政权内的报纸最早是井冈山革命根据地报纸,《红色中华》报(1931,瑞金)是瑞金工农民主政府的机关报,中央一级报刊《红星》报(1931,瑞金)受到根据地军民的喜爱。

抗战时期,延安的报纸成为抗日根据地报纸的主导,《新中华报》(1937)曾是陕甘宁边区政府的机关报兼中共中央机关报,1941年后大型机关报《解放日报》(1941—1947)成为延安报纸的代表。国统区内,抗战初期抗日报刊曾蓬勃发展,上海、南京沦陷后,各报多迁往武汉、长沙等南方城市,我党也在武汉创办并公开发行了机关报《新华日报》(1938—1947);武汉沦陷后,各报迁往重庆等大后方并带动了桂林和成都报业的繁荣。上海沦陷后,我党及爱国人士以外商名义在租界内出版的报刊统称为"洋旗报",民营性质的《文汇报》也于此时创刊,1944年5月后,华北沦陷区的所有报纸统一划为《华北新报》,管翼贤任社长。

抗战结束后,国民党在收复区内建立了从中央到地方的党报体系,并实施了企业化管理和股份制改造,上海和南京的《中央日报》都成立了股份有限公司;国统区内的民办新闻报业这时也得到了较大的发展,一些大报先后复刊,诸如上海《文汇报》(1945)、《大公报》(1945)、天津《大公报》(1945)、南京《新民报》晚刊和日刊(1946)、北平《新民报》日刊(1946)、上海《新民报》晚刊(1946)等,《世界日报》系、《益世报》系、《大刚报》系等报系也都有较大发展,这些民营报刊都开始了报业集团化发展之路,但不久被全面内战的爆发所阻断。

解放区的报纸在全面内战爆发前有很大的发展,它们采取的是供给制,报纸无偿服务解放区军民,也进行过改革,但不卷入市场竞争,只注重报道内容与质量的改进。延安的《解放日报》是解放区新闻事业的中心,也是中共中央所在地最高党委机关报。随着战略反攻的到来,中国无产阶级报刊开始取得全国报业的领导地位,1949 年 1 月至 7 月,人民解放军军事管制委员会在各解放了的大城市清理重组了旧有报业,在原有报业组织物质设备的基础上建立和壮大了人民的报业。此后,北京成为全国报业和新闻事业的中心,我国报业发展进入当代阶段。

现代报业 30 年的发展中,有两种报业组织形式一直并行不悖:一种即独资或集资经营的企业化报业组织形式,诸如十年内战时期的《申报》、"新记"《大公报》、《新民报》等民办报业,抗战和抗战结束后的《文汇报》、《大公报》、《新民报》、《世界日报》系、《益世报》系、《大刚报》系等民办报业或报团,以及抗战结束后国民党重新组建的党报系统等;另一种则是政党或政府出资包办的、以宣传为目的的宣传事业型形式,以我党各时期、各根据地的报纸为主。两种报纸都取得了很大的成功,就市场竞争来说则以前者为主,可以说它代表了中国民族报业获得充分市场化发展的第一个黄金时期,不少报纸都在市场竞争中发展为大型商业性日报,并涌现了一大批优秀的报人和职业经理人。

例如:1920 年代初期,借助轻言论重新闻的编辑方针及成熟的商业化运营模式,《申报》发展为硬件设施一流、平均日销 5 万份的大报,它在欧美各国都有特聘通讯员,广告不仅成为报纸首要的赢利来源,广告服务也深受欢迎,发行则推广到全国各地,同时报纸的社会影响力很大。英敛之死后,天津《大公报》曾一度惨淡经营,然而自吴鼎昌、胡政之、张季鸾的"新记"《大公报》创刊后(1926),其办报的"四不方针"①和"铁三角"②经营模式很快使《大公报》走上了企业化大报之路,此后创造了中国报业史上

---

①　1926 年 9 月 1 日,"吴胡张"的"新记"《大公报》创刊,张季鸾在创刊号上发表了《本社同仁之志趣》的文章,提出了"不党、不私、不卖、不盲"的"四不方针"。

②　在运作模式上,《大公报》由吴鼎昌任董事长、胡政之任总经理、张季鸾任总编辑,三人既是"新记"《大公报》的开创者,又是"新记"《大公报》获得成功的重要因素,吴鼎昌的资本、胡政之的管理、张季鸾的文章,三人珠联璧合,被称为"铁三角",他们共同缔造了中国报业史上的辉煌。

的百年辉煌。《新民报》则树立了报业集团异地办报的成功典范。陈铭德1929年在南京创刊《新民报》后,到抗战胜利,《新民报》已在重庆、成都、南京、上海、北平(今北京)五地出版了8种《新民报》,成为拥有"五报八版(或称5社8刊)"的大报业系统,赵超构与张恨水、张慧剑、张友鸾被合称为《新民报》的"三张一赵"。

这些民营大报都擅长于两点:专业化的新闻报道和现代企业的运作方式。在这些报业组织中,社会影响与市场赢利一起成为编辑方针、新闻业务、经营管理的共同指向,它们都很注重受众定位、强调大众化的新闻业务改革、注重以商业化手段推进广告发行、加强报社内部管理和设备人员的规模等等。其企业化、商业化的操作及市场竞争行为,尤其是新闻、资本、管理三者有机组合的运作模式,为我国当代报业竞争提供了宝贵的经验。

3. 当代报业发展与竞争(1949—1989)

建国前后,人民政权迅速完成了对旧中国报业的清理整顿,1949年11月新闻总署成立及1950年春季全国新闻工作会议召开后,新中国的报业得到了进一步规范,语言运用和版面编排都进行了重大改革,报纸开始正确使用标点和简化字,版面编排由传统的横排一律改为直排。

1953年年底,私营报纸彻底完成社会主义改造,报纸由分散走向统一,形成了以《人民日报》为首的各级党报为主体、多种人民报纸并存的新中国报业结构。1954年,中共中央发出《关于改进报纸工作的决议》,新中国报业继续向前发展,由于政府重新启用供给制,事业单位便在长达二、三十年的时间内成了我国报业组织的唯一形式,而市场竞争也开始逐渐淡出人们的视线。

到1956年,党报体制形成。中央明确规定党委机关报是党委的一个工作部门,编辑部的组织工作随之得到改进,按照党委领导下编辑部独立负责的原则,报社由编辑部门实行统一集中的领导。

1957年后,报业发展开始偏离正常轨道,"左"倾错误膨胀,"文革"期间更是急剧萎缩,不仅《人民日报》成了"文化大革命"的扬声筒,各省市党委机关报也几乎都是《人民日报》的翻版。整个"文革"期间,报界无限上纲的批判运动和个人崇拜没有停止,形式主义泛滥一时,各报社生产出版的正常工作完全被打乱。

1976 年到 1980 年,我国报界开始进行拨乱反正的宣传,1979 年后报纸工作的优良传统开始恢复。从 1978 年年底到 1989 年年底,报界持续进行了新闻业务和新闻观念等各方面的变革,自此,报纸是新闻纸的基本观点得以确立,而自办发行、刊登广告、多种经营也慢慢重现,我国报业组织的活力和生机以及市场竞争又逐渐显现。

值得注意的是,解放初期报社财政支出急剧加重,为了减轻国家负担和扭转报社亏损的局面,建国初期我国社会主义报纸实施过"企业化"的改革,并取得了很好的成效。1950 年下半年,各地报纸赔耗现象开始好转,1951—1953 年,省级和中央一级报纸基本实现自给自养,中央宣传部曾特意发文指出:"企业化经营方针是完全正确的,可以实现的"[①]。虽然这次企业化称不上是严格的商业化行为,但一些经营上的具体做法,例如正确调整报价、注意广告业务经营、降低生产成本、提早出版时间、提高工作效率、适当开展副业经营、实行民主管理等,却是很符合我国报业竞争的要求和精神的。

此外,1956 年 7 月 1 日,《人民日报》的改版曾带动了我国新闻工作的改革。由于改版后的《人民日报》和读者的"日常生活和思想更加接近了"[②],一个月后中央和省市级报纸都从各自实际出发进行了报纸工作改革。这次报纸改版工作使当时的报界呈现出一派百花盛开、欣欣向荣的景象,它为我国当代报业新闻业务的改革提供了借鉴,具有深远的意义。

4、港澳台报业发展与竞争

港澳台等地的报业以资产阶级民营企业化报纸为主,也包括一些政党报纸。

辛亥革命后到抗战爆发前,香港报业构成中以本土商业性报纸为主,《华侨日报》(1925)、《星岛日报》(1938)、《成报》(1939)都是有名的大报。"九一八"事变和抗战爆发后,内地不少报纸迁港或在港创刊,香港

---

① 转引自宁启文:《1949 年—1956 年大陆报业企业化经营概述》,《新闻与传播研究》2001 年第 2 期。

② 方汉奇、张之华:《中国新闻事业简史》,中国人民大学出版社 1995 年版,第 423 页。

报业一度迅速发展,竞争也随之加剧。

第二次世界大战后,香港报纸的背景日益复杂,根据不同的社会政治立场,可以分为《大公报》(1948 复刊)、《文汇报》(1948)等"左派"报纸、《香港时报》(1949)等"右派"报纸以及《星岛日报》、《成报》等"中派"报纸。

20 世纪 50 年代以来,香港报业发展很快,大体分为三个阶段:50 年代末至 60 年代末,《明报》、《快报》、《东方日报》等一些中派综合性大报创刊;60 年代末至 70 年代末,《信报》、《华尔街日报》亚洲版等一批经济类报纸出现,大报开始增设海外版;70 年代末,地区报和儿童报出现,副刊和广告增加。

进入 80 年代后,香港报纸生存的商业空间和读者人数趋向饱和,各报经过竞争基本形成稳定的局面,但综合性的老报、大报始终占据优势;90 年代起,台湾《联合报》等外地报纸在香港出版。

香港的晚报不多,以《新晚报》和《星岛晚报》为主,英文报纸则主要有《南华早报》、《虎报》、《东方快讯》三家。总体上,80 年代后香港报业市场基本稳定,报业商业竞争逐渐有序。

台湾 1885 年后有自己出版的报纸,但甲午战后直至光复前台湾报业一直为日本人掌控,《台湾新民报》(1932)是台湾人自己创办的第一份日报。国民党政权接收台湾后,台湾短时间内掀起了民族报刊的出版高潮,高雄二·二八惨案后,除当局直接控制的机关报外,其他报纸全部停办。

国民党政府迁台后,20 世纪 50 年代初全台湾共有报纸约 30 家,由于当局对报业实施"一报三禁"("限证"、"限张"、"限印")的严酷管制,1952 年到 1987 年的 36 年内,台湾通过各种方式得以出版的报纸主要是 31 家。它们都是企业性质的报纸,其中,以《中央日报》、《新生报》为代表的 23 家报纸为国民党党政军经营及官方人士经营,以《联合报》、《中国时报》为代表的 8 家报纸为地方财团经营。

1988 年报禁党禁解除后,台湾报业竞争趋于激烈。目前,台湾报业以《联合报》系、《中国时报》系、《劲报》系实力较大,随着台湾政局的发展,台湾报业格局和市场竞争还将不断变化。

澳门报业有一百八十多年的历史。1949 年以前,澳门主要有《大众报》、《华侨报》、《市民日报》等中文报刊和葡文报纸《号角报》，新中国成立后澳门人先后创刊了《澳门日报》(1958)、《星报》(1963)、《正报》(1982)、《澳门脉搏周报》(1990年代后创刊)等报纸，它们都是商业化报纸。

澳门的中文报纸有两个特点：一是大量选用中国新闻社的稿件；二是报社规模小，效率高。1979年中葡建交后，澳门葡文报纸曾一度增多，目前澳门各报的竞争中，《澳门日报》的发行量最大，港报也占有不小比例。①

通过对民族报业发展的简要回顾，不难发现，中国民族报业对于市场并不陌生，不仅商业报媒及市场竞争早就存在，竞争力的具备和经验也早已有之，直到20世纪50年代初期我国商业报媒仍存在。如果说鸦片战争后我国企业性质的报业组织已不断增多，那么第一张自创报纸的问世便意味着我国民营报业企业的出现和产业竞争的开始，后来国人接管的《申报》、《新闻报》以及自办的《大公报》、《文汇报》、《新民报》等都是这方面的典型。然而，民族解放和革命建设的需要使政治宣传型报纸也一直是我国报业的另一主要形式，由于建国以后共产党领导下的事业型报业最终取代了商业型报业，报纸市场竞争便逐渐消隐于人们的视线之中。1978年后，随着我国社会主义市场经济的发展，雪封了近30年的报业竞争再次浮出水面。

二、当今我国报业组织市场博弈的必然

竞争是世界报业发展的普遍规律。在经历了巨大的市场空白期后，我国报业及报业组织又被重新推入市场参与竞争，这是改革开放以来国内外环境变化对中国报业发展提出的新要求，也是报媒演进内在规律起作用的必然体现。

---

① 以上中国报业历史发展相关资料综合参见：方汉奇、张之华：《中国新闻事业简史》，中国人民大学出版社1995年版；卓南生：《中国近代报业发展史(1815—1874)》，中国社会科学出版社2002年版。

(一)当代中国新闻传媒业整体生存环境的改变

当代中国新闻传媒业整体生存环境的改变包括三个方面:

1. 知识经济时代,我国新闻传媒的多功能定位日益凸显,传播媒介、传播手段和传播内容日益多样

新闻传媒的基本功能是信息传播,但从我们党创立报纸到建国以后的很长一段时间内,我国新闻传媒主要甚至全部的功能却是政治宣传和阶级斗争,传媒的信息功能及其他功能大为降低乃至完全消失,即便是改革开放以后,由于计划经济体制和"左倾"思潮的惯性影响,传媒传统的单一功能定位一直有所延续。

然而,传媒的功能角色会随着时代和社会的变化而变化。20 世纪 90 年代以来,信息和知识开始成为社会的"主要结构特征"①,不仅社会变成一个信息密集、知识密集和诉讼密集型的社会,知识产业化和信息产业化也构成新的社会产业规则。于是,在改革开放的中国,新闻传媒以信息功能为主导的多功能定位日益凸显,它在最基本的层面上规范了传媒的性质、生产和运作。

其实,20 世纪 80 年代初"信息"概念引入中国新闻界后,人们已逐渐认识到我国新闻传媒不仅具有政治宣传功能,也具有传播信息、指导经济、舆论监督、服务社会等其他功能;跨入 90 年代后,这种多功能定位更加清晰;进入 21 世纪后,新闻传媒是信息产业已成了人们的共识。在弘扬主旋律的前提下,当下我国新闻传媒的社会角色无疑是多重的,它既是"信息传播的主力军",也是"信息产业的生力军",还是"社会文化的形象代表"②,传媒不仅要报道新闻、传播信息,还应提供知识、服务与娱乐,并发挥产业的经济创造力。传媒将成为大众型、信息型、服务型、经营型等多功能兼备的现代传播媒介,这是时代赋予的任务。

分散化和多元化是知识经济时代社会生活的显著表征,借助信息技

---

① [美]丹尼尔·贝尔:《后工业社会的来临——对社会预测的一项探索》,丁学良译,新华出版社 1997 年版,第 9 页。
② 转引自罗治平:《知识经济时代与新闻传播变革》,《当代传播》2000 年版第 1 期。

术,当代中国的传播媒介、传播手段和传播内容日益多样。一方面,以互联网为主要载体的网络传播促使各国新闻传媒体系开始分解和重构,一个"多样化媒体"和"多样化的传播方式"①的时代来临;另一方面,受众的多元需求与反映现实生活的多种需要也促使了报道及新闻体裁的多样化,新技术带来的传播变革则为满足这些需要提供了技术的保障。总之,多种媒体、多种方式并存是信息时代的基本传播事实,随着信息技术和经济社会的发展,当代社会"碎片化(Fragmentation)"②生存环境将持续加剧,我国新闻传媒的传播形态、传播手段和传播内容还将多样化。

2. 加入世界贸易组织后,中国新闻传媒业面临更重的责任、更多的机遇和更严峻的挑战

在围绕加入 WTO 所进行的谈判中,我国政府并没有就外国新闻媒体准入中国新闻市场和中国新闻媒体进入外国新闻市场达成任何协议,也没有就我国新闻传播业的内容部分作出任何承诺,但新闻传播业存在于整个社会系统之中,又具有印刷、发行、广告、资本运营、社会服务等开放性环节和大量超意识形态的东西,因此尽管国家并没有在新闻生产和内容管制方面作出任何承诺,但中国新闻媒体仍受到自身环节和其他相关领域开放所带来的直接或间接影响,从而产生重大深刻的变化。

变化之一是,中国新闻传媒将面临更多的机遇。加入世界贸易组织使我国在更大范围和更深程度上参与全球经济一体化和市场化建设,为此中国必须按国际规则加快市场化进程,建立一个符合社会主义市场经

---

① [美]阿尔文·托夫勒:《第三次浪潮》,黄明坚译,中信出版社 2006 年版,第 104、99 页。

② "碎片化"是描述当前中国社会传播语境的一种形象性的说法。所谓"碎片化",英文为"Fragmentation",原意为完整的东西破成诸多零块。该概念本指西方后现代主义的一种社会理论,它反对社会宏大叙事的整体性,强调"去中心化"和"所有的事物相互渗透",鲍得利亚(Baudrillard)、德勒兹(Deleuze)与瓜塔里(Guattari)有比较明确的阐述。传播学视野中的"碎片化"理论较多地与传播的主体性问题相关,即认为后现代社会的传播实践将构建不稳定的、多重的和分散的主体。我国学者黄升民较早地分析了现代媒介的"碎片化"趋势,指出精神消费领域的"碎片化"主要体现在消费者的媒介接触上,大众消费者向分众消费者转换,并直接导致了品牌传播的碎片化。

济发展及竞争需要的体制与政策环境。由于"入世"后中国社会的各种因素,诸如国际条件、经济条件、技术条件、政策法规、社会心理和大众生活方式等都将发生变化,这带给中国新闻传媒的发展机遇千载难逢,包括:报道的领域、内容、视角、理念与方法会更广泛、更丰富、更开阔、更新颖;西方文化资本的介入会使我国新闻传媒在互联网领域和书报刊发行、广告等环节有更大的发展,在资本运营、经营管理、市场营销等方面也将获得宝贵的经验和参照;在与国际强势媒体的共存共处中,我国新闻传媒也能以其为参照激励自身并进行反省和改善等。

变化之二是,"入世"带给中国新闻传媒的责任和挑战也更为重大和严峻。加入世贸组织后,我国的文化市场要与国际文化市场连成一体,随着国家对互联网、音像制品、电影、书报刊发行、广告、旅游等领域的逐步开放,西方文化产品与文化服务的倾销渗透将对中国新闻传媒、民族文化和社会意识形态产生猛烈的冲击,新闻传媒如何保护民族文化、维护社会主义意识形态和精神文明建设变得前所未有的严峻和迫切。

中国新闻传媒的最大任务,就是在外力迫使和维护社会主义先进文化的双重标准上去适应改变了的环境条件,走向全球化,这个渐进的过程在充满机遇的同时也就意味着更艰巨的任务和更艰难的探索。一系列的问题,诸如文化传媒市场的全球化、西方传媒大鳄及强势文化资本的进入、游戏规则的共同遵守、社会生活的复杂、公众价值观念的变化等等,都使我国新闻传媒在获取更多机遇的同时也面临着更重的责任和更严峻的挑战。

3. 经济、政治、文化体制改革为中国新闻传媒业的发展提供了根本保障和动力,传媒发展空间十分宽广

改革开放是十一届三中全会以来中国的基本国策,其总体指向是建立社会主义市场经济体制及相应的政治、文化、法律体制,实现工业化和大力推进信息化,同时社会主义政治文明和精神文明都将获得实质性改善和提高。党的十四大以来,国民经济的市场化程度明显提高,我国已逐渐成长为一个发展中的市场经济国家,将更加坚定不移地走中国特色的社会主义道路。以上国家战略的实施为中国新闻传媒的发展提供了内在的保障和动力。

首先,文化产业化和文化体制改革为我国新闻传媒的发展提供了宏

观背景支撑。繁荣社会主义文化是全面建设小康社会的重要任务,为此必须按照社会主义市场经济的需要,结合文化固有的特点和规律,积极推进文化体制改革和大力发展文化产业,从而建构与 WTO 相适应、能反映社会主义市场经济与民主政治特点的新文化。为此,创新体制、转换机制、面向市场、壮大实力乃是我国文化产业的整体趋势,作为其重要构成之一,新闻传媒的发展空间无疑会随着整个文化产业的发展而日益宽广。

其次,新闻体制改革和推进新闻传媒产业化为我国新闻传媒的发展提供了直接的政策支持。从 1978 年年底到 2002 年,我国新闻改革有三次大的跨越:第一次跨越从 1979 年到 1982 年,重新恢复报纸作为"新闻纸"的本来面目是这次改革的主题;第二次跨越从 1983 年到 1992 年,这次改革中,信息概念被引入新闻界,人们开始重新思考和定位传媒的功能,新闻媒介不仅在行业结构、内容构成、报道模式等方面发生了巨大的变化,其舆论监督问题也得到了系统全面的分析;第三次跨越从 1992 年到 1996 年,这次跨越使新闻传媒只属于上层建筑领域的界定被突破,传媒属于第三产业的观念被提出,"事业性质,企业管理"的再次界定给新闻事业的发展带来了新思路。

1996 年开始,传媒产业化成为共识,我国新闻改革开始关注新闻传媒的结构性矛盾和体制问题,新闻改革致力于从结构调整入手,以集团化为手段大力推进新闻传媒的外部资源整合和内部制度创新。党的十六大以后,制约我国新闻传媒发展的体制性障碍有了实质性突破,不仅以市场为基础、以政策为导向成为我国新闻传媒体制改革的主旋律,"三个代表"重要思想和"三贴近"[1]新闻理念也指明了我国新闻传媒发展的方向和主要途径。体制问题的逐步解决将使我国新闻传媒业沿着市场化和法制化的轨道进入一个新的发展阶段,新闻生产力的解放必将为 21 世纪我国新闻传媒的发展开辟更广阔的空间。

总的来说,20 世纪 90 年代以来,尤其是加入 WTO 以后,我国新闻传

---

[1]　"三贴近"就是指贴近实际、贴近生活、贴近群众。这是党的十六大以来,以胡锦涛同志为总书记的党中央提出的一项重要要求。遵循这一要求,宣传思想战线把"三贴近"作为改进和加强自身工作的一条重要指导原则。

媒生存环境的改变体现为四点:一是传媒的市场化程度不断加深;二是社会心理和公众观念不断多元和复杂;三是政策法规和政府监管不断完善;四是传媒业内竞争、业外竞争和国际竞争不断激烈。在这一特定生存背景下,我国报业参与市场竞争已具备了必要性、合法性与紧迫性。

(二)我国报业的市场化经营和企业化改制

除了以上因素的影响,我国报业参与市场博弈还在于它自身面临着发展中的重大变化,市场化经营与企业化改制使竞争成为当代中国报业最直接的选择。

1. 市场化经营

报纸自一产生,就存在经营方式的问题。报纸经营指对整个报纸的经管办理,它是对报业组织基于经济效益而实施的管理理念、手段、方法与过程的总和,涉及范围既包括报社的领导机构、组织人事、财政业务等内部行政管理,更包括报纸的采编、印刷、发行、广告、资本运营等生产和经营方面的工作。

报纸具有政治和商品的二重属性,不同历史时段,在不同社会体制和政策导向下,报纸的二重属性会有不同的体现并受到不同对待,从而导致不同的报纸经营方式。20世纪20年代到70年代末期,我们党领导下的报纸强调的是政治属性,其经营方式一直执行国家供给制或财政补贴制,这种计划经营方式实际上等同于不用讲求经济效益的行政事业管理。然而,新闻传媒是国家经济在新闻领域的反映,随着计划经济被市场经济取代,中国国内的传媒市场逐渐形成,市场机制开始成为新闻资源配置的基础性调节机制,人民群众则成为新闻产品的消费主体。

市场是商品或劳务交换的场所以及各种交换关系的总和,其作用主要是通过供求、竞争等市场机制的作用以保证社会资源得到合理配置和有效使用,以此促使生产活动中节约社会劳动时间的规律得以实现,从而取得经济的高效率并创造出更多的社会财富。社会主义市场经济条件下,由于市场对物质和非物质领域的生产都起基础调节作用,只有通过市场化经营,报业才能更有效地完成政治文化宣传的任务并提高新闻再生产的物质能力。因此新闻传媒必须投入到市场中去,才能真正实现新闻的生产和流通,进而保证社会效益的实现并获得持续发展的经济支持。于是,让权力退出报刊经营,逐步建立以市场为主导的资源配置方式和报业结构,成为当代我国报业面临的第一个时代拐点。

传媒市场,是传媒与受众、传媒与传媒之间进行传媒产品和资源交换的场所及各种关系。中国报业市场,就是在中国法律政策的规范下所形成的、报业产品进行经济活动的运行空间,这一空间既包括报纸生产、流通、消费的各环节,也包括报纸和受众、报纸和广告、报纸和报纸、报纸和其他传媒之间的经济关系,它由报纸、发行渠道、受众、新闻供求、广告商、新闻政策、新闻法规、其他媒体等诸多因素构成。报业市场化经营就是以报业市场为导向,以盈利为基本目的,来实施对报纸的整个经营管理,这不仅意味着报纸的经济来源将由政府财政的统包统管转变为报业组织的自收自支,报纸的内部管理、生产交换、分配消费,诸如机制安排、新闻采编、纸张供应、印刷设备、发行成本、广告收入等也都要以市场为调节而不再单纯受行政计划或指令的掌控。简言之,报业市场化经营就是报纸经营管理要面向市场,通过市场交换与售卖实现报纸的生产、流通与消费,使报业组织在完成政治文化任务的同时获取利润,以此壮大报业组织的经济实力和新闻再生产能力。

媒介经济行为源于媒介的经济属性,随着社会经济的发展,市场化经营势必成为报业发展的主要趋势。近现代中国报业发展进程中,市场逻辑一直都没有停止过,新中国对报纸进行整顿调整之后,中国报业才完全进入非市场化时期。1978 年改革开放以来,随着我国由计划经济向市场经济过渡,报社及办报人不得不开始寻求为现实的或潜在的购买者所欢迎,其经营活动再次转向以市场为导向,报纸市场经营的意识和行为又开始复苏并不断增强。这次,党和国家下发了一系列相关政策促使报业自觉走向市场化,报业体制变革、报业产业化等都是它的必然要求和体现。

将近 30 年里,中国报业市场化大致走过了四个阶段,即:(1)1978—1985 年的企业化管理变迁期,包括"行政事业单位、企业化管理"经营政策的出台、第一则广告和自办发行的出现等;(2)20 世纪 80 年代中后期至 90 年代初期的市场化适应变迁期,包括从以编者为中心过渡到以读者为中心、广告热、扩版热、党委机关报兴办晚报和都市报热、报纸价格放开等;(3)20 世纪 90 年代中后期的产业化组建变迁期,主要指党委机关报积极组建报业集团、报界开始强调采编和经营并重;(4)20 世纪 90 年代后期至现在的资本化制度变迁期,主要指中国报业的企业转制和上市融资。①

现在我国新闻传媒已进入市场化的第四时期。当然,新时期以来中国报业的市场化并不意味着报业的商业化。我国报业是非商业传媒,市场化进程中,其作为社会主义公有经济重要构成的性质不会改变,实现报业市场化经营与"为人民服务,为社会主义服务"是一致的。确切地说,中国报业的市场化只是一种手段,即在基本保持原有的所有制、政治立场、编辑方针的前提下,以"市场经营的方式取得经济自立的过程"②,它实现的是社会效益前提下经济效益的最大获取,达到的是国有资产的增值而不是私人资本的利润最大化。

社会主义市场经济的发展使我国新闻传媒市场化成为必然。竞争是市场经济的实质,市场化经营也就意味着要在竞争中求得生存和发展,报纸所承担的为经济社会服务的各项任务主要也得依靠市场竞争来实现,市场博弈因此成为我国报业组织不得不面临的一项根本任务。

2. 企业化改制

任何国家,在基本的社会制度框架内,政治、经济、文化发展的根本性问题是体制。所谓体制,是"国家机关、企业事业单位在机构设置、领导隶属关系和管理权限划分等方面的体系、制度、方法、形式等的总称"③。新闻体制则是国家对新闻传播活动施行国家意志管理的体现,它包括"所有制性质、决策机构的构成、新闻事业的结构和国家社会对新闻事业的制约机制"④等多个方面。其要解决的主要问题包括:媒介的创办权;不同类别传媒的组合方式;传媒在社会运作结构中的基本角色规定;传媒在社会环境中的政治、经济、文化运作的基本规则与底线等。

如前所述,经营管理上,中外报业大致可分为企业化体制和政治宣传型体制两种形式。改革开放以前,我国报业实行的是事业单位事业管理

---

① 参见柳旭波:《传媒体制改革的制度经济学分析》,《新闻界》2006 年第 2 期。
② 吴飞主编:《传媒竞争力》,中国传媒大学出版社 2005 年版,第 79 页。
③ 夏征农主编:《辞海》,上海辞书出版社 1989 年版,第 257 页。
④ 李良荣:《新闻学概论》,复旦大学出版社 2005 年版,第 79 页。

的政党管理体制,报业组织无需考虑独立的经济行为;市场经济条件下,由于新闻信息资源的配置由市场来起基础的和主导的作用,报社必须进入市场才能健康良性地生存和发展,以报业单位为主体的经济行为日益凸显,它要求报纸必须具有经济活动主体的身份,企业化改制遂成为我国报业面临的又一个时代拐点。

企业是"从事生产、流通或服务性活动的独立核算经济单位"①,它是拥有独立经营权和决策权、能在市场上进行交换并实现资源优化配置的法人实体。现代企业主要是指股份有限公司,其法人(公司)治理结构指的是,在企业的所有权和管理权分离的条件下,投资者与企业之间的利益分配和控制关系所界定的既包括企业与所有者之间的关系,也包括企业与所有相关利益集团之间的关系,这种制度安排决定企业为谁服务、由谁控制、风险和利益如何在各相关利益集团之间分配等一系列问题。市场经济数百年的发展使现代公司制企业成为最成熟最完善的市场主体,为了适应市场化的发展需要,我国报业组织也必须实现市场主体身份的适时转换,即转制为现代企业(公司股份制企业)。

然而,我国是社会主义国家,出于保障意识形态安全及维护社会主义核心价值观的需要,我国新闻传媒不可能"搞西方式的"企业,也不可能像国内其他工商企业一样"完全按企业的路子走"②,在向市场主体的转换中,我国报业组织是在保持采编事业性质的强制性规定前提下来实施的有限性企业转化。

长期的革命和建设实践中,我国已形成了以马克思新闻思想为基础的党管新闻体制,它是一个"一极两足"③的框架结构。如图2—1所示,该新闻体制由居支配地位、内隐而稳定的核心价值观("一极")和为了维护核心价值观而制定的各种具体规定("两足")组成。其中,维持性规定是指为维护核心价值观稳定而制定的各种硬性行动规则,发展性规定则指为适应客观环境变化、保证和扩大核心价值观生存空间而制定的各种

---

① 夏征农主编:《辞海》,上海辞书出版社1989年版,第364页。
② 转引自刘海贵主编:《中国报业发展战略》,上海人民出版社2006年版,第58页。
③ 参见石培龙:《我国新闻体制改革模式探析———以报业为例》,《新闻界》2006年第5期。

具有很强可变性的行动规则。

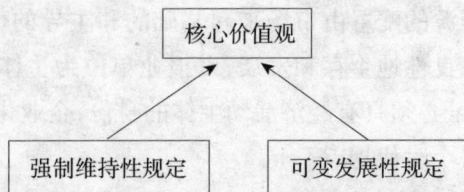

图2—1　我国新闻传媒党管新闻体制示意图

作为党的意识形态的重要组成,我国新闻事业的核心价值观部分和强制性支撑始终是稳定的,但是随着外部环境的变化,为了更好地维护核心价值,各种发展性规定会发生合乎目的性的变革,以此达到"一极两足"新的平衡,因此我国新闻体制的改革又总具备合理性。正由于我国新闻传媒的这一特殊性,我国报业组织不可能像西方报业组织或其他工商企业一样完全成为企业,在向市场主体的转换中,我国报业组织实际上实施的是有限性企业转化,即"企业化"改制。

确切地说,我国报业市场主体身份是在尊重原有事业体制及其利益格局的前提下逐渐获取的,报业体制改革实现的是市场制度在计划体制内的局部改革和纵深推进,据此"事业化管理——企业化经营"的二元格局就成了中国报业及整个新闻体制改革的独特模式,当今报业产权制度改革中,党委领导与法人治理结构相结合的"双法人"主体身份便是对此的生动说明。

把报业组织当做企业来看待是尊重传媒经济属性的表现,当代中国报业的企业化更是中国报业经济发展和市场导向改革的必然选择。由于我国新闻传媒的特殊性质和路径依赖的惯性作用,中国新闻传媒体制改革采取的是妥协式、过渡式的渐进改良方式,也即制度经济学上所说的"供给主导型制度变迁方式"(杨瑞龙,1994)。这一渐进改革的效力已不断显现:2002年起,报业体制变革开始由边缘向中心持续发力;到2005年年底,报业转企改制全面铺开,"事业转企业、独资转股份"两个层次和"剥离转制、整体转制"两种类型的改制方式日益推进①;2007年年底,则

---

① 参见崔保国主编:《2004—2005中国传媒产业发展报告》,社会科学文献出版社2005年版,第111页。

开始允许内容生产与经营业务整体上市。

　　总之,市场经济发展和新闻体制改革的合力作用下,报业组织已经成为、正在成为、将要成为企业性的经济实体,这种体制转变使报业组织必须在市场博弈中去发展和完成自身的使命,包括党报在内,任何报纸都已无法绕开这一道门槛。

　　新闻传媒改革既无法回避宏观经济体制的变化——市场化,也无法回避微观组织制度的变化——企业化,这两大力量互为因果相辅相成,共同构成了当下及未来我国报业竞争的支撑性动力。从 1978 年人民日报等报刊提出"事业单位,企业化管理"以来,我国报业竞争便在市场化和企业化这双重因素的作用下开始了。

(三)新的传媒格局中我国报业的地位与命运

　　20 世纪 90 年代中期以前,各国新闻传媒体系中报纸仍处于传统的强势地位,但 90 年代中期以后,网络新媒体的出现打破了既定的稳定状态,世界范围内传媒生态环境和传播方式都发生了意想不到的变化,新的媒介格局到来使报纸生存发展的问题尤为凸显,我国也如此。

　　媒介生态环境变化对传媒生存发展的重要影响前文已有简略的分析,这里再做一些展开,以揭示市场化因素之外中国报业竞争的内在依据。

　　"新媒体"是对知识经济时代依靠数字通信技术和网络平台来发挥功能的新型媒体的统称,它以互联网为代表和基础。互联网代表着先进生产力的方向,所谓"媒介即是讯息"①,这种将音频、视频和文字融为一体的新型媒介几乎综合了报纸、广播、电视等传统媒介的优势,它是唯一真正遍及全球的大众网络。就像人们所公认的,互联网既提供了无远弗届的"公共领域"②可能性,又近乎无限地拓展了个人获取信息的速度、广

---

① ［加］麦克卢汉:《理解传媒——论人的延伸》,何道宽译,商务印书馆 2000 年版,第 33 页。
② 公共领域(public sphere)是一个哲学与社会学概念,由德国当代大学者于尔根·哈贝马斯(Jurgen Habermas)1962 年提出并将其概念化。公共领域与私人领域(private sphere)相对,是指介于国家和社会之间的一个公共空间,公民们假定可以在这个空间中自由参与公共事务而不受到阻止、干扰和影响。

度、丰富度、自由度和参与度,其开放性的话语平台、全息性的功能整合、个性化的互动服务、即时性的全球覆盖等特点,既切合知识经济时代的大众信息诉求,也为传统媒介所无法提供或不能完全提供。因此,就像尼葛洛庞帝《数字化生存》所预示的,数字化不仅使媒体世界完全改观,更使媒介面临的风险和机会近在眼前,新的媒介竞争格局和竞争态势随之形成。

这一格局是多元、激烈而动态的,主要体现为两点:一是网络对传统媒体现有和潜在的受众市场与广告市场的抢占,以及对原有格局的重塑;二是更多新的传媒形态、传媒技术和传播方式涌现出来。各种传统媒介中,报纸所受到的冲击似乎最为明显,因为市场是"可以相互替代的产品的总和"①,一种媒介所丧失的势必会流向其他的媒介,尤其是流向具有类似功能的媒介,报纸文字报道的不可替代性某种程度上正被网络击破了。随着信息社会的推进,具有400年历史和权威性的报业不得不遭遇发展过程中所遇到的最大危机或震荡,网络看起来便成了报纸的最大敌人。

近年来,全球范围内报纸发行和广告都呈现不断减弱的趋势。就报业最发达的美国而言,1964—2004年每天阅读报纸的美国成年人比例从81%下降到52%②,1990—2006年全美日报和周日版发行量以抛物线下降,2004年起更急剧下滑,2006年第二、第三季度甚至出现了"近15年来在6个月的对比期中降幅最大的一次"③(1990—2006年全美日报和周日版发行量见图2—2);平面广告年平均增长则由1965—2000年的7.20%、1980—2000年的6.27%下降为2001—2007年的-1.90%,而且这七年中美国报纸平面广告年平均增长多次出现负增长,分别为:-9.00%、-0.50%、1.90%、3.90%、1.51%、-1.68%和-9.40%。④

相比之下,1997—2003年,美国的互联网用户,尤其是宽带网用户持

---

① 陈力丹:《报业改革面临的问题》,《当代传播》2004年第5期。
② 转引自文鸣:《美教授发"死亡预言":美报纸本世纪中叶消亡》,http://news. xin-huanet. com/newmedia/2005 –04/26/content_2880614. htm.
③ 魏红欣:《美国报业:灭亡边缘的"恐龙"?》,《青年记者》2006年第23期。
④ 以上数据及计算参见美国报业协会:《1950—2007年广告收入》,http://www. naa. org/TrendsandNumbers/Advertising-Expenditures. aspx.

	1990	1991	1992	1993	1994	1995	1996	1997	1998	1999	2000	2001	2002	2003	2004	2005	2006
日报发行量（十万）	623	606	602	598	593	581	569	567	561	559	558	556	552	552	547	533	523
周日版发行量（十万）	626	620	621	625	622	612	607	604	600	598	594	591	588	585	578	553	532

◆ 日报发行量（十万）　■ 周日版发行量（十万）

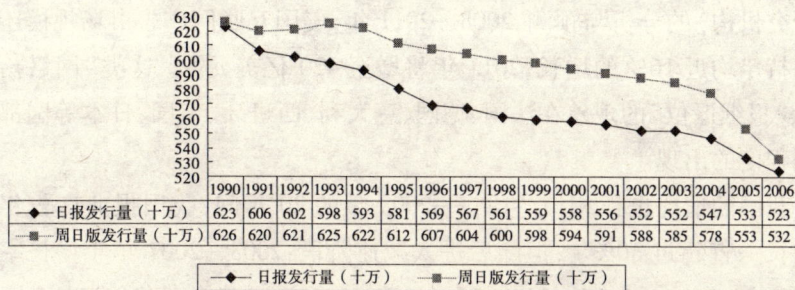

图 2—2　1990—2006 年全美日报和周日版发行量变化

资料来源:美国报业协会 1940—2006 年付费发行量统计表,

http://www.naa.org/TrendsandNumbers/Total – Paid – Circulation.aspx.

续增加①,到 2004 年年初美国网民占全国总人口比例已达 71.1%②,根据艾瑞市场咨询的调查,2006 年美国 3 岁以上网民已超过 1.8 亿人,到 2010 年还将以 1.9%—2.5% 的速度增长③;根据美国互联网行业组织交互式广告署(IAB)及普华永道(PWC)的统计数据,1997—2007 年的 11 年间,美国网络广告实现了年均近 45% 的增长④,大大超过同期报纸年均广告增长;根据美国 eMarketer(互联网、电子商务、在线广告等的市场专

---

① 参见美国商务部:《国家在线报告(2004 年 9 月)》,转引自中国互联网络信息中心 http://www.cnnic.cn/index/0E/manual/101/index_3.htm.

② 参见加利福尼亚大学洛杉矶分校传播政策研究中心:《全球互联网研究项目》,转引自郑竑:《对网络媒体取代传统大众媒体观点之我见》,《福州大学学报哲社版》2005 年第 3 期。

③ 参见艾瑞市场咨询:《2006 年美国互联网用户超过 1.8 亿人》,http://news.xin-huanet.com/newmedia/2006 – 11/17/content_5343115.htm.

④ 综合参见:美国互联网行业组织交互式广告署(IAB)、普华永道(PWC):1997—2005 美国网络广告市场收入年度数据,转引自 http://laolu.spaces.live.com/blog/cns! 8FDD94E24830A815! 2219.entry;美国互联网行业组织交互式广告署(IAB)、普华永道(PWC):Internet Advertising Revenues Grow 35% In'06,Hitting a Record Close to MYM17 Billion,http://www.iab.net/about_the_iab/recent_press_releases/press_release_archive/press_release/5163;美国互联网行业组织交互式广告署(IAB)、普华永道(PWC):Internet Advertising Revenues Again Reach New Highs,Estimated to Pass MYM21Billion in 2007 and Hit Nearly MYM6 Billion in Q4 2007,http://www.iab.net/about_the_iab/recent_press_releases/press_release_archive/press_release/195115.

门研究机构)的分析与预测,2008—2011 年,美国互联网广告市场规模还将保持年均近 16% 的增长,2011 年将增至 420 亿美元①。这类"网络抬头"、"报纸退位"的现象在法国、德国、意大利、西班牙、英国、日本等国都不同程度的出现。

我国的情况也很相似。1983—2003 年的 20 年间,我国报业广告年均增长一直超过 30%②,但随后进入减速阶段:2003—2007 年年增长率分别为 28.9%、−5.1%、11%、22.1% 和 21.1%③,其中,2004 年在全国广告投放总量增长 17% 的情况下,报纸广告经营额出现负增长,市场份额从 22.53% 下降到 18.2%④,2005 年更是所谓的报业寒冬期,该年上半年报纸广告普遍大幅下滑,平均跌幅 15% 以上,5 年来首次低于 GDP 增幅⑤,全年报纸广告在全国广告市场中的份额也比上年下降了 3%⑥;就读者而言,2003—2005 年我国报纸平均接触时间逐年下降 3 分钟,日到达率逐年下降 0.3 和 0.2 个百分点,15—24 岁人群中日到达率更下降 3.9 个百分点。⑦

根据专门监测平面媒体的研究机构——慧聪媒体研究中心的一项调

---

① 原始数据参见 IAB 和 PWC 统计数据,转引自 eMarketer: *US Online Advertising: Resilient in a Rough Economy*, http://www. emarketer. com/Reports/All/Emarketer_ 2000473. aspx.

② 参见吴海民:《媒体变局:谁动了报业的蛋糕?——关于报业未来走势的若干预测》,《中国报业》2005 年第 11 期。

③ 以上数据综合参见:崔保国主编:《2006:中国传媒产业发展报告》,社会科学文献出版社 2005 年版,第 82 页;广宣:《2005 年中国广告业统计数据报告》,《现代广告》2006 年第 4 期;广宣:《2006 年中国广告业统计数据报告》,《现代广告》2007 年第 4 期;虞宝竹:《2007 年中国广告增长首次低于 GDP 达 9%》,http://media. people. com. cn/GB/22114/86916/86917/6903113. html.

④ 参见吴海民:《媒体变局:谁动了报业的蛋糕?——关于报业未来走势的若干预测》,《中国报业》2005 年第 11 期。

⑤ 参见崔保国主编:《2006年:中国传媒产业发展报告》,社会科学文献出版社 2006 年版,第 81 页。

⑥ 参见央视市场研究股份有限公司(CTR)的数据分析,转引自江苏广电总台:《市场看点(第二期)》,http://ad. jsbc. com/ad/sckd/13045. shtml.

⑦ 参见崔保国主编:《2006年:中国传媒产业发展报告》,社会科学文献出版社 2006 年版,第 138—140 页。

查,从 2003 年至 2007 年 10 月,全国报刊广告市场年广告刊登额同比增长率总体上呈下降趋势,如图 2—3 所示。

2003—2007年全国报刊广告刊登额及增长率 单位:亿元、%

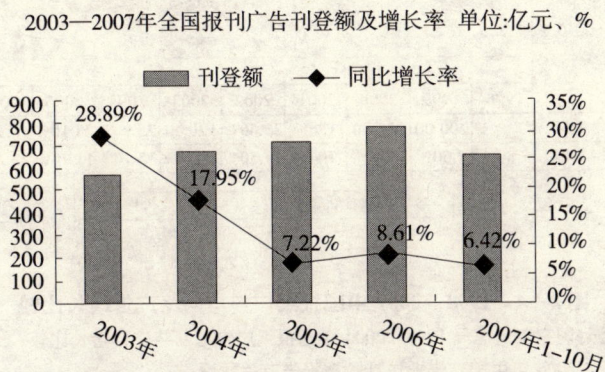

图 2—3　2003—2007 全国报刊广告刊登增长率

资料来源:慧聪媒体研究中心,http://info. research. hc360. com/2008/01/16084350305. sht-ml.

网络发展的情况则不一样:2003—2005 年我国互联网的日到达率上升4.1 和3.0 个百分点,2003 年7 月到2007 年1 月关于网络服务的8 次调查中,不仅网民人数年年攀升,网民中浏览新闻的比例也仅逊于使用电子邮箱的比例,平均达 53%,尤以 18—24 岁的年轻人为多[1];就广告而言,1998—2007 年的9 年间,网络广告增长一直都高于报纸广告的增长(见图 2—4),2003—2007 年增长率分别为 120.4%、75.9%、28.1%、50.91%、54.2%[2],2008 年预计将保持 55.6%的增长率[3]。

① 参见中国互联网络信息中心:《中国互联网络发展状况统计报告调查》历年统计数据,http://www. cnnic. cn/index/0E/00/11/index. htm.
② 综合参见:艾瑞市场咨询:《中国网络广告行业市场规模调查》,http://www. ire-search. com. cn/html/online_advertising/detail_chart_id_19370. html;中国互联网协会:《2007 中国互联网调查报告》相关数据,http://www. dcci. com. cn/H/07/01 – 31/163420484. shtml;中国互联网数据中心:《Netguide2008 中国网络广告市场调查研究报告》,http://www. dcci. com. cn/List/1. 21/qm001. shtml.
③ 参见中国互联网协会:《2007 中国互联网调查报告》相关数据,http://www. dcci. com. cn/H/07/01 – 31/163420484. shtml.

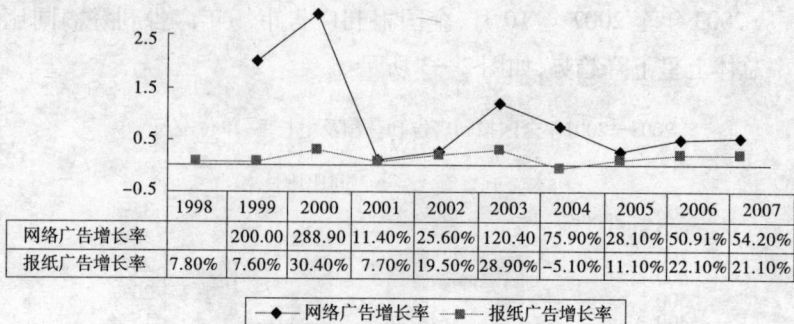

	1998	1999	2000	2001	2002	2003	2004	2005	2006	2007
网络广告增长率		200.00	288.90	11.40%	25.60%	120.40	75.90%	28.10%	50.91%	54.20%
报纸广告增长率	7.80%	7.60%	30.40%	7.70%	19.50%	28.90%	-5.10%	11.10%	22.10%	21.10%

—◆— 网络广告增长率 —■— 报纸广告增长率

图 2—4 1998—2007 中国报纸广告与网络广告增长比较

数据来源:国家工商总局 1998—2004 中国报纸广告与网络广告增长比较;

2006 年中国广告业统计数据报告有关数据;

2005 年艾瑞市场咨询中国网络广告行业市场规模调查;

中国互联网协会 2007 中国互联网调查报告相关数据;

中国互联网数据中心 2008 中国网络广告市场调查研究报告;

人民网,http://media.people.com.cn/GB/22114/86916/86917/6903113.html.

2004—2005 年是全球互联网经过泡沫期后的发展临界点,也是全球报业所谓集体衰退后的公共拐点,这已是一个世界性的话题。信息时代网络的崛起本无可非议,而报纸的"衰退"也有其复杂性,不能说报业的衰退完全就是由网络造成的,也不能说网络就只对报业构成了威胁,但至少有一点可以肯定,全球报业几乎在同一时段普遍面临困境,一定有传媒自身的原因,而新技术、新媒介的出现是关键。

1998 年,中国报业协会和美国报业协会先后在北京和旧金山召开面向 21 世纪的"中国报业经济研讨会"和"全美报纸促销大会"时,人们已不约而同地察觉到了这一点,几年后互联网的后发之势便开始显露。现在尤为令人不安的是,新一代互联网正在快速来临,随着 Ipv6、3G、Mpls、Web2.0、Web3.0 等新技术的突破,以及博客(blog)、播客(Podcast)、智能手机、个人数字处理(PDA)、网络电视(IPTV)、楼宇电视、交互电视(iTV)、网络电台主持人(NJ)、P2P、RSS、维客(Wiki)等新媒介形态的涌现,在各种网络上投入时间与精力的人还将越来越多,报纸面临的必定是来自新旧媒体的更多挤压,以及前所未有的危机和挑战,人们惊呼报纸的消亡并给出长不过 40 年短则 5—7 年的时间表①也就不足为奇了。

然而这并不代表报纸真的就要消亡。透过表象来看,报纸的衰退是指总体增幅的放缓,实际上它仍在增长。世界范围内,报纸的总量,包括发行量、广告额和读者总数都在上升,整体广告市场份额中报纸也仍一直占据第二的主导地位,网络用户和网络广告虽然发展显著,新媒体和互联网也持续引领广告等的高速增长势头,但由于基数并不大,总体实力远不能与报纸相比,而且新媒介的成功只是少数,例如在我国将近 2 万个商业网站中,五大门户网站外的多数网站处于亏损状态。

2005 年虽说是报业的全球性寒冰期,但根据世界报业协会 2006 年的统计,2005 年全世界报纸的发行量和广告收入仍实现了双增长,其中广告收入增长是近 4 年来增幅最大的一年②;其 2007 年发布的统计数据也显示,2006 年全球报纸发行量增长幅度接近 2%,发行总量已超过 5.1 亿份,在报纸种类数量大幅增长的同时,付费报纸发行量也以 1.9% 的速度增长,新创办的付费报纸种数首次突破 11000 种,目前全球大约有超过 14 亿人每天都读报纸。③就我国而言,根据慧聪媒体研究中心对全国主要报刊刊例价格的统计,2007 年 1 至 6 月,中国大陆报刊广告总额为372.37 亿元,与去年同期相比增长 6.01%,其中报纸广告 334.29 亿元,占报刊广告总额近 90% 的比例。④因此报纸的强势整体上并没有被撼动,可以说它仍是最主要的大众传媒。

人类传播史显示,大众传媒的发展是一个"叠加与干涉"⑤的过程。

① 综合参见:崔保国主编:《2006 年:中国传媒产业发展报告》,社会科学文献出版社 2006 年版,第 83 页;吴海民:《媒体变局:谁动了报业的蛋糕?——关于报业未来走势的若干预测》,《中国报业》2005 年第 11 期第 28 页;吴廷俊、张明新:《试论网络背景下报纸的异化》,http://www.hljnews.com.cn/gb/content/2003 - 04/23/content_105309.htm。

② 数据源自世界报业协会 2006 年统计数据,参见陈中原:《2005 年世界报纸发行量和广告收入实现双增长》,http://media.people.com.cn/GB/40606/4436328.html。

③ 参见杨丽娟编译:《世界报业协会统计表明:2006 年全球报纸发行量增长》,《中国报业》2007 年第 6 期。

④ 参见中国报告大厅市场研究报告网:《2007 年上半年:平媒广告市场谁主沉浮?》,http://www.chinabgao.com/freereports/19491.html。

⑤ 祁林:《论大众传播媒介发展的叠加与干涉》,《江苏社会科学》2000 年第 1 期。

一种新的大众传媒的出现会导致社会传播系统的结构调整和媒介生态与样式的改变,但并不会也不可能完全取代原就存在的媒介,大多是丰富其作用或改变其形态。换言之,新媒介从旧媒介的形态变化中逐渐产生,当它出现时,旧的媒介形式通常不会死亡,而是会继续演进和适应,用传播学家杰克·富勒的话来说,"新媒介通常并不会消灭旧媒介,它们只是将旧媒介推到它们具有相对优势的领域"①。这意味着,新媒介出现时,传统媒介总是主动或被动地去适应和改造,以形成或维持自身的"相对优势领域",其各自的日常化运动与彼此的互动正保持与拓展了媒体"共生共存的现实"②。

显然,传媒产业的未来不是新媒体,而是"新技术驱动的媒体"③,因特网对传统媒介最大的冲击力是以其技术优势为前提与保证的,它对自我调整完善后的传统媒介不可能产生完全的遮蔽后果。更重要的是,"信息从内容层面规定了相互背景下的因特网与传统媒介生存的核心"④,媒介间的区别不仅仅是媒介形态和类型,新闻质量才是根本。因此,媒体形态替代的莱文森规律,即媒体间演进所遵循的并存传承、相互补充、优胜劣不汰等原则总是在起作用,一部传媒史也就是一部媒体间竞争共存的发展史。

英国著名哲学家罗素曾说,"参差多态乃幸福之源"⑤,媒体的共存共荣也是这样一个最基本的判断。因特网既是一个关于技术的概念,更是一种"人们如何更加方便地相互联系的社会现象"⑥,因此同种生态层的媒体博弈和异种生态层的媒体博弈都是正常的,这一来自网络媒体的压力虽使报业面临着最深刻的危机,但它的出现也正要求报业再次紧紧抓

---

① [美]杰克·富勒:《信息时代的新闻价值观》,展江译,新华出版社1999年版,第244页。

② 黄顺铭:《相互背景下的传统媒体与因特网生存逻辑》,《现代传播》2001第2期。

③ 李颖:《新媒体不是"狼"——数字时代的传统媒体新战略》,《传媒》2006第7期。

④ 李颖:《新媒体不是"狼"——数字时代的传统媒体新战略》,《传媒》2006第7期。

⑤ 转引自梅宁华:《中国报业发展进入新阶段——对报业发展格局的重新思考》,《新闻与写作》2007年第1期。

⑥ 余晓葵、肖连兵:《在高科技时代寻找人性的意义——未来学家约翰·奈斯比特访谈录》,《光明日报·世界周刊》2000年5月26日。

住这一新的机遇和压力,在互动中谋求共同发展和继续演进,反观20世纪30年代、60年代,报纸之所以在广播和电视的危机中一次次挺过来并成为强势媒体,正与其主动适应新媒介并在竞争中成长是分不开的。

对于报纸而言,新媒介格局中,生存还是毁灭的答案只有一个,即主动参与到媒介竞争中去。关于这一点,中外报业正在形成集体的自觉和共识,我国报业整体上处于生长阶段,报纸发展空间还很大,况且现有政策条件下,报纸等传统媒体握有原创性新闻的采访权和发布权,网络扮演的还只是二次传播角色。因此中国报业更应以大无畏的气魄参与到新的媒介竞争中,使我国报纸的传统地位和意义在网络时代得到新的实现和证明。

三、我国报业组织核心竞争力的现实意义

(一)新闻传播活动与核心竞争力

信息时代或知识经济时代,报纸等新闻传媒与核心竞争力有着某种内在的联系,一方面是因为核心竞争力在当今所具有的普遍指导意义,另一方面则是因为报纸等新闻传媒固有的商品属性或经济属性凸显的结果。

1. 传媒竞争属性的分析

任何新闻事实如果不进入大众传播领域,它就只能作为现实素材自生自灭,在这个意义上,新闻产品总是新闻的代名词。作为生产新闻产品的社会部门,新闻传媒的存在是为了满足人们对新闻信息的需求以及向他人表达观点、宣传主张的需要,据此新闻产品并不是办给新闻人自己看的,而是为别人生产、供别人使用的,即它是用来交换的;而且,新闻信息的加工和传播必须借助物质载体并由专人耗费一定的脑力和体力来进行,因此新闻产品必定是凝结了有关人员"物化劳动"和"活劳动"的劳动产品。

根据马克思主义经济学原理,这种为他人所需,既具有新闻信息使用价值、又具有抽象人类劳动量(交换价值)的产品也就是商品,至少它具有商品属性;更进一步说,新闻传播是对信息资源的生产、交换、分配和消

费,无论传递信息还是获得信息,个体或组织都必须以一定物质、时间、金钱、精力等的耗费作为代价,而所有资源耗费都是有限的,因此新闻传媒必定存在如何有效配置资源并补偿自身劳动消耗等的经济问题,否则它就无法运转下去。既然新闻传播活动是消耗一定资源(物质的和非物质的)以满足人们需求的社会部门,那么报纸报道等新闻传播活动本身也就是一种经济行为,这一经济行为反映的是新闻传播中投入和产出的比例关系,其价值补偿和资本增值的经济问题渗透在从新闻生产到出版发行、从内部管理到市场营销等各个环节中。

传媒经济问题的解决只有两种途径:要么接受政府、团体或个人的资助,要么凭借自己的努力在新闻的市场交易关系中去获得所付出劳动的补偿与增值。作为提供信息传播服务的专业机构,新闻传媒应该通过在更多的人群中分摊获取新闻的代价而使社会个体在金钱和时间上的支出更节省、更有效率,同时也应想办法使自身耗费的物资、人力、信息等各方面的支出更节省、更有效率,进而通过这种大众化的信息服务获得收益,以此不断壮大自身的新闻再生产并更好地为公众服务。

也就是说,新闻传媒经济问题的真正解决不在政府或团体的资助,而在自身的经济运营方式,基于新闻产品的商品属性,新闻传播过程中因劳动耗费而产生的价值补偿与价值增值只有在供需双方的买卖关系中才能从根本上得到解决。正如《资本论》中所说的,"他的商品对别人有使用价值……所以,他愿意让渡他的商品来换取那些使用价值为他所需要的商品……这种转手就形成商品交换,而商品交换使商品彼此作为价值发生关系并作为价值来实现。"①市场"让渡"便在理论上使竞争成为新闻生产和新闻运营有效发挥作用并形成良性循环的一个必要条件,因为竞争是"用分散权力的办法来把人用来控制人的权力减少到最低限度"②,竞争的优胜劣汰乃是"获致繁荣和保证繁荣最有效的手段"③。

① 《马克思恩格斯全集》第23卷,人民出版社1972年版,第103页。
② [奥]哈耶克:《通向奴役的道路》,滕维藻、朱宗风译,商务印书馆1962年版,第140页。
③ [德]路德维希·艾哈德:《来自竞争的繁荣》,祝世康、穆家骥等译,商务印书馆1983年版,第11页。

　　市场经济的平等竞争原则否定了经济活动中的特权和等级,它能消除计划经济或权力垄断对新闻资源配置造成的不公平,从而使受众选择新闻产品和服务时不会仅仅从部门的大小、级别的高低来做取舍,而是将质量高低和服务水准看做更重要的标准,新闻生产力也才会真正得到解放和提高。因此,新闻产品天生的商品禀赋要求新闻传媒开展自身的经营活动并赋予了它参与竞争的权利,这是新闻传媒开展竞争的根源。

　　当然,新闻产品还具有与生俱来的另一属性,即意识形态性,或者说宣传品属性,它们使新闻媒体的经济属性呈现出不同于一般商品的独特性,但在最终的劳动补偿上,等价交换的市场规律是起作用的。

　　不同的历史时期和社会条件下,以及同一时期的不同新闻媒体中,传媒双重属性的体现及人们对此的认识和要求并不一样,当意识形态属性占据主导地位时,传媒的经济属性和竞争行为往往就会被消隐,这时报业组织往往是以非赢利性机构而向社会提供产品或服务,执行不产生或不追求利润的社会职能。但是新闻传播毕竟不只存在于政治和社会领域中,它还贯穿于人类物质生产和经济活动的全过程,近代以来,在一般新闻传播活动的基础上,社会已形成了庞大的新闻产业,这种产业本身就是一种复杂的生产竞争和经营活动体系。

　　总体而言,在商品经济社会体系下,新闻产品和新闻服务的商品属性会得到广泛的实现,因为"市场的发展必然促进媒介产生对利益属性的自觉并且产生追求利益的行为"①。这时,新闻产品在新闻市场上的商品交换既有单项产品的买卖,如专电、专稿、单一主题的新闻片、专题片、单项新闻的号外等,更有多条新闻汇集在一起的产品组合的买卖,如通讯社的普通新闻稿、广播电视的新闻栏目、报纸的新闻版(分版或整份出售),其商品交换的方式则基本上是直接的和间接的两种:前者是受众直接付钱(报费、通讯社的订稿费、广播电视的视听费)以获得新闻的消费;后者是受众把本该获得的报刊版面或广播电视时间中的一部分让出来,让给广告客户有偿使用,由这些广告客户以广告费的形式代受众向新闻媒介

---

① 黄升民、丁俊杰:《媒介经营与产业化研究》,北京广播学院出版社 1997 年版,第 51 页。

付费,从而使受众减少付费而又能获得相当的新闻消费。

不管哪种情况,传媒竞争是能够普遍存在的,传媒竞争主体、竞争对象、竞争场所和竞争结果等竞争要素并不难具备,事实上,商业竞争一直是西方新闻传媒的伴随物,世界新闻传媒发展史也就是一部新闻传媒竞争史。

2. 传媒的核心竞争力时代

核心竞争力是对经济全球化时代企业竞争力之源的阐释,由于它代表企业存在的最高生命状态,具有竞争哲学的意味,因此这一概念自提出便具有某种前瞻性和普泛性,可以说当今所有市场竞争行为,无论制造业还是服务业,也无论企业、组织或个人,大都可以纳入核心竞争力的范畴或以此作为重要的参照和借鉴。当然,不同国家和地域的竞争会带上不同的色彩,但核心竞争力本身作为竞争"源动力"却是中性的,就好像综合素质对于任何人都重要、市场经济没有社会制度之分一样。

知识经济和全球化没有国界,作为一种揭秘该背景下企业竞争本质的方法论,核心竞争力理论服务的是整个新经济时代的所有竞争现象和市场生存行为,因此其一般原理和本质规定能扩展到几乎所有的行业和组织,只要它们当下或将来需要市场和竞争。报业等新闻传媒业也不例外,因为所有的媒介组织都是一个生产信息产品的经济实体,它们包含有竞争的潜在因素,市场经济条件下竞争无法避免。

从自由竞争走向垄断竞争是市场经济的必然结果,由于西方私营传媒具有工商企业的性质,传媒竞争也始于自然形态的竞争,之后逐步向垄断竞争发展。经历了 20 世纪垄断竞争的发展后,西方传媒已成为非常成熟的产业,进入信息时代,像其他企业一样,西方新闻传媒也卷入到"超竞争"的旋涡中,全球化、新技术、新媒体、新需求等因素变化使媒体不得不从自然竞争或一般竞争的状态中走出来,转变为从战略竞争的角度来思考如何保持和提升自身的整体素质和综合能力。换言之,核心竞争力是基于垄断竞争长期发展后的新的战略竞争模式,媒介企业虽不能完全和一般商业企业类比,但从市场角度来看,此时媒体之间的竞争也势必超越常规手段和常规竞争力的比拼而升级为持续竞争优势的较量,"核心竞争力导向型"发展随之成为发达国家传媒竞争的基本模式。这时的媒介竞争是一个完整的动态系统,它由竞争对手、受众与广告客户、纸张设备供应商等外部条件和技术、资金、人才、管理等企业内在资源所共同构成,媒介组织在以上基本关系的互动中展开竞争,它要求传媒组织具备更全面的素质、更有远见的头脑,运用更灵活的策略和手段,开展知性、整体、动态的竞争,也即"格式塔"竞争。

除了私有媒介外,世界新闻传媒还包括非私有类传媒,它以我国等社会主义国家新闻传媒为主,欧洲、日本等国的公营媒介或国有媒介以及非洲、拉丁美洲等第三世界国家的某些传媒也属于此类。从"媒介哲学"的角度来看,这些媒体大体上或属于施拉姆等人提出的共产主义模式和集权主义模式,或属于毕加德的民主社会主义模式,或属于哈切登的发展模式①,总之它们都由国家、政党、政府或公众掌握并作为"统治力量的工具"②或"人民的工具"③而"归公所有"④,因此其"谋求利润的动机"⑤往往不强烈或几近消隐。

然而传媒固有的经济属性总会在适当的时候提出自己的要求,非赢利机构的报业组织往往也能转变成具有赢利目标的机构。就我国而言,20世纪70年代末以来,传媒原有的只算政治账、不算经济账的状况逐步被瓦解,代之而起的是经济利益诉求的日益觉醒。至今为止,遍布全国的各种规模、各种类型的媒介个体正以所有可行的经营手段不断努力创造着前所未有的经济利益,这种觉醒同时也就代表着一股全球化潮流,可以说世界范围内非商业性质的媒体都在越来越多地以企业行为介入媒介市场。就像丹尼斯·麦奎尔(D. Mcquail)等人指出的,20世纪80年代以后

---

① 参见芮必峰:《西方"媒介哲学"评介》,http://www.100paper.com/100paper/wenxuelunwen/xinwenchuanboxue/20070627/41630.html.

② [美]韦尔伯·斯拉姆等:《报刊的四种理论》,中国人民大学新闻系译,新华出版社1980年,第7页。

③ Robert G. Picard. *The Press and the Decline of Democracy*. Westport, Come: Greenwood Press,1985.70.

④ Robert G. Picard. *The Press and the Decline of Democracy*. Westport, Come: Greenwood Press,1985.67.

⑤ [美]韦尔伯·斯拉姆等:《报刊的四种理论》,中国人民大学新闻系译,新华出版社1980年,第7页。

西方国家公营性质媒介的经济机能普遍"被承认和发展"①,市场方式开始成为它们生存发展的基本方式,在从意识形态的媒介到产业经营的媒介这一转向上,其性质与我国大体相同。

新一轮媒介产业化趋势下,竞争构成了全球范围内公营性媒介改革与发展的主旋律,它与传媒核心竞争力时代的到来几乎同步。这意味着,在知识经济和全球化的洪流中,包括我国在内,世界公营性质新闻传媒不仅要参与竞争,而且要面对的已不是一般竞争力的问题,而是核心竞争力的问题。

我国新闻传媒集团化趋向在某种程度上便是这种竞争规律的印证。建国后我国新闻媒介的发展大致经历了三个阶段:(1)完全行政垄断阶段(1956年至20世纪80年代初);(2)行政性垄断与相对自由竞争并存阶段(20世纪80年代初至90年代中期);(3)从相对自由竞争向垄断竞争过渡阶段(20世纪90年代中期至今)。后两个阶段也即竞争演进阶段,它意味着我国新闻媒介一方面要逐步突破原有计划经济体制下行政垄断造成的多重壁垒,另一方面又要改变市场经济过渡期分散无序的相对自由竞争状态,以联合、兼并等方式向更为成熟的、规范的、现代意义上的垄断竞争方面发展。由于世界范围内核心竞争力时代的来临,对于经历了二十多年市场培育和洗礼的中国新闻传媒业来说,核心竞争力的培育和建构已然是现今及未来生存发展的要义所在,这不但会改变旧有的媒介结构和竞争格局,还将引起媒介从传播内容、传播观念到管理模式、制度规范等方面一系列的变革,从而长期深刻地影响中国新闻媒介的发展。②

3.21世纪我国报业竞争的性质

信息时代的来临使传媒竞争已进入核心竞争力时代,我国融入全球化的进程也就是新闻传媒进入核心竞争力时代的过程。报业是最早进行变革的,报业竞争尤为鲜明地体现了这一点。21世纪,中国报业竞争体现为核心竞争力的竞争。

---

① 黄升民、丁俊杰:《媒介经营与产业化研究》,北京广播学院出版社1997年版,第9页。

② 参见李良荣:《垄断·自由竞争·垄断竞争:当代中国新闻媒介集团化趋向透析》,http://www.66wen.com/05wx/xinwen/xinwen/20061022/46502.html。

从改革开放起,我国报业组织彼此的、与其他媒体的竞争一直在进行,其性质总体上表现为:"以往存在于传媒个体间平和、稳定、极少对抗的关系越来越多地为一种紧张、对抗、利益攸关的竞争关系所取代"①。若归纳一下[的]话,从1978年年底到20世纪末,报业竞争由自然形态逐渐演进,不同的历史阶段,报业竞争通过广告经营、自办发行、多种经营、成立报业集团等形式相继表现出来,在这一进程中,随着新闻业市场化程度的加深,报业竞争的内涵和要素不断发生变化,总的趋势是,中国报业开始由原始粗放型经营向集约化经营转型。因此,进入21世纪后,在经历了模仿、降价、同质化等低层次竞争后,报业组织竞争有了实质性的改变,竞争不仅更加大胆强烈,也渐趋冷静和理性,不仅表现出追求市场规模和经济规模的扩张,还更多地表现出效益模式、利润模式、竞争模式、成长模式的优化竞争上,竞争更强调专业性、整体性和持续性。

30年的市场化进程中,我国报业竞争经历了三个阶段:(1)从20世纪70年代末到90年代初中期,逐步学会做新闻的买卖;(2)从20世纪90年代初中期至本世纪初,努力追求规模经济和范围经济效益;(3)从本世纪初到现在,强调成长经济和可持续发展。②

目前,中国报业竞争已进入第三阶段,即由适应性的自然竞争过渡到强调可持续发展的战略竞争。战略竞争是"精心策划、深思熟虑"③的长期竞争,报业战略竞争是报业组织高层决策者根据媒体的宗旨,通过对媒体内外环境的分析,对媒体资源进行合理配置、确定媒体的总体目标和发展方向,制定、实施和修正报业发展战略的动态循环过程。其主要职能是,根据对市场环境变化机遇和风险的预测,制定和选择报业发展的重点业务和创新模式,进行各个方面的协调统一,保证报业组织的整体效益和

---

① 黄升民、丁俊杰:《媒介经营与产业化研究》,北京广播学院出版社1997年版,第1页。

② 参见吴海荣:《我国传媒的核心竞争力:内容为王——解析20年来我国传媒经营管理的演变》,《广西大学学报(哲学社会科学版)》2006年第4期。

③ 源自[美]布鲁斯·亨德森:《战略与自然竞争》,转引自卡尔·W.斯特恩、小乔治·斯波克:《公司战略透视——波士顿顾问公司管理新视野》,波士顿顾问公司译,上海远东出版社1999年版,第5页。

可持续发展。

我国报业战略竞争的到来与报业生存环境的改变同步。相较于前两个阶段,这一阶段报业竞争的外部环境日趋复杂、多变和微妙,诸如信息和人才的全球化流动、新闻供求关系的变化多端、新媒体新手段的层出不穷、媒介生产经营的层次和范围提升扩大、媒介对抗与合作频频发生、新闻专业因素更为重要等等。相应地,克隆战、改版扩版风、价格战、广告战等初级竞争方式已难以适应新的竞争形式,而整合性的、系统性的、长期性的竞争特征和要求则不断显现。换言之,知识经济条件下报业战略竞争也就是报业组织核心竞争力的竞争,这既是报业产业化发展的客观逻辑所致,也是加入世界贸易组织后我国报纸媒体所面临的国际化市场竞争格局以及党和政府掌握传媒资源、治散治滥政策推动的结果。

知识经济和全球化时代,发展才是硬道理,21 世纪中国报业的竞争前景和竞争策略已不同于以往。随着报业产业化的推进以及报业组织企业主体性的加强,像其他许多知识经济环境中的企业一样,我国报业组织的竞争已"不能再片面强调经营的短期效果或过多纠缠于一时的得失,而应着眼于深层素质的智慧建构"①,也必须开始关心"寻求个体的综合的、有战略意义的发展"②,这一客观趋势要求报业组织必须具备依据市场和环境的变化灵活综合地运用各种资源的素质与能力。

对此,业内人士有直接深切的体会。暨南大学百年校庆系列活动中,中华全国新闻工作者协会副主席、南方日报社社长范以锦指出,"今天媒体的竞争绝对不是单篇新闻报道的竞争,也不是单个报纸的较量,而是媒介资源整合和创新能力的较量,是集团与集团之间综合实力的竞争"③。这样的结论,正是从丰富的媒体经营管理实战经验中求证出来的。

"产业发展的基本逻辑就是通过强者越强、弱者越弱的方式来不断

---

① 欧阳友权主编:《文化产业通论》,湖南人民出版社 2006 年版,第 133 页。
② 黄升民、丁俊杰:《媒介经营与产业化研究》,北京广播学院出版社 1997 年版,第 4 页。
③ 转引自王凯:《暨大百年校庆活动全面启动,新闻学术讲坛已开讲》,http://jn-news. jnu. edu. cn/html/2006/10/2975. htm.

递交整合市场资源的主导权"①,正如有学者所言,"整合力竞争,未来传媒的制高点"②,现今我国报业组织参与市场博弈已不再是先前单项、短期或浅层次的竞争,而是智能型的复合竞争,即核心竞争力的竞争。借用另一位学者的话,"只有核心竞争力才能保证媒体有效地整合各种资源,获得超额收益,保持长久的竞争优势,尤其是在未来的国际传媒竞争中取得有利地位"③。这种整合竞争是中国报业发展到社会主义市场经济时代的产物,它意味着真正的博弈刚刚开始。

(二)我国报业组织核心竞争力的现实意义

1. 报纸竞争的优势

关于报业竞争的必要性前文已作了分析,这里就报纸不同于其他传媒产品的特性再作一些阐发。

竞争是市场对可替代产品包容性下降的一种淘汰手段,传媒竞争与传媒及其产品的特性紧密相关,而传播工具的物理性能又往往决定了传播工具的特点。就媒介运用的形态来看,目前报纸不同于其他传媒的地方有两点:一是运用文字来传播;二是散页纸张印刷出版。文字印刷表现出可重复的准确形象,它使书面词语得到增值、延伸和便于携带,因此报纸的独特性和优势主要体现在:

(1)记录性、选择性和便利性。报纸的新闻和信息是以书面语言为记录工具,按版面空间进行编排和散页组合出版的,它不仅可以通过平面纸张的折叠准确详细地记录和刊登各种信息,受众看报纸时也能自由灵活地选择阅读内容,由于不需要任何辅助设备和手段,在零碎时间和不便接收电子传媒的场合,报纸更能满足人们的需求。因此看报纸没有杂志固定装订、出版周期和专门内容的限制,也不像听广播、看电视、上网那样必须有一定的物质设备,无须随着广播、电视的既定秩序被动前行,同时

---

① 喻国明:《中国传媒业:洗牌、模式与规则再造》,见郑保卫主编:《论媒介经济与传媒集团化发展》,中国人民大学出版社2003年版,第27页。

② 喻国明:《整合力竞争:未来传媒竞争的制高点》,《传媒》2005年第8期。

③ 丁和根:《传媒竞争力——中国媒体发展核心方略》,复旦大学出版社2005年版,第125页。

还可以避免网络因海量信息堆积而导致的无从选择。

(2)解释性、深度性和专业性。报纸主要通过文字及图片来提供信息,文字的记录性、准确性、严密性以及所指与能指的渗透和扩散使报纸更擅长对事物作深层次的探究和报道,因此报纸更能清晰地揭示事物的本质并体现思维的广度和深度,从而更好地满足人们高层次的理性认知需求。相比之下,广播电视尽管具有时效和现场优势,但事物背后的原因、意义和规律不是凭三言两语和图像就能说清的,网络新闻虽也以文字为主,但多为动态消息,即使有深度报道也因视屏读写的"窗口"局限以及眼睛的生理承载而不及报纸读写的详细全面和深入透彻;此外,在400年的发展历程中,报纸已积淀形成了一种扎实的新闻气质和品格,其专业风范是各媒介中最成熟的,其深厚的文化含量、文献意义以及新闻专业品质为广播、电视,尤其是网络一时难以企及。

报纸的载体特性使它在大众传媒体系中具有自身的竞争优势。就报纸和网络相比,无论互联网多么有前景,它总有网络载体的若干局限和弊端,诸如信息无限无序、阅读不便、硬件要求、通道受阻等,况且新兴的商业网络媒体尚不具备报纸媒体所拥有的政治属性、政策环境和品牌优势,也难以达到传统报纸媒体在传播经验、机构组织、人才资源等方面的要求,而报纸无论多么古老,它总有平面载体的若干优势和便利,其纸质散装的一览无遗、平面翻阅的沉涵回味、无须辅助设施的便捷安全、严谨的专业风格和厚重的历史积淀,以及所具备的把关体系和舆论整合功能,都是网络无法取代的。

特别要提及的是,人类的思想情感需要交流碰撞,公众舆论及"理性市场(Intellectual Market)"总是大众传媒的隐性指向,同时也是最重要的一个指向。"理性市场"指的是交换消息和意见的言论市场,这一概念最早可以追溯到17世纪约翰·弥尔顿(John Milton)关于意见的自由市场和真理与谬误公开对抗的一系列论述,19世纪约翰·穆勒(John Stuart Mill)作了在公开的市场上让思想通过讨论进行竞争的进一步发挥,当代德国哲学家哈贝马斯提出的"公共领域"也是对此进行的一种阐发。在这个理性的市场中,由于广大民众能自由地交往与商谈,因此它能以一种说服的智性力量提升个人和社会的理性,形成一种克服非理性的盲目、狂热并凝聚理性力量的社会舆论,鉴于社会舆论始终显示着社会思潮的消长,因此"理性市场"并不是单纯表达新闻工作者的意愿,而是在较宽层面上反映了社会大众的价值选择与追求,它对社会意识的统一和公共价值的认同具有积极的意义。

正如麦克卢汉指出的,"报纸是一种群体的自白形式(Group Confessional Form)",它提供了一种"公众马赛克形态或团体形象"①,而且作为印刷术的产物,报纸是"热媒介"②,由于具有信息的"高清晰度"并"只延伸一种感觉"③,其平面翻阅对人心智的涵咏启迪就使文化教导功能尤为突出。因此,在理性市场中,报纸更为精确而权威,更适合表现社会的整体形象和强大的团体力量。换言之,作为一个强大的组织和权威平台,报纸以其专业品质在大众中拥有无可比拟的公信力,"它不仅服务于它们的共同体,而且还创造这种共同体,之后它们领导着它们的共同体"④,其公信度和严肃性一直是其他传媒难以超越的。对此,杰克·富勒曾经反复强调,"报纸成长于共同体的土壤之中,它们一直都是一种"我们的日报(The Dialy Us)"……社会分化使人们感到不快,他们需要有新的方式来找到对方并相互联系。他们需要有一种能据以交谈的基础。这就是传统的总汇式报纸所一直提供的东西"⑤。总之,报纸是兼备思想和文化的新闻纸,这一天生的优势使报纸成为人类社会资历最老、权威最高的新闻

①　[加]马歇尔·麦克卢汉:《理解媒介——论人的延伸》,何道宽译,商务印书馆2000年版,第256页。

②　"热媒介"是相对于"冷媒介"而言的。"热媒介"和"冷媒介"是加拿大传播学者麦克卢汉就媒介分类提出的两个著名概念。"热媒介"指传递的信息比较清晰明确,接受者不需要动员更多的感官和联想活动就能够理解,它本身是"热"的,人们在进行信息处理之际不必进行"热身运动",书籍、报刊、广播、无声电影、照片等是"热媒介",因为它们都作用于一种感官而且不需要更多的联想。"冷媒介"传递的信息则少而模糊,在理解之际需要更多的感官和思维活动的配合,例如电话、电视等。

③　[加]马歇尔·麦克卢汉:《理解媒介——论人的延伸》,何道宽译,商务印书馆2000年版,第51页。

④　[美]杰克·富勒:《信息时代的新闻价值观》,展江译,新华出版社1999年版,第256页。

⑤　[美]杰克·富勒:《信息时代的新闻价值观》,展江译,新华出版社1999年版,第257页。

传媒,目前为止,在所有大众传媒里,是报纸以新闻之实、思想之光、传统地位和日常接近成为人们在理性市场衡量判断的最终媒介和最值得信赖的社会公器。

任何媒介生态环境下,传统媒介与新媒介总是互为"参照背景"(即相互背景"inter-background")①的,它们的发展既有自身纵向视角,又有他方多维横向视角。在"因特网 VS(对)传统媒介"的传媒关系格局中,旧媒介的生存逻辑大致有两个支点:一是面对新媒介的"新尺度"冲击,增加基于自身媒介可能性前提下的"新尺度";二是避开新媒介的"新尺度"锋芒,攻击新媒介的弱点从而重新定位自己的强点。报纸建立起来的"传—受"格局已经过时间和实践的检验,具有相当的合理性和适用性,在经过因特网最初的冲击后,当报纸进行自我调整自我完善,部分地、以自己的媒介特质为特征显示出因特网的技术特质后,它必然会真正进入自身所具有的相对优势的领域,从而求取自我更好的发展。

综上所述,报纸的优势决定了现在还不能简单预测或断定将来能有哪种媒体完全取代它,除非报纸因纸张生产的环境污染及木材衰竭而自行终结,当网络技术和广播、电视的发展使报纸的危机越来越严重时,报纸利用自身优势参与竞争并在竞争中发展壮大也就格外重要,而在一个新闻传媒比拼核心竞争力的时代,报纸核心竞争力的地位与意义也就可想而知了。

2. 我国报业竞争的产业意义、文化意义与国家意义

在我国学者的研究视野中,"核心竞争力"是一个较有弹性的概念,它可以扩展到大至产业、小至某一部门或某一团队的不同规格的主体上。尽管核心竞争力具有普遍的指导意义,但严格说来,不管是工业、农业还是服务业,它都应以企业为主要载体,企业也才最适合核心竞争力的运用与体现,因为核心竞争力理论本就针对企业而提出,企业不仅是最实在、最基本的经济实体,企业竞争力也是构筑产业竞争力和国家竞争力的基石和关键。

---

① 黄顺铭:《相互背景下的传统媒体与因特网生存逻辑》,《现代传播》2001 年第 2 期。

同样的,报纸核心竞争力也是一个笼统的指称,既可指整个报业"类"的核心竞争力,也可指报社或报业集团等报业组织"个"的核心竞争力,但它必定落实在报业组织"个"的核心竞争力上,因为报业组织是生产报纸的专业化组织,它是报业的具体构成单位,报业组织的竞争乃是报业竞争实际的和根本的表现,由它才依次聚合成报纸的产业竞争力和国家竞争力。

谈及这个问题时有必要再说说报纸的产业化。产业是一个纯经济范畴的概念,它既可理解为经济活动,如"在事务场所以某行业开展的经济活动"[1]或"某种同类属性的相互作用的经济活动组成的集合或系统"[2],也可理解为经济活动的主体,如"通过制造产品或提供货物和劳务以获得收入的生产性企业或组织"[3]或"具有同类社会经济职能的社会经济单位所组成的群体"[4]。无论哪种理解,产业都是一个集合概念。产业经济学研究中,从生产角度看,产业是指同类产品(或服务)及其可代替产品(或服务)生产活动的集合;从生产者的角度来看,产业是指生产和经营同类产品(或服务)及其可代替产品(或服务)的企业集合;从生产成果来看,产业是指同类产品(或服务)及其可代替产品(或服务)的集合。总之,产业与集合性经济行为和经济实体相关,它与"市场"乃是同义词,既可指"生产同一类产品或提供同一类服务的生产者的集合",也可指"某类产品的市场或生产某类产品的企业之间所发生的市场关系"[5],因此较通行的关于产业的定义是:生产和经营同类产品(或服务)及其可代替产品(或服务)的企业群在同一市场上的相互关系的集合。

就报业而言,"报纸产业"是从事报纸产品的生产、流通和提供各种服务的经营性组织及其活动与关系的总称,其形成是很自然的,因为当个

---

[1] 黄升民、丁俊杰:《媒介经营与产业化研究》,北京广播学院出版社1997年版,第1页。

[2] 陶志峰:《中国报业规制问题研究》,产业经济学博士学位论文,复旦大学2004年。

[3] 何得乐主编:《简明不列颠百科全书》第2卷,中国大百科全书出版社1985年版,第228页。

[4] 周鸿铎等:《传媒经济导论》,经济管理出版社2003年版,第74页。

[5] 刘海贵主编:《中国报业发展方略》,上海人民出版社2006年版,第29页。

别报业组织市场化经营到一定阶段后,它必然向独立或独立性的企业法人过渡,不同报纸企业继续以市场原则建构内外关系,到一定程度上后便形成了同类企业集合体,也即报纸产业。

根据中国人民大学学者宋建武的分析,报业产业化总体上有三层意思:(1)报业产业化是报业特殊的社会功能与产业性质综合作用、矛盾统一的结果;(2)报业产业化意味着报业要面向市场、进入市场;(3)报业产业化意味着报业经济运作要上规模、上水平、讲规范,摒弃作坊式经营方式和所谓的游击作风。①

随着报纸整体规模的扩大和企业运营体制的普遍采用与成熟,我国报业产业化还会继续推进。按照《全国报纸出版业"十一五"发展纲要(2006—2010)》的描述,我国报业产业化的战略规划是,国家将实施综合性传媒企业集团和专业性传媒企业集团的双发展计划,不仅在现有三十多家试点报业集团的基础上,横向发展一批跨地区、跨媒体、立足传媒业、面向大文化产业的多元混业经营的国有大型综合性传媒集团,而且在现有的行业报、专业报基础上,纵向发展一批在重点行业和重要细分市场最具影响力的大型专业性传媒企业集团。②

无疑,作为行业性的整体变革行为,报纸产业已成为目前我国报业的基本含义。与事业含义的报业不同,产业化的报业所强调的是在保证报业组织所有制属性和宣传方针不变的前提下,众多报业组织在各自报纸编辑出版发行过程中能创造多少经济效益、这些经济效益的总量与总规模有多大,以及各报业组织如何以一种世界眼光持续不断地做大做强。因此,报业核心竞争力首先体现出报纸经营实体地位的强化,它必须保证的是通过市场竞争促进报业自身的可持续发展,进而增强报业组织的经济实力和整个报业的产业实力,为国民经济发展作出贡献。

除了对国民经济的贡献,我国报业产业化在更大的程度上还担当着

---

① 参见钱永红:《媒介产业面临的竞争环境和对策分析》,http://www. zjonline. com. cn/gb/node2/node26108/node30205/node194994/node195102/userobject15ai2906761.

② 参见新闻出版总署报刊司:《全国报纸出版业"十一五"发展纲要(摘要)》,http:// media. people. com. cn/GB/4671093. html.

全球化环境下维护社会主义意识形态和建设社会主义精神文明的重担。从媒介本质来看,传媒的经济属性与文化政治属性相辅相成不可分割,报业经济的成功会反哺报业宣传,报业宣传的成功也会促进报业经济,因此产业化本身就意味着文化政治功能的更有效实现。从报纸社会功能的角度来说,文字印刷产生了民族主义、普及识字和普及教育,报纸成为公众接受文化教育的重要手段和途径,由于它擅长对人们自觉理性认识的提升和凝聚团体力量,报纸更是"靠透露消息的政治"①。道格拉斯·凯特尔(D. Cater)就把报纸看做"政府的第四部门",它旨在"净化宣传",在政府各部门极端分化的情况下,报纸使它们"彼此联系起来并使之与全国人民息息相关"②。因此,报业竞争不同于一般产业竞争,报业竞争本身就是对宣传和舆论的维护,开放市场环境下,文化意义与国家意义是我国报业核心竞争力的题中应有之义。

诚然,其他新闻传媒也和报纸一样,既是国家意识形态导向的指针,也是文化传播和社会协调的渠道与平台,但鉴于报纸的一系列优势,与广播、电视、网络相比,某种程度上报纸的影响和作用更为重要,其上层建筑属性更为明显,公信力更强,传播信息、监视环境、引导舆论的功能也最突出。马克思在谈到报纸等自由出版物时就曾说,它是"人民用来观察自己的一面精神上的镜子",是"国家精神","它无所不及,无所不在,无所不知。它是从真正的现实中不断涌现出而又以累增的精神财富汹涌澎湃地流回现实去的思想世界"③。如何在当代世界文化格局的多元冲击与渗透中维护社会主义意识形态和加强精神文明建设,尤其成为中国报业的重大使命。

早在1948年4月2日,毛泽东在对《晋绥日报》编辑人员的谈话中,就指出:"报纸的作用和力量,就在它能使党的纲领路线,方针政策,工作

---

① [加]马歇尔·麦克卢汉:《理解媒介——论人的延伸》,何道宽译,商务印书馆2000年版,第255页。
② [加]马歇尔·麦克卢汉:《理解媒介——论人的延伸》,何道宽译,商务印书馆2000年版,第266页。
③ 《马克思恩格斯全集》第1卷,人民出版社1971年版,第74—75页。

任务和工作方法,最迅速最广泛地同群众见面。"①目前,报刊依然是社会主流媒体,它不仅拥有强大的政治话语权,也拥有强大的文化价值观念教化力,帮助形成"全国安定团结的思想上的中心"②。因此中央把报刊业"走出去"放在国家战略层面上来看待,而只有做大做活做强,面向全球去与国际强势传媒同台竞争,我国报业的重大使命才能实现。

报业组织核心竞争力的现实意义不能说不深刻,除了报业组织自身生存发展的需要外,整个中国报业的发展及全球化语境中中国政治文化建设都建筑于一个个报业组织之上,报业组织的优劣,或者说,报业组织竞争力的有无,对于我国报纸产业和国家文化发展的意义都十分重大。

实际上,在全面建设小康社会的宏大乐章中,我国报业组织核心竞争力的产业意义、文化意义和国家意义是彼此包含相互作用的,因为报业的产业化规划不仅要求报业组织以相对独立的经营实体即企业的身份参与社会分工和交换,也要求报业组织的经济运作讲究规模化、规范化和集约化,还要求报业组织宣传舆论的功能有更高的实现。这些意义的实现有其独特性,因为中国媒介经营改革的思路"不是一个单纯依循产业发展的逻辑进行,内中隐含着市场和行政的双轨操作。既利用市场资源又辅以行政手段构成了整体经营改革的基本框架"③,这一点下章将详细提及。

四、本章小结

我国报业在一百多年的民族解放斗争和半个多世纪社会主义现代化建设中逐步兴起、普及与繁荣,商业性报纸和政党性报纸始终是我国报业发展的两大主体,企业型报业组织与事业型报业组织也始终是我国报业组织的两大基本形式,而市场竞争在近现代民族报业发展上则一直居于主导地位。1815 年到 1874 年的 60 年间是中国近代中文报纸从诞生到

① 《毛泽东选集》第 4 卷,人民出版社 1991 年版,第 1318 页。
② 《邓小平文选》第 2 卷,人民出版社 1994 年版,第 255 页。
③ 黄升民:《网络与组织的双轨整合》,《现代传播》2000 年,第 1 期。

成长的重要演变时期,此后中国民族资产阶级不断推进了我国政党报纸和商业报纸的发展,无产阶级出现后则积累了全党办报和人民大众办报的丰富经验。在资产阶级办报和无产阶级办报两大力量的作用和推动下,我国民族报业走过了光荣而曲折的历程,进入新的时代新的世纪,人民的报业开始承担新的历史使命并走上新的发展之路,其中就包括竞争的重新来临。

改革开放以来影响我国报业发展的因素可归纳为三个方面:一是社会大系统的变化对于报业发展的根本性规定;二是报业自身演变逻辑和规律的制约;三是媒介生态的基础性改变对报业发展空间的制造或侵蚀。它们共同而逐渐地作用于中国的报业发展,其结果是 21 世纪初期中国报业已走到了市场化、企业化和数字化的多重转型期,无论外部市场环境和政策法制,还是业内格局和自身需要,中国报业都迫切要求进行改革和参与竞争,其不可遏止的发展动力及冲突只能也必定要在深层次的改革和更充分的媒体竞争中得到解决。

如果以市场竞争为经,以网络传播为纬,这两个要素的结合便完整构成了当今我国报业面临的新环境:市场要求竞争,政策支持竞争,报刊业呼唤竞争。总之,竞争已成为当今我国报业的第一要务,作为报纸生产出版的个体单位,报业组织的市场博弈已成为必然。

时代变革呼唤报业组织核心竞争力。在报业产业化进程中,报业组织核心竞争力对于当代中国报业的生存发展及社会主义精神文明建设的微观意义和宏观意义都不言而喻,它既是我国报业组织参与市场博弈的依据和途径,也是我国报业可持续发展的前提和基础,当前及今后,报纸业内、业外、国内、国外的竞争,报业的长期发展及其对建设中国特色社会主义物质文明和精神文明的贡献,都要从报业组织核心竞争力开始。

第三章　我国报业组织核心竞争力的实质：
"影响力企业"格式塔竞争

在报业组织核心竞争力的界定上，我国学界和业界有多种说法，但基本上趋向将其看做报业组织的一种综合性的整体能力。与其他企业相比，报业组织是特殊的企业，其生产的真正产品是影响力，报业组织作为企业的实质是"影响力企业"，其核心竞争力的实质在于它是"影响力企业"格式塔竞争，并因此呈现出"利益←→控制"的二元独特性。社会主义制度下，我国报业组织核心竞争力体现出市场主体的双法人地位及市场竞争"义"、"利"统一的双重价值取向。

一、报业组织核心竞争力与"格式塔"竞争

（一）报业组织核心竞争力的相关界定

20世纪90年代以来，尽管国外关于新闻传媒的研究客观上已涉及或指向传媒的核心竞争力，但并没有专门以传媒核心竞争力的名义来对此进行研究，更多的是注重从传媒经济、经营、社会影响或一般传媒竞争的角度来分析。因此，"媒介核心竞争力"或"媒介核心能力"等术语实际上是当代中国新闻学界和业界的专用术语，它是在借鉴西方关于企业核心竞争力理论的基础上，结合我国新闻传媒的性质和背景演绎出来的。由于不同研究者对问题有不同的理解和看法，"媒介核心竞争力"也难以有统一的定义，笔者梳理了一下，在众多学者、研究人员和从业者的探讨中，比较有代表性的观点有：

（1）王立群认为，媒介核心竞争力由核心竞争机制、核心受众、核

心内容和核心团队四部分构成，报纸的核心竞争力是由它的核心竞争机制整合各种资源而成，它是报纸独有的、支撑报纸在市场上取得持续竞争优势、能够充分满足自己核心受众精神产品需求和服务要求的一种能力。①

（2）罗建华认为，媒介核心竞争力是以新闻产品为核心，优化组合包括人才、资本、机制、政策、环境在内的各类资源，使之处于最佳配置状态，由此形成的综合竞争力就是传媒的核心竞争力。②

（3）张海涛认为，传媒核心竞争力的本质内涵是消费者剩余——传媒企业让消费者得到真正好于、高于竞争对手的不可取代性的品质和价值的能力。③

（4）郑保卫、唐远清认为，媒介核心竞争力是指该传媒在经营和发展中胜过竞争对手的核心资源和能力的总称，是传媒在发展中所拥有的相对于对手的"比较优势"，即"人无我有，人有我优"的地方。具体说，它是该传媒以其主体业务为核心形成的能够赢得受众、占领市场、获得最佳经济和社会效益，并在众多传媒中保持独特竞争优势的那些资源和能力，而传媒的主体业务乃是指新闻传媒的采、写、编、评等业务。④

（5）喻国明认为，传媒的核心竞争力就是传媒团队的创新能力，这种创新能力的实质不过是一种学习能力，即不断地运用现代科学所提供的工具和手段发现机遇、规避风险，"创造"需求（以适用的传播产品"唤起"人们潜在需求）的能力。⑤

（6）曹鹏认为，媒介核心竞争力由核心人才、核心受众和核心内容三

① 参见王立群：《浅析报纸的核心竞争力》，《军事记者》2002年第3期。
② 参见罗建华：《报纸竞争力与传播影响力的有效转换》，《中国记者》2002年第5期。
③ 参见张海涛：《报业、电视等大众传媒核心竞争力分析研究》，工商管理硕士学位论文，大连理工大学2002年。
④ 参见郑保卫、唐远清：《试论新闻传媒核心竞争力的开发》，《新闻战线》2003年第1期。
⑤ 参见喻国明：《传媒影响力——传媒产业本质与竞争优势》，南方日报出版社2003年版，第9页。

部分组成。①

　　(7)生奇志认为,传媒的核心竞争力是包含在传媒集团内部、与组织融为一体的资源与技术的组合,它是传媒内部集体的学习能力,体现于集团内部的各个部门和各种资源之中,是集体"干中学"的结晶,并将在不断的应用和实践过程中得到改进。②

　　(8)丁和根认为,媒介核心竞争力是一个媒体在整合和配置资源过程中所表现出的对传媒运作内在的、本质的与合规律性的认识,以及将这种认识付诸实践的超强的执行能力。这种认识主要依存于传媒的"知识"层面并辐射到传媒运作的各个环节;这种能力则主要蕴涵于媒体内部而成为一种整体性的不可分割的力量。③ 龙秋云也认为,传媒的核心竞争力是传媒特有的、能为受众带来特殊效用、使传媒在某一市场上长期具有竞争优势的内在能力资源,是传媒所具有的区别于竞争对手的知识体系。④

　　(9)钱晓文认为,传媒的核心竞争力是媒介集团以最低成本实现效益最大化为目标,以内容生产与开发利用为核心,通过整合内容与渠道资源的垂直型整合(Vertical Integration)从而产生"协同效应(Synergy)"并转化为竞争优势的能力。⑤

　　(10)王军认为,媒体的核心竞争力来自于核心团队、核心内容(核心业务)、核心受众的有机组合,是一个以知识、创新为基本内核的企业关键资源的整合,它同时需要有相应的机制加以支撑,是一个能够使媒体在一定时期内保持竞争优势的动态平衡系统。⑥

　　(11)沈正赋认为,媒介核心竞争力是新闻传媒通过对其内部显在和

---

① 参见曹鹏:《影响力经济概念的提出与媒介核心竞争力简析——在北京广播学院的学术演讲》,《杭州师范学院学报(哲社版)》2002 年第 2 期。

② 参见生奇志:《加快传媒集团整合,提升媒体核心竞争力》,《辽宁经济》2004 年第 10 期。

③ 参见丁和根:《基于核心能力的传媒竞争战略》,《新闻界》2004 年第 4 期。

④ 参见龙秋云:《国有控股上市公司如何从战略调整中寻找增长空间》,《2001 电广传媒发展战略研究报告三》。

⑤ 参见钱晓文:《我国传媒打造核心竞争力的策略》,《新闻记者》2004 年第 8 期。

⑥ 参见王军:《如何识别和构建媒体核心竞争力》,《新闻界》2004 年第 1 期。

潜在的新闻资源进行有效整合而形成的一种独特的抗击媒介市场风险的能力,它主要体现为新闻媒体的内在机制、新闻作品内容、媒介品牌和人力资源等四个方面。①

(12)王首程认为,报业组织的核心能力是报业组织中能够使自身获得长期竞争优势的特殊资源及其组合,是由多种"稀缺资源"共同作用形成的品牌号召力,这些"稀缺资源"包括:媒体资源、新闻价值观、核心知识。②

(13)赵风丽认为,媒介核心竞争力是传媒在长期经营中所形成的、独特的、动态的能力资源,它支持着传媒业现在及未来在市场中保持可持续竞争优势的发展,是传媒整合各种资源和各方面能力的结果。③

(14)曹冬梅认为,传媒核心竞争力是由媒体组织的系统资源的组合能力(Intigerative Capability)、知识架构的经营能力(Managing Capability)、角色定位的应变能力(Dynamical Capability)以及渗透组织各个层面的学习力(Acquisitive Capability)、创新力(Innovative Capability)所形成的使本组织具有独特性的作用合力。④

(15)金建认为,媒体核心竞争力,是资源利用能力、内容原创与处理能力、技术创新能力和市场拓展能力的综合体,主要表现在内部的创新能力和适应能力。⑤

(16)吴为民、陈德棉认为,由合理的受众定位、合理的内容组织和有效营销三者组成的系统构成了媒介核心竞争力的全部内容。合理的定位体现的是媒介在受众定位方面独特的技巧和能力;合适的内容体现的是媒介在内容整合方面独特的技巧和能力;有效的营销体现的是媒介在产

---

① 参见沈正赋:《传媒核心竞争力及其影响要素解读》,《新闻大学》2004 年第 4 期。

② 参见王首程:《报业的核心能力及其特征》,《广州大学学报(社会科学版)》2004 年第 9 期。

③ 参见赵风丽:《打造传媒的核心竞争力》,见吴飞主编:《传媒竞争力》,中国传媒大学出版社 2005 年版,第 15 页。

④ 参见曹冬梅:《浅议电视媒体核心竞争力之内涵》,《湖南科技学院学报》2005 年第 10 期。

⑤ 参见金建:《综合实力考量报业技术》,《中国传媒科技》2005 年第 11 期。

品销售过程中的技巧和能力,三者是一个环环相扣的整体。①

(17)方卫英认为,传媒的核心竞争力是包含在传媒集团内部,与组织融为一体的技能和技术的组合,这种核心竞争力是整合各种资源和各方面能力的结果,它不是一般功能性单元的简单相加,而是以实现组合放大、功能聚变为目的。②

(18)吴海荣认为,中国传媒的核心竞争力在于内容的竞争力,"内容为王"是中国传媒改革的航标。③

(19)刘年辉认为,媒介(尤其指报业组织)核心竞争力是媒介拥有的累积性的技能资本、组织资本和社会资本的协调整合,它能比其他组织更有效地为其利益相关者创造价值,并最终决定自身的生存和发展,其本质是组织的知识资本。④

(20)尹庆文认为,对报纸而言,一两次成功的策划、一两篇好文章、一两位名编辑、名记者都构不成所谓的核心竞争力;报纸的核心竞争力是将生产报纸的各个环节整合起来之后形成的、持续时间较长的、别人难以学习或模仿的一系列竞争优势的总和。⑤

(21)罗宁辉、晏国政认为,报纸核心竞争力是报纸核心业务和核心团队的整合,即报纸核心竞争力 = 核心业务 + 核心团队,核心业务是指以报业为核心形成的广告、发行、印刷等报业经济和多元化经营,核心团队则是报业集团的人力资源。⑥

还有些研究用的是传媒"竞争力",这一"竞争力"也即核心竞争力,

---

① 参见吴为民、陈德棉:《媒介企业核心竞争力及其培育》,《同济大学学报(社会科学版)》2005 年第 5 期。

② 参见方卫英:《中国传媒业的集团化与核心竞争力分析》,《新闻战线》2006 年第 4 期。

③ 参见吴海荣:《我国传媒的核心竞争力:内容为王——解析 20 年来我国传媒经营管理的演变》,《广西大学学报(哲学社会科学版)》2006 年第 4 期。

④ 参见刘年辉:《报业组织核心竞争力的理论分析》,《中国社会科学院研究生院学报》2006 年第 1 期。

⑤ 参见尹庆文:《提高军队报纸的核心竞争力》,《军事记者》2004 年第 5 期。

⑥ 参见罗宁辉、晏国政:《报业集团核心竞争力研究综述》,《新闻爱好者》2005 年第 2 期。

例如祁国均所认为的由媒体的一系列特殊资源组合而成的占领市场、获得长期社会效益和经济效益的媒体竞争力①,丁柏铨所提出的由硬实力和软实力构成的媒体竞争力②,实际上都是指的传媒核心竞争力。

以上观点或针对报纸、广电等某一类媒体,或统指整个新闻传媒,由于大都以微观传媒单位为着眼点,因此都可以看做是对报业组织核心竞争力的诠释或界定,其中更侧重于对报业组织核心竞争力进行探讨的,有王立群、罗建华、郑保卫、喻国明、曹鹏、王首程、刘年辉等人。除此之外,还有一些报业从业人士及研究人员从各自的角度出发专门谈了对报业组织核心竞争力的理解。例如:

南方日报报业集团社长范以锦认为,核心竞争力是报业集团开发培育优质报纸品牌的能力和运用独特的营销手段把产品推向市场的能力,它是一个团队。

解放日报报业集团社长尹明华认为,报业集团核心竞争力主要体现为报业集团所生产的精神产品,能否在坚持正确舆论导向的前提下,具有创新(适应社会发展需要而不断改革创新)、竞争(适应市场竞争需要)和带动(带动发行和广告增长)的能力。

大众报业集团党委书记、董事长徐熙玉认为,报业集团的核心竞争力是舆论引导力,一般体现在三个方面:一是方向,即舆论导向是否正确;二是广度,即舆论的覆盖面,主要包括报纸的发行量、市场份额和阅读率;三是深度,即为读者提供信息,实施有效引导和影响的程度。

原深圳特区报业集团总经理陈君聪认为,党报集团的核心竞争力就是采编资源优势,开发与培育党报采编资源优势是当前应对传媒竞争、制定和调整党报可持续发展战略面临的重要问题,党报集团应首先下大力气在采编业务中开发与培育集团的核心竞争力。③

李希光引用小默多克的话认为报纸的核心竞争力来自三个方面:报

---

① 参见祁国均:《论媒体竞争力》,《理论月刊》2001 年第 7 期。

② 参见丁柏铨:《论媒体"软实力"——以另一种视角考察媒体竞争力》,《新闻传播》2006 年第 12 期。

③ 以上几位报社管理者的观点均参见罗宁辉、晏国政:《报业集团核心竞争力研究综述》,《新闻爱好者》2005 年第 2 期。

纸的头版头条、报纸所获得的各种奖项、报道采访的独家新闻和记者,而新闻人才是报纸的核心竞争人才。①

禹建强认为,构成报业核心竞争力的因素很多,包括办报、广告、发行及对三者的经营和管理,但根本在于办报,即报纸作为信息产品满足读者信息需求的能力。②

孙德宏认为,报纸核心竞争力从根本上说是采编人员的"内力",也即采编人员自身素质的综合能力,它包括对宏观趋势的及时把握,对具体事件新闻价值的准确判断,对读者多层次需求的满足,对媒体必须的社会责任的自觉承担,对新闻自身规律及新闻采编技术在较高层次上的灵活运用等等。③

舒胜认为,报业集团核心竞争力是报业集团新闻采编业务的核心专长能力与媒体经营的核心专长能力的有机综合体。④

关于报业或报业组织核心竞争力的见解与看法还有不少,但在内容及表述上大致可与以上某一界定或解释吻合,限于篇幅此处不再赘述。

(二)报业组织的"企业格式塔竞争"

如前所述,报业组织核心竞争力是一种整合的能力体系。从经济学的角度来看,报业组织就是一个具有系统组织结构和经济生产功能的企业,因此报业组织核心竞争力首先是一种"企业格式塔竞争"。

企业的本质是"集体生产力",即企业是由生产要素所有者通过一系列合约关系联接而成的特殊集合体,同所有其他企业一样,报业组织也是一种专业化的集体性生产组织。报业以专业组织的方式生产报纸并不是报纸出现伊始就如此,而是社会分工或新闻传播活动专业化的结果,也即是"社会组织专业化——生产新闻纸的专业机构和报业内部工序专业

---

① 参见李希光:《报纸核心竞争力》,http://www.xici.net/b351341/d19415969.htm.

② 参见禹建强:《试论报业的核心竞争力》,《新闻与写作》2002 年第 8 期。

③ 参见孙德宏:《报纸核心竞争力在办好报纸本身》,《新闻战线》2003 年第 10 期。

④ 参见舒胜:《报业集团核心竞争力探微》,《新闻前哨》2006 年第 3 期。

化——职业记者的出现相互作用"①的结果。

历史上,报纸生产本是家庭作坊式和行会组织式的个体生产,随着生产力和技术的发展,工业革命之后,为适应因社会化大生产而不断扩大的信息需求和新闻生产规模,新闻生产者或传播者不得不突破家庭和行会的限制,去雇佣更多的专职新闻劳动者,同时有意识地组织人们内部的分工与协作,这时报业组织便出现并逐渐普及。因为人们很容易就体会到,分工导致的专业化以及在此基础上的协作,可以使报纸生产提高劳动生产率并降低生产成本;而且,根据科斯等人的交易费用理论,报纸生产出版的各个环节、各种劳动不再由分散的劳动者各自进行并以平等交换主体的身份到市场上去进行交易,而是统一在有一定边界、联系和规范的报社内部进行,它使报纸生产无需再支付市场交易的成本和风险,而是强调管理者,尤其是权威管理者与被管理者的组织协调,也就是说,报业组织能借助组织化的方式用命令和计划等手段在内部来更有效地配置报纸生产所需的各类资源。

因此,通过组织这一形式来生产报纸,一方面可以进行专业化的生产协作以提高新闻劳动生产率,另一方面则可以通过内部的协调提高信息资源配置的效率,即通过这些结合能够创造出大于单个成员从事报纸生产经营活动净收益的"组织租金",这是报业组织得以产生与存在的根本原因。

这就清晰地说明了,无论报业组织的性质和工作效率如何,至少每个报业组织都是一个"具备分工关系和制度化了的支配关系的功能群体"②,就像大家所熟悉的,报社都是由采编、广告、发行、财务、行政、后勤各部门及人员、设备、资金、技术、信息、文化、人事关系、社会网络等各层次、各方面、有形无形因素构成的复合体。作为企业的有机体形式,报业组织也是有知觉的,它们有对外界和自身的感知秩序和感知过程,在资源和能力的既定条件下,经由环境作用和市场运作的不断认知,报业组织会在"差异——整合"的基础上逐渐形成具有集成效应的运行方式和反应

---

① 刘年辉:《报业组织理论考察:起源、本质及其知识特性》,《西南民族大学学报(人文社科版)》2005 年第 11 期。

② 转引自黄升民、丁俊杰:《媒介经营与产业化》,北京广播学院出版社 1997 年版,第 8 页。

机制,从而发展培育出持续竞争的心智模式。

生产和交易是企业的两大基本职能,报业组织也如此,可以说报业组织核心竞争力就是报业组织在报纸生产和交易中形成的特有的经营化了的知识体系。根据彭罗斯、纳尔逊、温特等人关于企业成长的理论,报业组织本质上也是一个管理性生产组织,这个生产组织同样是被行政管理框架协调并限定边界的资源集合和能力体系,而它"要完成的事情的中心是协调配合"①,这既包括对内的生产协作和资源配置,也包括对外的社会关系建构和妥协认同。

以上正是格式塔式的知觉整合过程,其运作机制大致是:报业组织因对新闻生产性资源的使用而产生生产性服务,生产性服务发挥作用的过程则推动报业组织各种知识的增加,知识的增加又导致整个组织管理力量和生产力量的增长,从而推动报业组织的增长和强大。这个过程中,报业组织的继承性资源及组织经营的凝聚力很大程度上决定了新增加的生长可能性或竞争优势可能性,而它们显然又不是孤立静止的。市场经济条件下,报纸新闻生产、发行、广告等各方面的活动势必都会和外部环境,诸如纸张、设备供应商和信息提供者,读者、广告商,其他报业组织,电视、广播、网络等其他因素发生交换和竞争关系。信息时代多极多变的竞争必然促使报业组织通过各种方式,包括联合与合作去获取竞争优势,在竞合时代的特定经营环境和复杂体系中,报业组织或其权威人士在一次次时间序列中部署资源、解决一个个危机与困难时所能看见的、采纳的、并且愿意、也能够采取行动的诸种意愿、智慧、手段、方法和可能性便凝聚成整个报业组织的知识和技巧。这些因"刺激——反馈——再刺激——再反馈"而形成的知识、技巧与经验在报业组织的日常管理和人事活动中自觉或不自觉地完成显性知识、隐性知识、个体知识、群体知识的转换,从而以历史路径嵌入、沉积于整个组织机构中,辐射到组织成员的头脑或下意识里,并表现为支撑报业组织运行的种种惯例,报业组织必须依靠运用才能使它们生效,这个记忆和运用知识的过程正是报业组织认知的日益

---

① [美]理查德·R.纳尔逊、悉尼·G.温特:《经济变迁的演化理论》,胡世凯译,商务印书馆1997年版,第117页。

深化和行为的熟能生巧。

企业战略理论认为,企业是一个学习、创造和扩散关于价值创造知识的制度装置,这一知识积累的过程无疑也就是企业竞争的格式塔过程,它因企业个体的差异而不同。对于报业企业而言,报纸生产所需的资源、能力和知识并非均衡地分布在每个报业组织里,因为不同报业组织拥有的资源、能力和知识是不同的,它们随着各自所处环境的变化和组织内部的变迁不断变动,而每个报业组织获得资源、知识和能力的时机、途径、方式等也各有区别。一般来说,最初的资源投入应当是报业组织从外部通过计划或市场而纳入到报业组织内部的,这种最初的资源应当是普遍存在的,但当某个报业组织通过有效的资源配置和格式塔整合有可能形成对报业组织有关键性意义的资源组合时,该资源组合就成为报业组织的战略资源而具有了相当程度的专用性。能力是和资源的使用结合在一起的,并随着对资源的使用而得到发展、扩张和更新,报纸生产经营中的各种独特性知识,诸如经验、技巧、规则、程序、理论和惯例等便也以极强的默会性隐含在其中,因此不同的报业组织在各自的成长历程中会形成各有差别的能力结构或智能体系,它们实际上就是不同的报业组织在竞争中表现出的不同的"格式塔"。

总之,核心竞争力是企业的活素质,是企业在成长过程中经由遭遇和经验磨合积淀而成、善于对内外环境变化迅速作出反映和调节的智能体系和心智操作模式,在这个意义上我们称之为"企业格式塔竞争"。报业组织核心竞争力同样也可以这样概括,它就是报业组织以在长期发展中所积累的知识和资源为基础的、对外界环境和市场变化迅速作出反映、努力调整自身状态的整体能力和特有综合素质。像一般物质性产品或服务性产品的生产和交易一样,报业组织在不断实现其报纸生产与报纸交易领域扩展的同时,其扎根于组织之中并适应市场机会的"格式塔"行为便也在报纸生产出版的实际活动中活生生地上演了。

二、新闻传媒及报纸的"影响力"与"影响力经济"

尽管报业组织核心竞争力是企业化的知觉整合竞争行为,但必须看到,新闻的采集和传播带有公益服务指向。在现代经济学体系里,报纸等新闻内容产品是公共品或准公共品,从多数报纸的"负定价"发行来看,报纸的经济行为大多不是由产品销售来决定的,因此报业经济不同于一般企业经济,在进一步讨论报业组织核心竞争力之前,先得弄清楚报业的经济本质是什么。

报业经济行为的关键在于报纸作为"公众通讯工具"所能产生的影响力,报业的经济本质在于它的"影响力经济",这决定了报业组织核心竞争力"格式塔"竞争的独特性。

(一)"影响力"的媒介机理

传播是构成社会的基本条件和必备要素。如同政治经济活动一样,传播也是"人类关系赖以存在和发展的机制",不仅人们通过传播"始能成为并保持其社会分子的地位",社会也"正从参与这个社会的个人中获得的带有传播性质的特定行为,被注入新的生气或创造性的肯定",而"影响他人并被他人所影响"便是传播的本质含义。[①] 就像人类社会学家梅尔文·德弗勒所分析的:传播乃是"表达团体规范的手段",人们以此"行使社会控制、分配各种角色、实现对各种努力的协调,表明对未来的期望",从而"使整个社会进程持续下去","要是没有这种影响的交流,人类社会就会崩溃"。[②]

新闻传播起源于人类获得新闻信息和开展社会交流的需要,它整体上可以概括为环境监督、社会协调、文化传承、精神娱乐等四大功能。由于受众本身是一个具有多种社会属性的客观存在,对于个体而言,人们需要新闻并不是为了寻求感官刺激和单纯的对新鲜事物的好奇,而是需要新的有用信息为当前的社会认知和社会实践服务,也就是说,作为信息产品,报纸等新闻产品消费的结果在于对人们的思想和行为,或者说对人们的社会认知、社会判断、社会决策及相关的社会行为产生作用和帮助,至

---

① 倪虹:《大众传播媒介的权力》,《新闻与传播研究》1999 年第 1 期。

② 转引自[美]威尔伯·L.施拉姆、威廉·波特:《传播学概论》,陈亮、周立方、李启译,新华出版社 1984 年版,第 31 页。

于报纸本身则不过是人们"得鱼忘筌"的工具而已。反过来说,新闻媒介是以向社会公开提供新闻为主的传播机构,一经产生新闻传媒就既是社会的信息系统,又是整个上层建筑的重要组成,在满足公众信息需求的基础上,任何新闻传媒都是为社会总目标和现存社会制度服务的,它必定会通过自身的"资讯传播渠道"在信息传递的同时对受众进行思想观点的宣传,从而在不同程度上使之达到社会行政主体所需的状态。

毫无疑问,作为大众传播的社会职能部门,新闻传媒以其突出的信息性、国家意志性、舆论导向性和专业职能化,成为促进社会充分互动的唯一权威组织,并因此具有因传播机制所赋予和保护的职能权力,即媒介权力。这一权力可以被理解为:一种对个人或社会进行影响、操纵、支配的力量,它具有知道事件得以发生和影响事件怎样发生、界定问题以及对问题提供解释与论述,并由此形成或塑造公共意见等的种种能力。这些权力作用体现为媒介的社会功能和效果,这些功能和效果也就是传媒对个人和社会所能产生的影响与控制。显然,不论从传者的角度还是从受众的角度,新闻传媒都旨在对人发生作用或使人受到影响,这种左右人、改变人的能力即影响力(Influence)。据此,新闻传媒提供的虽是信息产品,诸如报纸、广播电视新闻频道、新闻网站、新闻杂志等各种有形物形式,以及附载于其上的消息、思想、形象、娱乐、言论和信息等内容服务,但它们却又都不是新闻传媒真正意义上的生产结果,其真正的生产结果是"影响力"。

影响力是新闻传媒固有属性的体现。舆论学开山之父沃尔特·李普曼(Walter Lippmann)的"拟态环境(pseudo environment)"学说以及议程设置的最早阐述已奠定了新闻媒介影响力的最初思想表述。李普曼精辟地指出,现代社会越来越巨大化和复杂化,对超出自己亲身感知以外的事物,大家只能通过各种"新闻供给机构"去了解。在《舆论学》中,他说,"真正的环境总体上太大,太复杂,变化太快而无法直接去了解"[1],于是,"我们对自己生活于其中的环境的认识是何等的间接"[2],因此,人们"必

---

[1] [美]沃尔特·李普曼:《舆论学》,林珊译,华夏出版社1989年版,第10页。
[2] [美]沃尔特·李普曼:《舆论学》,林珊译,华夏出版社1989年版,第2页。

须特别注意一个共同的要素",即新闻供给机构"在人们和环境之间的插入物——拟态环境"。① 李普曼揭示出,人们的行为是在对拟态环境作出反应,然而拟态环境并不是新闻供给机构对现实世界的镜子式再现,而是通过自己的符号体系和编辑记者等把关人,对事件或信息进行选择加工后向人们提示的环境,新闻机构正以此扮演着"以简单得多了的模式来重构真正的环境"②的中介作用,从而帮助、影响着大众对社会的认知和对自己行动的调节。李普曼同时还关注到了另一个事实,即新闻传媒在形成、维护和改变社会的"刻板成见(stereotypes)"方面所拥有的强大力量,他最早洞察到了传媒的议程设置功能。所谓新闻媒介影响人们头脑中的图像,它不仅创造了大众对现实的象征性想象,还影响着大众关注现实的倾向和程度,这也就是普遍存在的媒介报道什么,公众便注意什么;媒介越重视什么,公众也就越关心什么。

事实上,包括议程设置等在内的媒介权力研究一直是西方传播研究的重点,李普曼以后,许多传播学学者,不论是批判学派还是经验学派,也不论是持认知典范理论还是意义典范理论,人们都对传媒的社会功能和社会效果有明确而集中的阐述,只是观点主张不同而已。这自然是因为传媒影响力存在的普遍真实性:新闻传播是施加——接受的过程,从"信源"到"信宿"的传播过程中,"产生什么效果"总是活动的旨归,因此传播者最终是起主导作用的,国家政体也总会牢牢把握和通过各种手段来实施和加强对传媒的管理和干预,因此阶级社会中任何新闻传媒都具有意识形态的国家机器功利性。正如丹尼斯・麦奎尔(Denis Mcquail)所说,"有足够的证据和实验能够证明大众媒介不管是对个人、组织、政府还是社会文化都有着相当重要的影响和塑造"③,新闻传媒和社会控制的关系乃是人类新闻传播行为和理论的基本命题。

的确,正如李普曼"洞穴人"寓言所比拟的,媒介化社会中,置身于新

---

① 〔美〕沃尔特・李普曼:《舆论学》,林珊译,华夏出版社 1989 年版,第 9 页。
② 〔美〕沃尔特・李普曼:《舆论学》,林珊译,华夏出版社 1989 年版,第 10 页。
③ Denis Mcquail. In: Doris Graber, Edited. *Media Power in Politics*. Woshington, D C: Congressional Quarterly Inc, 2000. 转引自董关鹏:《发言人与政府公共关系》,见汪兴明、李希光主编:《政府发言人 15 讲》,清华大学出版社 2006 年版,第 88 页。

闻媒介的环绕和包围中,受众"囚犯"需要而且大多数时候也只能看见媒介所反映的现实,受众借助这些影像构成头脑中对现实图像的基础并以此感知实际的存在,长此以往,人们便往往"习惯于把媒介折射的现实当成现实本身"①,甚至对实际存在"浑然不晓,漠然处之"②,传媒的控制和影响便在这不知不觉中完成。

　　一方面,传媒以其事实传播作用于大众的认识视野,通过为公众设置"议事日程"使其所强化报道的题材和事件引起人们的重视,由于这种赋予各种"议题"的不同程度的显著性,新闻传媒因此影响着人们对周围"大事"的了解及重要性的判断;另一方面,传媒带有倾向性的事实传播造成了新闻舆论,它以鲜明的导向性、显著性、持续性动员和控制社会舆论并以自身向社会舆论的转化为终结,这一互动的过程就是新闻传媒引导社会公众作出价值选择与判断、使持有不同意见的"舆论人"认可并参与到新闻舆论主体所倡导的价值规范上来的过程。以上的交杂错综导致了新闻媒介对人们有形、无形、长期而深刻的影响,它不单单作用于社会认知和社会舆论,也体现在对社会价值和社会秩序长期而隐性的建构或消解中。

　　影响力作用于人心,凭借大众传播的优势和力量,新闻工具所形成的有如宇宙黑洞般的巨大引力场已使人们无法逃脱,它既有社会控制的正功能,也有社会控制的负功能,其对社会生活重心、主旋律、精神支柱和行为准则的提供或摧毁,不论过去、现在或将来,都是直接而强大的。

　　新闻传媒的影响力是在传媒最基本的属性——信息传递的前提下形成的,因此传媒影响力也就是传媒所打上的"属于自己的那种'渠道烙印'"③。这一"渠道烙印"包含两个维度:既包含传媒在传播资讯时因自身载体的物质手段和技术途径而使人们社会认知、社会判断、社会行为所受到的被动影响,更包括传媒因对于资讯的选择、处理、解读及整合分析等而对人们社会认知、社会判断、社会行为的能动影响。如果麦克卢汉

---

① 李彬:《传播学引论》,新华出版社2003年版,第200页。
② 陈力丹:《舆论学——舆论导向研究》,中国广播电视出版社1999年版,第65页。
③ 喻国明:《传媒影响力》,南方日报出版社2003年版,第4页。

"媒介即信息"和尼葛洛庞帝"媒介不再是信息"都道出了传媒本身物质技术形态发展所带来的对于人类社会的巨大影响和控制,那么传媒通过各自系统化、结构化和有机化的信息呈现与解构方式更深刻地影响着人们的关注视野、思维方式、价值判断以至行为准则,这种能动的影响力总是与技术的影响力交织在一起,也总是与人们的主观能动性彼此作用,从而使人们在利用任何一种媒介获取信息时,最终都必不可免而又不知不觉地烙上传媒的"渠道烙印"。

在传播过程中产生的新闻传媒影响力一般包含五个构成要素:方向、内容、规模、效果和时间。"方向"决定着"影响力"所要施加的对象是谁,它是确保媒介影响力是否正确以及新闻功能是否实现的基本条件;"内容"是"影响力"得以产生的根源、基础和载体,没有适应受众需要的"内容"是谈不上有影响力的;"规模"决定着"影响力"的受众范围和边界,某种意义上媒介的最大影响往往来自于"规模影响";效果是对"方向"和"内容"的检验,它是衡量"影响力"水平和传播客观结果的尺度,既表现为发出者对于收受者"在其认知、倾向、意见、态度和信仰以及外表行为等方面合目的性的控制作用"[1],也表现为收受者通过接收新闻信息传播和相关服务所获得的"信息支撑、知识支撑和智慧支撑"[2]以及观念认同和行为调节等;时间的连续性、恒久性则决定着"影响力"的长期性及其不断变化的过程,媒介影响力的建立必须有时间的持续性来保证,时间和其他要素一起构建了受众对媒介的长期忠诚度。

新闻媒介影响力的评判在于媒介在公众中形成的公信力、知名度和美誉度,它存在于公众的日常认同和选择指向中,虽然无法绝对用量化指标来表示,但也常常通过调查问卷、发行量、收视率等"硬指标"来衡量,其形成的标志是媒介品牌的树立。

各新闻媒介中,报纸不仅具有传媒影响力的全部性状,而且也值得格外引起重视。就像刚才所分析的,传媒的社会影响力与其自身特定的媒介技术紧密相关,凭借文字报道及长期形成的专业优势,报纸的个性在于

---

① 喻国明:《传媒影响力》,南方日报出版社 2003 年版,第 4 页。
② 喻国明:《传媒影响力》,南方日报出版社 2003 年版,第 7 页。

它的智识、新闻专业精神和公共事业色彩,也因此报纸能更直接更深刻地影响受众对世界的理性认知和把握,尤其擅长实施占主导地位的或者正面的规范和引导。如前所述,报纸一直都是一种"我们的日报",报纸产生的"渠道烙印"特别是说服力和公信度是十分显著的,长期的纸媒社会发展已使人们更容易或更习惯于依赖报纸所具有的理性和权威,报纸实际上已成了人们心目中新闻事业和公众利益的最高代言者。因此,新闻传媒"献身于原则"①的精神在报纸身上有最充分最集中最长久的体现,有影响力的报纸不仅能够为人们提供一种理性、建设性的思考,而且还应该成为社会生活中健康有益的精神力量,它能够与其他建设性的力量一道,奠定现代社会的精神生活。据此,报纸更能深深地渗透到社会的基本体制之中,某种意义上它不仅能更得力地促使"社会成员按既定社会行政主体所倡导的价值观念立身处世",也能更得力地促使社会成员"社会价值取向规范化、有序化"②,从而时刻发挥守望社会、监督政府、提供行政决策参考的功效。正因此,无论是在倡导言论自由、第四权力的西方社会,还是在倡导政府喉舌、为人民服务的社会主义国家,报纸都被认为是一种负有特殊责任的社会公器,而对其的监管和规制也都是很慎重的。

报纸不仅是最早最权威的新闻传媒,也始终是社会新闻传媒结构中基础而主要的构成。在一个高度媒介化的社会里,尽管网络新媒体使报纸面临巨大威胁,但报纸仍然是最有知性和公信力的媒体。所谓"社会分化程度越高,越是迫切需要拥有一个讨论和行动所仰仗的共同信息基础。报纸就是少数几个强大的和能起作用的、有机会在这样的环境中繁荣兴旺的公共机构之一,其他的都已经衰退了"③,虽说这有点绝对,但就像前文谈及报纸在"理性市场"上的优势一样,报纸的新闻专业性、公信度、严肃性和深刻性目前依然是各媒体中最突出的,人们实际上仍离不开利用报纸来构造和评判各种新闻图景。而且,传媒生态圈的不断丰富使

① Philip. S. Cook, Douglas Gomery & Lawrence W. Lichty. *The Future of News*. The Woodrow Wilson Center Press, 1992. 103.

② 曾盛聪:《新闻舆论导向与社会价值取向》,《新闻与传播研究》1999 年第 1 期。

③ [美]杰克·富勒:《信息时代的新闻价值观》,展江译,新华出版社 1999 年版,第 257 页。

各种传媒影响力的发挥已不能再依靠泛化了的功能定位,而应是"向着最大限度地发挥自身所拥有的特定媒介的技术可能性的方向回归"①,因此尽管新传媒不断出现,报纸本身也不断出问题,但只要报纸不消亡,报纸的影响力便会继续保持甚至历久弥坚。随着知识经济和报纸本身的发展以及人们理性诉求的增强,网络信息时代报纸的影响力,尤其是社会控制的主导性的、正面的功能还将有进一步或更充分的发挥。

报纸等新闻传媒的影响力和公信力(Credibility)既有联系又有区别。影响力着眼于现状的改变,强调报纸等新闻传媒对广大受众及其社会实践产生的作用和效果;公信力则着眼于报纸等新闻传媒对社会和个人的信誉,强调媒介所具有的赢得公众信赖的品质与能力,以及公众对其信任的状况。公信力不等于影响力,但它是报纸等新闻传媒影响力的内在品质和前提条件,可以说具备了公信力也就具备了影响力,离开了公信力也就无从谈起影响力。

同样不能忽视的还有新闻传媒影响力和受众注意力(attention)的关系。报纸等新闻传媒的受众注意力着眼于传媒引起受众关注的数量和规模,强调心理认知的指向和集中,拥有注意力不等于就拥有了影响力,但影响力通常建筑在注意力的基础之上,因此影响力的内涵通常包括两个层次:首先是吸引受众注意,即受众与媒介及媒介内容的接触;其次是引起受众合目的性的变化,即认知、情感、意志行为等的受动性改变。

(二)"注意力经济"和"影响力经济"

不可否认,新闻传播活动也是一种经济行为,有效率的传媒经济说明的是新闻传播中媒介如何优化配置各种资源,从而以最少的劳动耗费取得最大的收益。

按照一般经济学理论,企业经济行为回答"生产什么、怎样生产和为谁生产"等一系列问题,其基本的思考逻辑是:稀缺资源如何在相互竞争的领域进行有效配置,以实现社会福利的最大化,它包括"是什么"等实证经济学研究和"应该怎样"等规范经济学研究。一般经济学分析中,厂

---

① 喻国明:《当前中国传媒业发展客观趋势解读》,《现代传播》2004 年第 2 期。

商可以尽可能多地生产任何商品,直到能够使其销售收入或者净收入为最大,至于所生产的商品是什么则与经济分析没有多大关联,也就是说,任何厂商生产出的产品只要能够销售出去且质量合格,就是对消费者有正效用的,对社会福利的增加也是有益的或至少无害的,产品成为商品的过程就是生产者(卖方)放弃使用价值而获得交换价值的过程。

同样是经济行为,报业等新闻传媒业则不同。不同于一般产品或服务,报纸等新闻产品具有商品和宣传品的二重属性,它既要提供消费者需要的新闻事实报道,又要传递某种有利于生产者(或者其他第三者或社会)的信息或观念,鉴于宣传品的生产和消费之间不是等价交换的关系,因此报纸成为商品的过程不是简单的生产者(卖方)对产品消费者放弃使用价值而获得交换价值的过程。

具体来看,作为商品,新闻产品具有使用和交换价值,它可以在市场上交换,然而作为宣传品,信息在传播过程中的共享性使新闻不具备消费中的争夺性,通过新闻传播使尽可能多的社会成员尽快获得所需的信息,既是社会管理当局的义务和责任,也是符合社会管理当局的利益的,因此任何体制的社会,原则上都不容许出现社会成员因为支付能力的原因而被排除在新闻传播过程之外的状况,世界各国法律中普遍不保护新闻报道的版权正是基于这一考虑。因此新闻产品又具有公共性,也即消费的非竞争性、非排他性以及原则上的"应该向所有接受者开放"[1],限制以至消除新闻传播过程中经济上的排除性也就是必然的。

因此,报纸等新闻产品具有使用价值的多重性,它不仅具有消费者(买方)使用价值,也具有生产者使用价值,即宣传卖方的主张或告知卖方认为有利的信息,同时还具有希图借助媒介传播以达到某目的的相关群体(通常是广告客户)所需要的使用价值(即能吸引大众的注意和兴趣)。其中,新闻产品消费后所产生的消费者使用价值和生产者使用价值是传媒经济运转的一个关键,这种二重使用价值在现实的新闻活动中会表现出许多复杂的关系和现象,但最终它们会达到某种程度的统一。

---

[1]　[美]丹尼斯·麦奎尔:《大众传播理论》,潘邦顺译,风云论坛出版社有限公司1996年版,第17页。

大体上说,它虽也是产品生产者对产品消费者放弃信息使用价值而获得一定交换价值的过程,但更是产品生产者对产品消费者放弃信息使用价值而获得宣传使用价值的过程,这些过程也就是新闻传媒影响力的逐渐生成和积累,而这一影响力也正是想借助媒介传播以达到某目的的相关群体所需要的使用价值。

作为大众传播工具,新闻传媒的公众普及面既促使它能顺利实施自身的传播功能和宣传职责,也使它成为另一种社会行为——广告的重要依托。不论赢利广告还是非赢利广告,广告服务的形成都需要大量资源投入,广告服务作为使用价值其本身在消费中是具有争夺性和排除性的,因此广告既是大众传播行为,也是需要付费的完全的商品。鉴于广告主做广告总意在为大众传达一种他们希望更多人了解和知晓的信息,商业广告尤其如此,因此尽管广告的媒介载体很多,但广告主更愿意付钱在新闻媒体上做广告,而这便是一种不折不扣的商品交易行为,其具体方式是广告主花钱购买媒体的版面和时段以刊登某一广告。

由于广告主所具有的追求最大数量受众的内在冲动恰好与社会要求新闻尽可能广泛传播的要求相吻合,广告与传媒的经济契约就在广告的"社会寻租"下自然形成了,其交换价值宏观上体现为收视(听)率或发行量,微观上则体现为受众消费新闻的受众时间。于是,新闻媒介传播过程中的价值补偿和增值就有了一种巧妙地安排:媒介将内容或销售或无偿提供给受众,以此换取他们的金钱和时间,并引起受众对媒介的关注,再借以引起广告客户和代理公司对媒介受众面的关注,进而将媒介受众卖给广告商以获得经济回报,这就是通常所说的新闻传媒的广告性经营或"二次售卖"模式。

显然,商品和宣传品的双重属性使报纸等新闻产品成为商品的过程不是一次交换就能全部完成的,而是需要"影响力"的中间交换,即生产者通过报纸所具有的消费者使用价值交换自身所需要的生产者使用价值,以此获取一定的宣传目的和货币,再将这个过程中(新闻报道和新闻接受)产生的影响力转让给需要它的相关群体(广告客户),从而在第二次交换中获得充分的交换价值的过程。该经济运作模式可以概括为:媒体把新闻传播作为公共服务提供给社会大众,满足双方的使用价值需求并在多次的互动反馈中获取传播能力及社会影响力,再将这种传播能力及社会影响力以广告服务形式转化为商品出售给广告主,从而通过第二次的广告交换实现新闻传播过程中的价值补偿和资本增值。

　　将近半个世纪前,达拉斯·斯麦兹(Dallas W. Smythe)的"受众商品理论"已将媒介行业的经济本质牢牢置于影响力出售的这一基础之上,他认为,商营大众传播媒介的主要商品不是"消息、思想、形象、娱乐、言论和信息",而是"受众的人力"或"受众群体"①,产品往往只是获得"受众的人力"或"受众群体"的免费午餐,"受众的人力"或"受众群体"的出售才是赢利的关键。其"受众人力"指的是"Attention",中文虽译为"注意力",但其内蕴的却是深刻的影响力因素。据此,对这一经济运作模式,西方习惯上称为"注意力经济",我国则称为"影响力经济"。

　　这里不得不先提到注意力经济。"注意力经济(attention economy)"是对20世纪90年代以来信息领域里率先出现的热门经济现象,即"以信息的极大丰富为背景,围绕注意力的不足和信息的过剩这一矛盾而呈现出的经济现象"②的统称。大体而言是指"以注意力资源的生产和分配为基础而形成的经济关系及商业模式"③,也可以看做"以可利用的信息数量扩张和消费者对这些信息可投入的注意力静态数量为基础的经济模式"④。其实,注意力本是一种心理品质,大多数情况下它存在于个体的内心体验中,网络时代来临后,信息的过量膨胀使注意力成为稀缺资源和商业竞争的目标,于是"在新的经济下,注意力本身就是财产"⑤便成为公认的事实。"注意力经济"的奥秘是"注意力购买",正如"注意力经济"的代表人物高德哈伯(Michael H. Goldhabe)所说,"'注意力经济'是指如何更有效地配置企业现有的资源,以最低成本去吸引用户或消费者的注

---

① 参见郭镇之:《传播政治经济学理论泰斗达拉斯·斯麦兹》,《国际新闻界》2001年第3期。
② 叶祥虎:《对注意力经济的探讨》,《科技信息》2006年第7期。
③ 荚莺敏、吴之洪:《试述注意力经济》,《唯实》2002年第6期。
④ 源自《词探》,转引自叶祥虎:《对注意力经济的探讨》,《科技信息》2006年第7期。
⑤ 赵加积:《注意力经济解析》,《中国机电工业》1999年第2期。

意力,通过培养其潜在的消费群体,以期获得最大的未来无形资产"①,其实质就是通过对消费者注意力的经营,包括培育、获得、转让、买卖等来实现一定的经济目标,无论哪种情况它都具有一定的间接性或隐蔽性。

"注意力经济"为新闻传媒经济本质的解读提供了第一把钥匙。

没有关注就没有传播。作为专职的信息媒介,新闻传媒是生产、转换、消费注意力的专门机构,凝聚公众注意力乃是新闻传媒的本职规定,所谓"传播机器能够收集大量信息,能很快增值和被极其广泛地利用,以致使控制和扩散信息的能力出现了量变,聚集了人数的注意力"②,因此报纸等新闻传媒的经济运行顺理成章地显示了"注意力购买"的经济原理。也就是说,新闻传媒主要的营销产品并不是新闻和服务,而是它所能凝聚的无形的受众"注意力",或利用它来促销新闻产品与服务,或将它卖给迫切需要这种注意力的集团或群体。19世纪30年代"便士报"的成功已展示了报纸注意力经济的赢利模式和效应,而人们对此也早有关注,例如斯麦兹和麦克卢汉在20世纪50、60年代就有专门阐述,当注意力经济在泛传播化时代兴起时,传媒的注意力经济就更引人注目了。

然而,传媒经济并非用"注意力购买"就能完全解释得了。道理很简单,注意力只是人类欲望、意识及行为的基础,它表达的只是受众的积极心理倾向,对于现实的经济活动而言,光有兴趣和愿望并不够,还必须有实实在在的使用效果验证,这样才能真正获取人们的关注并取得战略胜利,这种保持注意力的作用力,就不是注意力而是影响力了。如果说注意力是静态的数量,那么影响力就是注意力的动态积聚,它是产品或服务的质量持续作用于人心而打下的深深烙印。因此,真正的注意力离不开影响力,就个体而言,持续消耗注意力会引起边际效用递减,只有在影响力的辐射下,注意力才会在个体之间,包括没有用过该产品或服务的个体之间,成倍甚至成百上千倍的扩散,这种影响扩散才是信息商品边际效用递增的基本原因。

---

① Michael H. Goldhabe. *Attention Shoppers*. 1997, Hot Wired. 转引自王立:《e 时代"争夺眼球"的新兴经济——透视"注意力经济"》,《求索》2004 年第 6 期。

② [美]威尔伯·施拉姆、威廉·波特:《传播学概论》,陈亮、周立方、李启译,新华出版社 1984 年版,第 115 页。

众所周知,新闻传媒的功能发挥,包括经济功能的实现,必须以受众的媒介接触和行为持续来保证,受众的媒介接触及行为持续则在于他们的需求能否得到满足。这种媒介动机也即施拉姆所说的"预期报偿保证"①,它主要"同内容以及它满足当时感到的需要的可能性有关"②,或者说它主要在于能在多大时空范围内使目标受众"了解社会、判断社会乃至作出决策、付诸实践"③的行为受益。基于此,人们在选择新闻媒介时是有能动性的,所谓"需求的社会与心理根源产生对于大众媒介或其他来源的期望,这导致不同模式的媒介接触(或参与其他活动)"④,就像20 世纪 70 年代"使用与满足(use and gratifications)"等实证派研究所指出的,在对新闻传媒付出劳动和经济代价的同时,人们总希望得到信息的、精神的、人际的、娱乐的或多重的需要满足,从而更好地指导现实的生存和发展。另一方面,作为社会控制的工具和手段,新闻传播也是一种有目的、有组织、有选择、有操作的活动,在传播的编码与解码过程中,"媒介对人们做了什么"和"人们用媒介做了什么"之间或一致、或冲突、或妥协的复杂关系最终都会通过某种实际效果体现出来,它并不是感官上的注意满足,而是不同程度上对人们的认知、态度、判断、思考和行为发生作用。

　　进一步来看,受众媒介消费是一个"社会因素 + 心理因素 + 媒介期待─→媒介接触─→需求满足的因果连锁过程"⑤,每次媒介消费过程又可分解为六个阶段:(1)说服性消息必须得到传播;(2)接收者将注意到这

----

①　传播学者施拉姆曾设计了一个数学公式来说明受众如何选择媒体和信息来满足自己需求:选择的或然性＝报偿的保证÷费力的程度。预期报偿指满足需要的可能性,其实现的程度越大而费力的程度越低,选择某种传播渠道信息的或然率越高。

②　[美]威尔伯·施拉姆、威廉·波特:《传播学概论》,陈亮、周立方、李启译,新华出版社 1984 年版,第 115 页。

③　喻国明:《传媒影响力》,南方日报出版社 2003 年版,第 7 页。

④　Denis McQuail. *Mass Communication Theory—An Introdution*. Sage Publications,1994. 318.

⑤　[英]克里斯·纽博尔德:《媒介效果研究的传统》,见[英]奥利弗、博伊德·巴雷特、克里斯·纽博尔德:《媒介研究的进路——经典文献读本》,汪凯、刘晓红译,新华出版社 2004 年版,第 1 页。

个消息;(3)接收者将理解这一消息;(4)接收者接收和服膺所陈述的观点;(5)接受的立场得到维持;(6)期望的行为发生。① 无疑,不仅每一个阶段是下阶段的必要前提,而且无论需求得到满足与否,前次媒介接触行为的结果都将影响以后的媒介接触行为,如果只流于满足受众的感官注意而缺乏实际的理解、接收和服膺,媒介赢得的只能是暂时的"虹吸效应"或"眼球效应",就算赢得了发行量,也势必会因树立不了公众威信而难有大作为,美国《太阳报》和《纽约时报》的对比便是一个很好的例子。

因此,人们对新闻传媒的评判总以其环境监督、社会协调、文化传承、精神娱乐等功能发挥为准则,新闻传媒的功能发挥对人们现实认知和实践的帮助越大越持久,人们的媒介注意、媒介接触及行为持续也才会越大越持久,媒介因使用价值而产生的影响力才会越有交换价值,这种影响力正是新闻传媒行使社会功能带来经济效益和在整个社会范围内产生影响叠加的真正答案。总之,俘获人心才是硬道理,从信息产品的特性来说,报纸等新闻产品是影响力产品,无论在理论上还是从实践中,传媒经济都是对受众影响力的经营,作为产业其经济本质应是影响力经济,注意力经济恰恰是其组成和外部表现而已。

传媒的影响力经济本质是由媒体内在运行规律所决定的,既体现了新闻传播机构存在的价值和目的,也反映了媒体经济运行的本质要求。事实上,西方传播学者施拉姆、斯麦兹和高德哈尔伯等人提到的"注意力经济"都已显示了"影响力经济"的含义,在21世纪后大众传播时代的激烈竞争中,中国传媒经济学的专家学者们用"影响力经济"代替"注意力经济",其内涵是与西方传媒经济学的先驱们高度一致的。当然,非产业的新闻媒介往往以政府或团体资助的形式解决新闻运作中的经济问题,它们可能具备影响力,也可能不具备影响力,本文都不纳入"影响力经济"的范畴。

像其他产业化的新闻传媒一样,报业组织也处于"影响力经济"的生产和交换关系中(见图3—1),即:报纸将有用信息传达给读者,读者在获

---

① [美]沃纳·赛佛林、小詹姆斯·坦卡德:《传播理论——起源、方法与应用(第4版)》,郭镇之等译,华夏出版社2000年版,第203页。

得有用信息的同时也接触了报纸的宣传性内容,而报纸的生产者则可获得"观念认同"的使用价值;读者在向报纸生产者支付了报款使报纸生产者获得报纸发行的货币收入以外,还向报纸生产者支付了"读者关注和时间",而作为报纸企业真正的生产产品,"影响力"正在报纸"有用信息"提供和"观念认同"获得的交互作用中逐渐生成,"读者关注和时间"乃是对它的一种量化表示。报纸生产者通过向广告客户销售报纸版面的方式将"读者关注和时间",也即传播力和影响力转让给客户,从而获得广告货币收入。不难发现,报业经济生产和交换关系的复杂正在于读者支出和报纸收入都存在的货币和时间二重性及其形成的二次交换,这也就是报业组织"影响力经济"运行的一般体现。

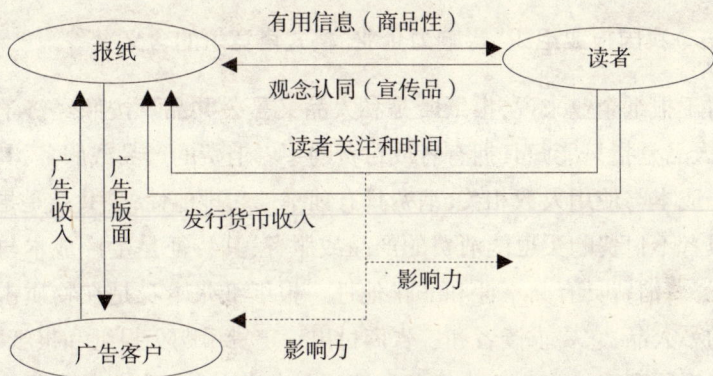

图 3—1　报纸、读者和广告客户之间的交换关系

资料来源:金碚:《报业经济学》,经济管理出版社 2002 年版,第 17 页(笔者有改动)。

确切地说,报纸"影响力经济"包括社会影响力和市场影响力两个维度,其中,社会影响力是内核、基础和前提,市场影响力是表现、落实和保障;市场影响力需要社会影响力来生成和推动,社会影响力也需要市场影响力来支撑和巩固;市场影响力运用市场营销等方法来打造并具有诸如发行量、广告客户等通用计量标准,社会影响力则难以直接计量且须具体对待,它主要来自报纸新闻报道及社会活动所产生的民众感召力和社会公信度。社会影响力和市场影响力的结合形成报纸的品牌,品牌一旦形成,也就意味着报纸具有了公认的社会影响力和市场竞争优势。

三、我国报业组织的"影响力企业"格式塔竞争

像其他企业一样,报业组织核心竞争力也是一种企业格式塔知觉整合竞争,然而,经济竞争理论应用于报业毕竟不同于其他的产业,如前分析,报纸产品的特殊性使报业经济竞争的规律与其他产业不完全一样。简言之,因为报业生产的主要商品是影响力,报业组织是一种影响力企业,与一般的"企业格式塔竞争"相比,报业组织的核心竞争力乃是一种"影响力企业"格式塔竞争,我国报业组织核心竞争力因此具有鲜明的特点。

(一)我国报业组织"影响力企业"格式塔竞争的含义

对于报纸企业来说,报纸既是私人品又是公共品。按照经济学的分类,私人品是指只能归其拥有者或付费购买者消费的产品或服务,其特征是生产成本与使用人数相关,消费具有独享性和排他性;公共品是指不必拥有或者不付费购买也能消费的产品或服务,其特征是生产成本与使用人数无关,消费具有共享性和非排他性。报纸纸张本身是在物质占有上排他的私人品,它要求读者和广告商付出一定货币购买报纸和报纸版面,然而报纸所刊载的内容——信息和知识是公共品,它的完全公开性并不阻止不付代价的人来消费。

由于宣传和保障公众信息安全总带有公益性,况且大多数情况下人们对货币支出的敏感会高于对时间支出的敏感,理性决策下大多数读者会倾向于宁可多支付时间而少支付货币,因此广告服务无疑是报纸最重要的价值补偿途径。而广告价格所体现的乃是读者关注及时间的经济价值,单位广告价格所购买的正是一定人数的读者关注和时间,因此报纸所获得的"读者关注和时间"(可用实际读者数表示)是比读者支付货币更稀缺的价值补偿资源。正因为广告的市场价格和均衡价格不是由报纸的物质成本或边际成本(诸如广告版面印制、报纸发行总成本等)决定,而是由单位广告支出实际可以购买到的受众人数决定,所以报纸的两种价格之间可以交叉补贴,即由广告价格补贴发行价格,或者说,报纸的发行

价格可以低于报纸的生产成本(边际成本)或印制费用,甚至免费派送,以此获得更大的发行量,再以发行量获得的广告收入进行成本补贴,这时报纸在亏本的"倾销"状态下便暗中获得了广告财务上的超额利润,大多数报纸实行低报价、高广告比重的经营策略也就不足为奇了。如果有的报纸主要靠发行来进行价值补偿,那么"读者关注和时间"就转化在支付货币里来体现,从而导致其比一般报纸更高的售价。

　　根据"影响力经济"原理,报纸的社会影响和控制越大,报纸的发行量就越大,读者关注和支出时间也越多,相应地,不仅报纸发行货币会越多,广告投放也才会越成功,报业组织的市场竞争力才会越强。事实上,大多数报业企业的经济运作在三个市场上进行:报纸生产和读者消费之间构成产品市场,报纸所获得的读者时间和广告之间构成广告市场,报纸产品市场中"有用信息"提供和"观念认同"期待的交互作用则形成无形的理性市场。笔者以为,理性市场建筑于产品市场,报纸影响力在产品市场中产生、积聚并通过理性市场不断辐射出来,它在社会范围内扩散并渗透在产品市场和广告市场中(见图3—2),从而笼罩于报业的整个生产运作流程中,最终对报纸的生产经营起着根本的制约作用。

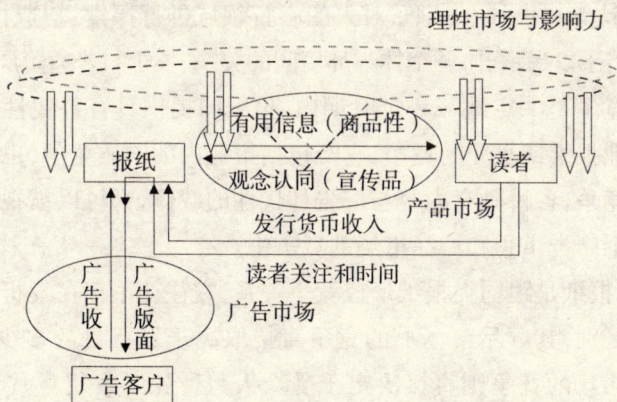

图3—2　报纸影响力及三个市场的关系

图示:虚线圆圈代表理性市场及产生的影响力。

资料来源:金碚:《报业经济学》,经济管理出版社2002年版,第17页(笔者有改动)。

　　这其中有三点需要强调:一是报业经济运行是持续进行的。二是不同的报纸提供给不同类型的读者并造成广告市场的细分,它使报纸的发行有宽度(发行宽度即传播的方向,适合阅读的读者面宽狭代表了报纸的发行宽度)和密度之分(一定宽度下的报纸发行量便是发行密度),也使广告通常具有确定的选择受众群对象。也就是说,一时的公众注意不等于就是影响力,影响力越大也并不意味着该报的发行量就会比其他报纸大,该报的广告就会比其他报纸多,因为报纸的影响力总基于一定的目标受众和时间积累且仅提供了广告的一定范围,而且该影响力也不会直接转化成市场竞争力,而是还需要市场运作来催化,但在报业组织各自的经营范围及其形成的竞争中,影响力无疑是起着决定性的或第一性的作用的。三是词典意义上的"影响力"包括正负两个方面,"社会公器"的秉性则使报业组织等新闻传媒所要求的影响力乃是积极进步的影响力,这是新闻传媒传播机理价值取向的本质规定。正如霍亨伯格(John Hohenberg)和国际新闻学会所指出的,传媒不能"将社会的正常现象匿藏于反常现象的后面",而应"生动、综合、系统而有意义地报道社会的正常现象"以将人类"重新导入一个和谐而幸福的世界"①,其普适性原则应体现为:为人们决策提供社会参照、对人的心智领域进行探索、塑造社会认同、对不平黑暗予以揭示、协调个体与环境间的关系、长于与普通阶层交流等。

　　报业竞争是一定地域一定时期内,报纸同提供具有替代性的产品或服务的其他报纸或媒介的竞争,它既包括报业内的同质竞争,也包括报业外的异质竞争,各种具有内容与广告替代性的载体,都可以被视为与报纸处于同一个广告市场和产品市场的竞争中。

　　首先,报纸是跟同类报纸形成竞争关系,它往往不存在发行宽度和广告客户的区别,其产品市场上的竞争直接取决于发行量的多少(发行密度),广告市场的竞争则直接决定于受众人数。除了发行量代表的受众人数外,其广告市场价格更决定于实际阅读人数(实际读者时间),它是报纸的购买者或支付发行价格的人(发行量)×传阅率的结果,即实际读者数=发行数×传阅率,假设一份报纸发行数40万份,传阅率为4.5,则

---

① 转引自刘建明:《创立现代新闻价值理论》,《新闻爱好者》2002年第12期。

实际读者人数为 $40 \times 4.5 = 180$ 万,那么决定广告市场价格的就不是 40 万人的阅读时间而是 180 万人的阅读时间。

其次,对于非同类的报纸,由于处于不同的产品细分市场,它们往往不会构成发行上的威胁和较量,可以各有发行宽度和密度,但是会构成广告上的直接替代和竞争,只要它们的受众群中有相同的部分,例如北京的《精品购物指南》和《北京晚报》,尽管不存在产品市场的竞争,但却是势均力敌的广告竞争对手,这时广告客户在它们各自发行量的基础上,做出广告投放决策比较的乃是各报的服务定位以及整体上对于目标受众所产生的作用力或凝聚力,也即报纸的品牌性质和大小。

再次,对于其他的媒介,报纸竞争既可以体现在产品市场上,也可以体现在广告市场上,这时受众选择的是哪种媒介的物质技术性和社会能动性能给自己带来更多的信息帮助,而广告商拿来比较的也是不同媒介因物质技术性和社会能动性而对同一地域或同一目标受众所具有的感召力和凝聚力。

归根结底,企业与企业的竞争是对目标顾客资源的竞争,报纸是靠影响力来争取读者和广告商等目标顾客资源的,因此不管以上哪种竞争情况,报纸影响力都是竞争的根本,不仅报纸的发行量及传阅率与报纸影响力是正相关关系,报纸的口碑和品牌更是影响力的直接体现。"影响力经济"原理要说明的是,只有具备了一定的影响力,报业经济才能真正运转,报业组织也才可能构建真正的市场竞争优势;在信息传播技术日益进步和广告投放渐趋理性的情况下,载体自身的吸引能力和吸纳能力已变得尤为重要,应该说,影响力越大,越能持续地凝聚起目标受众,"成为其所凝聚的那群具有某种社会行动能力的目标受众了解社会、判断社会乃至作出决策、付诸实践的信息来源和资讯解析的'支点'"[1],报纸就越将具有竞争力。这意味着,报业组织核心竞争力就是报业组织所拥有的能够比其他媒介组织更持续有效地进行影响力生产和市场交换的知识能力体系,"影响力经济"使报业组织政治经济学的面目暴露无遗并规定好了报纸作为企业的竞争实质。迄今为止,报业体系仍是以权力的媒介来出

---

[1]　喻国明:《传媒影响力》,南方日报出版社 2003 年版,第 7 页。

演当代社会生活的新闻角色,无论东西方,报业组织都不仅是一个生产性资源的集合体,也是一个具有不同用途、随时间推移并由管理决策决定的"公益单位"。不论哪个国家,介入市场的报业组织都会表现出如表3—1所示的多方面的二重性。

表3—1　报业组织的二重性

社会分工:信息传播机构		
组织性质	经济性	政治社会性
产品性质	商品	宣传品
产品效用	读者和广告客户使用价值	读者与生产者使用价值
交换对象	读者;广告客户	读者
读者支出	货币;关注和时间	关注和时间;观念认同
生产者收入	发行收入;读者关注和时间转化的广告收入	关注和时间;观念认同
市场	发行市场与价格;广告市场与价格	理性市场
消费属性	私人品	公共品
生产单位	经济利益实体	社会公器

资料来源:金碚:《报业经济学》,经济管理出版社2002年版,第25页(笔者有改动)。

因此,任何报业企业都有两个基本的取向:一个是经济性,即把报业组织当做生产报纸产品的经济组织和市场主体;另一个则是政治社会性,即把报业组织当做影响社会文化与价值观念的文化机构和精神阵地。在这个意义上,报业组织作为企业必定就是"影响力企业",正由于报业组织以"影响力企业"进入市场而不是以普通企业身份进入市场,因此报业经济分析中脱离实证分析的规范分析和脱离规范分析的实证分析都没有多大的可行性,既不能单纯地认定尽可能多地生产任何内容的报纸使得销售收入或者净收入最大就是值得的,也不能单纯地认为只要献身于原则就能坐等经济问题的解决,而是应该把商业因素和事业因素结合起来考虑,也即:作为"影响力企业",任何报业组织都具有信息组织、利益组织和控制组织的多重性,报纸竞争乃是新闻规律、宣传规律和市场规律综合作用的结果,单独的影响力或市场行为,都无法形成持续竞争优势。

就传媒本身来说,经济属性是传媒宣传属性的基础,宣传属性是阶级社会传媒经济属性实现的保证,不能设想毫无经营实力的新闻传媒能顺利地担当公众通讯工具的任务,也不能企望毫无政治或社会地位的新闻传媒能实现真正的经济效益。当报纸作为一种商品服务于市场、维系着报社的生存与发展时,报纸的生产过程乃是个大流程:除了采编、印刷和发行外,还得纳入广告业务及其他相关活动;而报纸的经营过程也是个大流程:除了发行和广告等市场营销外,还得纳入新闻业务的生产活动,它们都是"影响力经济"运作中的有机环节,互相依赖、彼此作用,偏废任何一方都会影响报纸经济功能和宣传功能的正常发挥。因此,当报业实行商业化或企业化经营管理时,必须以报纸的编辑立场为前提来使报纸的经济行为具有利润最大化目标,这既是报业经济学分析最为合理的理论假说,也是报业组织成为经济组织参与市场竞争的约束条件。

社会责任和赢利目标之间的关系是分析报业竞争的基础,它与一般的企业或厂商社会责任和赢利目标之间的关系不一样。诚然,一般的企业竞争也需讲求社会责任和一定的影响力,但在整个市场体系中,社会责任和影响力对一般企业来说并不具备直接的决定关系和优先权分配,因为"影响力"并不是它们的生产目标,只有在报业等新闻传媒的生产活动中,由于影响公众及承担社会责任是固有的身份规定,"是否有效率"等一类问题才总是与"应该怎样"等另一类问题紧密相关不可分离。不同国家的不同报纸,其性质不同,所承担的社会责任也不会相同,但它们必定都要承担一定的社会责任,即使是商业性报纸也如此。

总之,报业组织都是"有收入的文字事业"①,这意味着,其"格式塔"的知觉整合竞争不可能是一般企业生产、营销、管理等各方面的整合,而是在这些整合之中还得贯穿另一根无形的智识主线:如何获得和维持影响力并将它不断转化成实际的市场优势,而它势必又会表现出报业组织市场竞争中获取经济利益和实施社会控制之间的对立统一。因为报纸具有的经济性或私人品性决定了报纸内在生存角色的重要,报纸具有的政治社会性或公共品性则又决定了报纸外在社会角色的重要,报业企业的

---

① 《马克思恩格斯全集》第27卷,人民出版社1972年版,第159页。

这两种基本取向之间无疑是有矛盾的,然而它们所代表的经济和宣传的双重属性却又都是新闻传播自身规律的显示,当政治宣传属性占绝对优势时,报纸的经济问题由各种财政拨款来解决,它可能能做好宣传工作也可能做不好宣传工作,但对于自身而言它都可以不必考虑经济活动或经营行为;一旦条件要求报业经济独立,在报纸的经济活动中,社会公共品和经济私人品这两方面必定是既对立又互为条件的。

　　显然,商品经济社会中,作为经济实体,报业组织自然以追求利润最大化为目标;作为社会机构,报业组织则需要担负起社会守望和价值传递等功能。无论哪种新闻体制下,在具体的经营中报业组织都会遇到一系列共同的悖论:一方面,报业不从事经营活动就无法获得有效的经济保障,而从事经营活动并在经济上获得独立,则可能会因为商业利益而牺牲新闻传播的质量及客观公正性,它们都会损害报纸信息传播的社会功能;另一方面,不对报业的新闻行为加以控制,就无法防止报业滥用新闻自由的权利,而报业新闻自由的权利受到了过多限制,则可能难以发挥信息传播和舆论监督的作用,它们都会危及公众利益并给整个社会带来危害,由于形成不了影响力从而也谈不上能使报业获得有效的经济保障。这些都表明,如何做到既能够保证报业自主经营的经济独立地位,又能够保证报业行使新闻自由的权利,既使其在运营过程中实现价值增值,又不至于沦为商业化的泥沼而承担起应尽的社会职责,报业组织如何不断地平衡自身经济实体与社会机构这两种角色之间的利益关系,如何既尊重报纸的经济属性又尊重报纸的社会属性,就有一个回旋和平衡的“度”的问题,市场化的报纸是必定得解决好编辑方针同经营目标的相容性问题的。

　　可以注意到的一个普遍现象是,市场成功的报纸总是力求做到不让报纸的赢利目标影响其编辑立场的社会公正性,因为良好的社会效益和公众形象最终与争取长期利润是一致的,在不同新闻体制以及报纸发展的不同阶段,报业组织处理编辑方针同经营目标关系的方式会各有不同,它们造成的不同的相容方式也就决定了各种报纸发展的成熟程度和竞争优势,报业组织核心竞争力的形成,包括各种条件掌握和心智投入便都是基于这个框架内的运作。正如尼古拉斯·柯瑞奇(Nicholas Graysan)对全球最著名报业巨头的研究所表明的,报业巨头们“控制了数量众多的报纸",他们是通过"长期经营读者的认同和信任",而"直接走入家庭和脑海",甚至"掌握跨越国际的发行网络,在世界各地建立媒体村落"的,而在"控制舆论的同时",他们又"以发行量和由它带来的收入、利润率为经营准绳",从而"将报纸看成'吐金汁奶水的牛'或者'所有适合印行的钞票'",并且"无时无刻不在进行购买新的报纸、进入新的市场或者挤占别人市场的大交易"。①

因此,究其实质,报业组织的市场竞争是在一个以"信息传递"为基石的"经济利益←→社会控制"的三足框架中实施的平衡过程。由于大多数情况下报业组织是国家意志认可的,"信息传递"或"新闻生产"的目的也都是为了实施某种社会控制,因此"信息传递"或"新闻生产"可以隐含于"社会控制"中,于是该三足框架往往可以简化成对立统一的二元构架(见图3—3)。

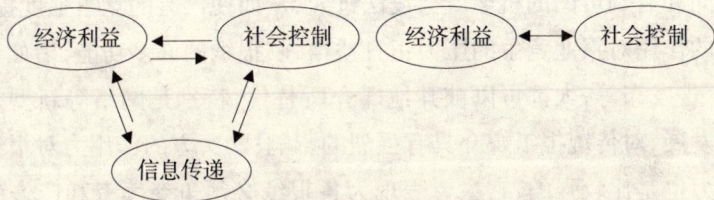

图3—3　报纸竞争三足框架和二元构架图

这三足框架或二元构架也就是报业组织影响力企业"格式塔"竞争的独特含义所在。

按照我国学者的说法,"媒介是公共产业、信息产业和赢利产业的结合体"②,媒介竞争就是在限定条件下,通过具体经营行为,将各种投入转化为信息产品,兼顾社会多元化需求,具有社会整合性的、以实现社会整体利益最大化与媒介内部利润最大化为目标的行为活动。因此,确切地说,报业组织核心竞争力是报业组织以知识和资源为基础,在"经济利益

---

① 转引自刘海贵主编:《中国报业发展方略》,上海人民出版社2006年版,第33页。
② 张海潮:《走向产业化》,http://book.sina.com.cn/nzt/ele/yanqiuweiwang/36.shtml。

←→社会控制"制约条件中的格式塔知觉整合过程,它要不断对外界环境和市场变化作出反应,既给社会大众带来价值提升又使自身获得经济利润,这一特有综合素质最终通过报业组织的品牌表现出来。

当然,从产业经济学的角度来看,报业虽然是一个特殊产业,但鉴于报业组织与一般企业在生产和交易功能上的相似与相仿,竞争五力模型(Michael Porter's Five Forces Model)①在报纸产业竞争中也是起作用的,五种作用力的结构分析同样可以用于报业竞争的基础性分析。

具体而言,报业市场上,同类报纸之间的竞争通常比较激烈,在各个可定义的报业市场上,往往存在着内容和广告上具有可替代性的一家或多家报纸,从而形成一定的业内竞争强度;潜在进入者的竞争压力大小则取决于报业市场进入壁垒的高低,它常常同政府的管制和垄断性报业集团有直接的关系,一旦潜在进入者认为在某个可定义的报业市场上存在发展空间和有利可图的机会就会设法进入,从而使已有的竞争强度提高;替代品的作用对报业竞争的压力正日益增强,报纸的许多功能,诸如新闻传播、广告发布等,大都可以被其他媒介所替代,特别是网络等新型媒介的快速发展,对传统报纸媒介具有强烈的影响;购买方的作用力对报纸的竞争压力也是比较强的,它主要表现为各报纸必须争夺读者和广告商等购买者,广告客户和代理公司的砍价力量也对报纸竞争产生直接的作用;在报业市场的竞争关系中,供应方的作用力对报纸的竞争压力通常不是很强,报纸印刷等报纸生产的生产资料供应通常都是充分竞争的市场,供应商难以形成卖方垄断,但编辑记者经理等人力资源的供应对报纸竞争已具有日益普遍和明显的供应价格上升压力。

然而,除此之外,报业竞争还得同时考虑"第六种力量"即"影响力"的作用。"第六种力量"由美国战略管理学家 J. 戴维 · 亨格(J. David

---

① 波特五力分析模型又称波特竞争力模型,由美国哈佛商学院教授迈克尔 · 波特(Michael Porter)于 20 世纪 80 年代初提出。该模型认为,一个行业的基本竞争态势由五种力量决定,即:供应商的讨价还价能力,购买者的讨价还价能力,潜在进入者的威胁,替代品的威胁,以及目前同一行业内的竞争。五种力量的不同组合变化最终影响行业利润潜力变化,企业可行战略的提出首先应该包括确认并评价这五种力量,不同力量的特性和重要性因行业和公司的不同而变化。

Hunger)和托马斯·L.惠伦(Thomas L. Wheelen)提出,本来是指五种力量之外的其他利益相关者,也即"以反映政府、当地社区以及任务环境中其他会影响产业活动的团体力量"①,笔者在此借用来指代新闻传媒中的"影响力"因素及其利益相关者。它包括政府政党的利益、传媒组织的商业利益、传媒组织的非商业利益、传媒所有者利益、传媒工作者利益、受众利益等多个方面,这些不同的利益诉求构成传媒市场竞争的利益结构,并影响和制约着报纸竞争的产业结构关系,报业组织竞争五种力量的对抗、同谋和妥协,所有的互动实际上是在看不见摸不着而又无处不在的"第六力"范围内进行的。不同报业组织的市场博弈便取决于报业组织与其周围具体利益相关者利益诉求和利益行为的较量,报业组织"'影响力企业'格式塔竞争"便是"第六力"统辖下各种力量博弈的结果,在其辐射和统摄作用下,各方力量如何介入和平衡也就是报业组织市场竞争的具体方式,它决定了影响力及核心竞争力的大小。

　　于是,如图3—4所示,在影响力企业的产业结构和产业竞争中,传媒组织的组织资本和社会资本是围绕着"经济利益←→社会控制"的轴心而整合的,经济利益相关者包括新闻竞争者、新闻替代品、广告商、资本所有者、行业协会等,社会政治利益相关者包括政府、政党、新闻主管机构、公众压力集团等。双方的博弈内化在报业组织的竞争中,就使其"格式塔知觉整合竞争"体现为:一定环境下,报业组织新闻生产、市场营销、组织管理各个方面的矛盾、配合和协同。其最终实现的是社会约束下的利益最优化。

　　报业组织市场竞争的这一特点是普遍存在的,在西方可以用新闻自由与经济自由或"国家"(经营部门)与"教堂"(编辑部门)"和谐与悖谬的对立统一"②来概括。以美国报业为代表,西方报业史上不断上演着的编营分离和编营合一都从一个侧面折射出了报业组织作为'影响力企业'实施"格式塔知觉整合竞争"时"利益←→控制"的二元独特性。实际

---

① [美]J.戴维·亨格、托马斯·L.惠伦:《战略管理精要》,王毅、应瑛译,电子工业出版社2004年版,第40页。

② 张健:《新闻自由与经济自由的和谐与悖谬——美国新闻业编营分离制度研究》,传播学博士学位论文,复旦大学2005年。

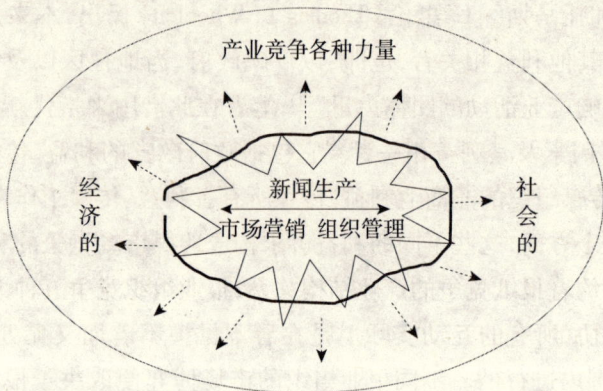

图3—4　报业组织影响力企业格式塔竞争模型图

图示:内圆圈为报业组织,虚线箭头为报业组织产生的影响力及范围,多角形为报业组织的核心竞争力。

上,不论是在采编间"构墙"还是"毁墙",西方关于报纸生产经营的各种理论最终都跟利润与良知有关,都显示了报纸"既信奉上帝又礼拜财神"①的悖论和互动,只是根据环境的不同和随着环境的变化,不同报业组织的决策和执行对此有不同侧重而已。

　　总之,新闻传媒的影响力经济本质要求报业组织在市场竞争中必须同时将经济利益与社会控制这两者纳入思考的眼光和视野中,偏废任何一方都会影响其竞争的成效以及经济功能和宣传功能的正常发挥,"教堂"也好,"国家"也好,经济效益也好,社会效益也好,对于报业组织来说,这两者最终都会在一种相互制约中找到平衡。对于中国报业组织而言,其"影响力企业"的格式塔竞争乃是围绕"党和政府宣传需要"、"社会对信息需要"和"媒介赢利需要"三个根本利益相关点,以对它们的满足协调而展开的动态发展过程,它形成了我国媒介从回避竞争到展开竞争再到走向规范竞争的质的提升。

――――――――――

① 英国广播公司(BBS)首任总裁约翰·里斯(John Reith)语,转引自[美]迈克尔·埃默里、埃德温·埃默里:《美国新闻史:大众传播媒介解释史》,展江、殷文译,新华出版社2001年版,第864页。

(二)我国报业组织"影响力企业"格式塔竞争的特点

作为核心竞争力的一种,报业组织核心竞争力也具有企业核心竞争力的一般特点,诸如价值性、内生性、延展性、难以模仿性、创新性等,由于影响力的存在决定了报业经济活动与一般企业的不同,报业组织核心竞争力的特点还得强调其社会性。应该说,东西方所有参与市场竞争的报业组织都应遵循"影响力经济"的竞争规律,也都会体现出"影响力企业"格式塔竞争的共同特点,然而其具体表现并不一样。

新闻体制取决于基本的国家制度、政治经济体制以及主管主办者新闻意图和政策指向,它们的不同决定了报业组织"影响力企业"及竞争具有不同的性质和特点。我国报业组织"影响力企业"格式塔竞争除了具有报业组织核心竞争力的共同特点,遵循"影响力企业"格式塔竞争的一般竞争规律外,还独具两个特点:一是"双法人"的市场主体身份;二是社会效益第一、社会效益和经济效益的互动统一。

1."双法人"的市场主体身份

我国新闻传媒的市场主体具有独特性,它是双法人的市场主体。

我国是社会主义公有制国家,我国新闻媒介为代表全体人民的党和国家所有并成为我国社会主义事业的一部分。借用施拉姆、列宁等人的总结和阐释,我国新闻传媒的"所有权"一直都归属"共产党及其领导下的政府",根本目的一直是"统一思想,巩固政权,促进社会的发展",基本功能也一直是"充当集体的宣传者、鼓动者和组织者"。[①] 在传媒市场化、企业化以及全球化的变革大潮中,尽管我国新闻传媒在发行、广告等经营性领域逐步放开,但其国有资产的所有权归属始终是不变的,政府也始终没有就我国新闻传媒的核心部分作出民营的或外资的任何变革或承诺,只要国家基本制度和党的使命不变,在未来相当长的时间内,我国新闻传媒的"国家属性"就绝不会动摇。

如前所述,以市场为导向的中国传媒制度变革在总体上是由国家主

---

① 参见芮必峰:《西方"媒介哲学"评价》,http://www.100paper.com/100paper/wenx-uelunwen/xinwenchuanboxue/20070627/41630.html。

导的渐进式制度变革,在向市场主体的必然转换中,不同新闻传媒在具体方式上虽然会有所差异,但意识形态导向的事业性质总体上却都是不能变的,这也是中央一直强调的"喉舌性质不能变、党管媒介不能变、党管干部不能变、正确舆论导向不能变"。因此,从最早的"事业单位,企业化管理"到当前的"产权制度改革",尽管我国报业组织的企业色彩在不断加浓,实际上却仍是在保持采编事业性质的前提下而实施的有限性企业转化,我国报业组织的现代企业身份就不是完全意义上的"法人治理",而是实行"党委领导与法人治理结构相结合"的特殊市场主体,即一种在党的一元领导下的二元决策,也即一媒体一公司的"双法人"治理,这与西方报业组织作为私营公司的市场主体身份迥然不同。

与私营报纸的私人资本不同,我国报业组织市场主体产权关系的明晰在于国有资产委托代理关系的明晰。无论党报、党台还是非党报、党台,我国新闻传媒都是党和人民的喉舌,最终委托人都是国家。以报业集团为例,其产权关系的明晰通常分两个层面进行:一是国有文化资产监管机构(国资委)与报业集团产权关系的明晰,以解决报业集团所有者缺位的问题;二是报业集团与集团各媒体、各经营实体之间产权关系的明晰,以明确集团各媒体、各经营实体的具体经营任务。据此,报业集团与各媒体、各经营实体之间必须改变过去行政隶属关系的管理模式,代之以产权为纽带建立起的母子制度,当两级"委托——代理"关系建立后,报业集团可以在国有绝对控股的情况下,以资产和业务为纽带,实施规模化、集约化、跨地区、跨行业、跨媒体经营,从而促进集团及其各媒体的发展,并进而增强竞争实力以做大做强。

目前,就集团化报业组织来说,事业集团与集团公司"两块牌子、一套班子"的运行机制已得到越来越多的认同:"两块牌子"是指在原事业集团基础上成立集团公司,政府将资产整体授权给集团有限责任公司经营,从法律上解决事业集团不能授权经营的问题;"一套班子"则指报业事业集团与集团有限责任公司作为一个整体来统一配置资源,以共同承担资产保值、增值的任务,集团内部实行编辑业务与经营业务相对分开、分别运营的机制,从而调动经营主体的积极性,并使干部的任免权、重大事项决策权、资产配置权和宣传内容终审权仍由集团党委掌握。除了报业集团以外,我国其他报业组织市场主体形式的获得也大体如此,即都存在国家资产的委托——代理关系,这种市场主体模式可视为现阶段报业组织市场主体性的一个过渡形态或初级目标模式。

毫无疑问,我国报业组织的市场竞争是承担国有资产委托经营的竞争,也就是说,我国报业组织参与市场竞争不是以商业企业的主体身份,而是以国有企业的主体身份介入的,其投资人与所有者是国家,实现的是国有资产的保值增值,因此报业组织的市场竞争不可能是完全的商业竞争,其核心竞争力的内涵并不是指一般意义上的竞争或彼此的惨烈争斗,而是指在新的时代条件下如何借助媒介优势和市场竞争解放新闻生产力和壮大自身的力量,真正提供符合民众需求的新闻信息和体现社会公器的优良影响,最终适应我国建设先进文化、弘扬主旋律的总目标要求。"双法人"这一政企合一的主体独特性直接体现了我国新闻传媒作为政治喉舌实现产业化发展的矛盾统一,显示了传媒治理结构中党管新闻和传媒市场运作有效结合的内在要求,它是当代中国新闻传媒在历史和现实语境下的双重选择,其矛盾的丰富性和复杂性还远未展开。

可以肯定的是,我国新闻传媒正处于条件尚未完全具备的"市场初级阶段",一方面它要通过建立现代企业制度来重塑市场主体,另一方面又必须将"事业性质"限定为企业化不能跨越的边界,因此作为市场主体,报业组织还不得不采用"法人代理"[1]的双重身份,这是其政治权力和资本权力博弈的结果,也是全球化情势下所采取的一种保护性发展举措,当今时代它具有社会主义中国特色的合理性。当然,随着市场的发展,我国报业组织的这一主体特性所带来的竞争悖论正不断涌现,诸如既能实现两个优势结合、两个效益兼收的整合效应,也存在产权不清、法人地位不独立等问题,这些都有待在实践中得到进一步的检验和完善。

2. 社会效益第一、社会效益和经济效益的互动统一

在各国新闻传媒竞争中,社会影响力无疑都是第一性的,但不同新闻体制下,"享有新闻自由主体"的不同使报业组织产出的社会影响力并不

---

① 赵启正:《中国媒体:发展潜力巨大的产业》,http://www. my9w. com/baoyedongxiang/bydx-yizhou55. htm.

一样,由此导致了报业竞争的不同效益追求。

西方报业组织的新闻主体是"资本家"或所谓的"具有社会责任感的报刊从业人员",由于媒介的影响力在于能在多大程度上建立意见的自由市场以及形成社会的"第四等级",因此自由主义或垄断利益集团的意志乃是西方报业组织影响力的真实面目;我国报业组织的新闻主体是"共产党及其领导下的政府",由于权力属于人民并以"党及政府"为最广大人民利益的代表,因此我国报业组织真正的新闻主体乃是党和政府所代表的广大人民群众。① 当我国报业组织以企业身份介入市场竞争时,媒介的所有者、管理者、编辑和记者等便都不是严格意义上的新闻主体,而是新闻主体的一级或二级代言人,媒介的社会影响力便在于能在多大程度上把体现党的意志同反映人民群众的心声统一起来。

就像前文已分析的,社会效益和经济效益的相容是任何报业组织持续竞争的关键,然而以上影响力内涵的区别则会导致中西方报业市场竞争具体行为的差异,它使中西方报业市场竞争社会效益和经济效益相容的含义和目的截然不同。

不可否认,美国等西方国家报业组织的采编和经营往往彼此独立,然而其整个组织机构是私营的,尽管倡导新闻专业主义使它们看起来更具有新闻道义和社会良心,但在自由主义的社会条件下,其影响力经济不得不为股东及其利益集团服务,其承担的社会责任实际上仍是针对于它们所涉及的阶层而言。因此其"受众群体"或"影响力"本质上是商品,经营的根本目的仍是追求私有企业的利润最大化,正如生活在这一制度中的人所指出的,"媒介公司的使命其实是将受众集合并打包,以便出售"②,"它们都是具有相同的商业目的的和经济逻辑的企业体系"③,其所追求或标榜的公众事业更多的是"免费午餐"的诱惑或保持赢利必要而高明

---

① 参见芮必峰:《西方"媒介哲学"评价》,http://www.100paper.com/100paper/wenxuelunwen/xinwenchuanboxue/20070627/41630.html。

② 郭镇之:《传播政治经济学理论泰斗达拉斯·斯麦兹》,《国际新闻界》2001年第3期。

③ 阿多诺、霍克海默语。转引自张锦华:《传播批判理论》,黎明文化事业公司1994年版,第13页。

的手段与策略。市场经济条件下,赢利虽然已成为我国新闻传媒竞争的基本目的,但我国新闻媒体是党联系人民群众的桥梁和纽带,这一性质决定了党的喉舌统一于人民的喉舌,据此我国新闻传媒影响力经济的本质是为人民服务、为社会主义服务,其市场竞争的首要支点是建构社会主义影响力;相应地,我国新闻传媒市场竞争不仅要获利,更要获义,不仅要获义,也要获利,它是通过社会效益而获取经济效益,借助经济效益而巩固社会效益的良性循环过程。

所谓群众的眼睛是雪亮的,"党的喉舌统一于人民的喉舌"做得越好,社会影响力越大,广告服务越有价值,报业组织越能具备经济基础,"党的喉舌统一于人民的喉舌"也就越能做得更好,报业组织也就越能得到人民的喜爱,其影响力经济就会在一种良性循环中越来越有成效。因此,我国报业组织的"受众群体"或"影响力"不仅是商品,更是新闻服务的价值主体和国有资产增值的中介,它使社会影响力也即社会效益和市场影响力也即经济效益在本质上成为有机的统一体。

阶级社会里,任何新闻传媒的经济活动都会烙上党性和阶级性的印记,如阿特修尔(Herbert Altschul)批判模式所指出的,无论是过去还是现在或是将来,也无论是"市场经济世界"还是"马克思主义世界(计划经济世界)"或是"进步中世界(发展中世界)",新闻媒介"都没有展现出独立行动的图景,而是为那些所有者和经营者的利益提供服务"[1]。西方私营报纸就整体而言,虽然仍然在想为媒介的负责任的表现以及实现它的方式作出努力,但它的基本目标仍是维持其制度赖以建立的思想的自由市场,而且经济控制远比政府控制对媒介施加的影响更为有力,因此私人资本的意旨总决定了新闻编辑方针和经营策略的赢利性,尽管他们将新闻专业主义的规定内化为对自己的约束,强调自己是全体人民和公共利益的保卫者,但他们无法真正做到为全体人民服务,其行为规范必定与某一利益集团及其所属群体服务,即便是重视社会公益效果,其影响力模式也不可能代表最广大民众的利益,这一具体差异使西方媒介最终在凸显了

---

[1]　[美]赫伯特·阿特修尔:《权力的媒介》,黄煜等译,华夏出版社1989年版,第39页。

利益属性的同时淡化了控制属性而成为典型的商业媒介。

相比之下,我国新闻工作者的行为规范是与国家利益、党和人民的利益紧密连在一起的。早在1957年毛泽东就提出了"六条标准",即"一、有利于团结全国各族人民;二、有利于社会主义改造和社会主义建设;三、有利于巩固人民民主专政;四、有利于巩固民主集中制;五、有利于巩固共产党的领导;六、有利于社会主义的国际团结和全世界爱好和平人民的国际团结",其后邓小平概括为"三个有利于",即"是否有利于发展社会主义社会的生产力,是否有利于增强社会主义国家的综合国力,是否有利于提高人民的生活水平",再其后江泽民又提出"三个代表"重要思想及"祸福论"(舆论导向正确,党和人民之福;舆论导向错误,党和人民之祸)。①这些行为规范决定了社会主义市场经济条件下,我国的报业既讲竞争又讲共赢,在我国的新闻传媒市场中,人民、先进文化、党与国家三者是内在统一的,只有坚持社会主义影响力第一的原则,兼顾事业性和商业性,我国报业组织才能实现传者、媒介、受众协调互动的有效传播和多赢格局,也只有在如此的反复中,我国报业及新闻传媒才能越做越强、越做越大,社会主义精神文明建设和新闻再生产的财富积累才能相辅相成、不断推进。

事实上,我国文化产业发展中,文化性与商品性是兼容、合二为一的,文化产业的一切产品和服务都"必须具有能够提升人类生活尤其是精神生活品质的特性",同时也要"体现文化的经济属性,发掘文化的市场潜能,实现文化的经济价值"②,作为特殊的文化产业,新闻传媒的意识形态性与经济属性也互为因果不得偏废。总之,当今国家办传媒的目标是两个:一是宣传以确保正确的舆论导向;二是获利以确保国有资产保值增值。因此,我国报业组织要同时在两个领域内运行,意识形态领域要求报业把社会效益放在第一位,市场领域则要求报业按市场规律运行,在市场竞争中实现报业社会效益与经济效益的统一。于是,在以"新闻"和"广告"共生关系为基础的市场竞争中,我国报业组织竞争不是一般的商业传媒竞争,

---

① 参见孔令华:《理念·规范·方法:中西方新闻客观性差异之比较》,http://www.66wen. com/05wx/xinwen/xinwen/20060820/33867_2. html.

② 欧阳友权主编:《文化产业通论》,湖南人民出版社2006年版,第5页。

而是以社会效益为前提的义和利、社会效益和经济效益的互动统一。当然，由于我国新闻传媒市场主体二元悖论的存在，市场竞争中如何做到社会效益和经济效益的良性互动还存在诸多问题，但这并不意味着我国新闻传媒社会主义影响力经济的本质及其市场竞争的根本性质就会改变。

四、本章小结

根据核心竞争力的含义，报业组织核心竞争力应是一个整合的事物或概念，它不能等同于报业组织所拥有的某些资源或能力，更不能等同于这些因素的简单相加。从人们关于传媒核心竞争力的各种界定或解释中不难发现，尽管有不同的看法，但可以肯定的是，报业组织核心竞争力是报业组织专有的，能在市场竞争中获得赢利和持续发展的复合性、整体性能力，即使某些领导和研究者对某一方面有所强调，他们所表达的实际上也只是整体能力中各自最为看重的因素或核心竞争力的某些外在得力点而已。

报业是特殊的产业，新闻传播的固有属性和社会分工决定了报业作为产业的本质是影响力经济，报业组织经济运行的奥秘在于其所能产生的影响力及影响力营销，也即通过对影响力的生产、培育、交换来实现所期待的经济目标，而其首先考虑的应是"什么是好的，有道德的；什么是不好的，不符合社会道德的"等价值判断问题，也即基于报纸使用价值之上的公众影响力问题。由于报业组织作为"影响力企业"存在的特殊性，报业核心竞争力是一种"影响力企业"格式塔（知觉整合）竞争，无论东西方，报业组织在市场竞争中都会同时具有商业和文化事业的双重性质并体现出社会影响力和市场影响力的两个维度，其核心竞争力的大小在于如何在"利益←→控制"的二元构架中去实现各方因素的对立统一。

市场主体的双法人地位及其市场竞争"义"与"利"的双重取向是我国报业组织核心竞争力的特性，也是我国新闻传媒全球化、市场化、产业化发展的必然结果，只要人民的新闻利益与当前的国家利益、市场性质保持一致，这种双轨制的主体身份及竞争行为就不容置疑。目前条件下，我国报业组织两个效益的市场取向与"双法人"主体身份的构建无疑互为因果,在这种独特的二元结构体系中,我国报业组织的事业法人面向意识形态领域,追求报业的社会效益,企业法人面向市场领域,实现报业的经济效益,如何在这一"戴着脚镣的舞蹈"中期以独立之精神,发挥企业化之功效,完美地实现社会效益和经济效益的双赢,乃是社会主义市场经济条件下中国新闻传媒开创性的工作。报业组织"影响力企业"格式塔竞争要做的,乃是在"三个贴近"新闻思想指导和对传媒影响力经济规律的把握下,不断去开拓和前行。

第四章　我国报业组织核心竞争力
识别及构建模型

在报业组织的格式塔竞争下,报业组织核心竞争力能予以识别,主要识别方法有结果考察识别和因素分析识别,从外部来看可总结为品牌识别,从内部来看则归结为关键活动识别,基于格式塔的整合性,总体上其识别在于多方法识别和综合性的指标体系识别。核心竞争力的构建即企业竞争行为的格式塔展开,是企业的系统工程,由于任何企业都要生产或创造顾客价值和自身价值,因此价值链构建是核心竞争力格式塔构建的基本原理。报业组织的价值链具有文化企业和传媒企业的各种规定性,其核心竞争力构建呈现出以"经济利益←→社会控制"平衡为核心的多因素协同的价值链链状球体动态运行模式。

一、我国报业组织核心竞争力的识别与评价

(一)核心竞争力识别与评价的一般方法

格式塔内生整合的特点使核心竞争力的识别和评价比较困难,也呈现出多样性,目前还没有完全能对其进行精确判别和度量的专门方法和标准。尽管如此,在企业实践和理论研究中,人们还是总结、探讨了识别或评价核心竞争力的一定原则、方法和途径,并体现出不同的角度和标准。

对于大多数国外学者而言,核心竞争力的特点往往就是核心竞争力的识别标准或原则,其识别途径主要有以活动为基础(阿迈·辛德、威廉姆·艾伯伦,1999)的识别和以技能为基础(安德鲁·坎贝尔、迈

克尔·古尔德, 1999）的识别, 而且国外对核心竞争力测量、评价和建构的阐述已相当丰富, 它们都从不同方面提供了核心竞争力识别评估的方法和依据。根据有关学者的归纳, 国外现有的企业核心竞争力识别及测量评价方法可以分为非定量描述法、半定量方法、定量方法、半定量与定量相结合方法等四类。① 国内学者在如何识别、评估核心竞争力方面大多善于参考借鉴国外的相关观点, 并有一些基于本国实情的阐发, 经笔者整理, 国内学者关于核心竞争力识别评价的主要方法与途径见表4—1所示。

表4—1 国内核心竞争力识别方法、途径一览表

代表人物	观点
方统法	核心竞争力的识别应该从有形和无形、静态和动态、内部和外部等多角度、多层次着手, 提出了核心竞争力内部识别和外部识别相结合的系统识别方法, 例如内部识别包括价值链上主要增值活动识别、关键业务技能识别、无形资产诸如品牌、渠道、文化、结构和程序等识别以及特有知识识别; 外部识别包括核心能力的顾客贡献分析识别和核心能力的竞争差异分析识别等。（2001）
张新华 范 宪	核心竞争力可以表征或外显为市场预测能力、研究开发能力、资源整合能力、生产制造能力、产品营销能力、经营管理能力、资金投入能力、企业文化氛围、战略决策能力、价值增长能力、组织学习能力等各单项能力, 而企业的实践经验、重要资源和专门技术是整合核心竞争力的关键要素。他们也提出了识别核心竞争力的系统方法, 指出企业的核心竞争力要得到市场承认必须通过企业核心产品和最终产品反映出来。（2002）
魏 江	企业核心能力的表现形式有格式化知识、能力、专长、信息、资源、价值观等, 这些不同形式的核心能力, 存在于人、组织、环境、资产/设备等不同的载体之中, 而核心能力正通过企业的研究开发活动、生产制造活动和市场营销活动反映出来。（1999）
祝 方	借鉴阿迈·辛德、威廉姆·艾伯伦关于核心竞争力定位的观点, 识别核心竞争能力的关键在于识别关键活动, 即识别那些能够对最终产品提供高附加价值的企业活动。（2000）
郭 焱 郭 瑞	核心竞争力的识别可以从评价相关的企业生产过程和经营活动开始, 用基于AHP指数标度法构造了财会绩效和非财会绩效评价模型来定量识别企业的核心竞争力。（2004）

① 参见王毅、陈劲、许庆瑞:《企业核心能力测度方法述评》,《科技管理研究》2000 年第 1 期。

续表 4—1

代表人物	观点
景　柱 曹如中 彭福扬	企业核心竞争力可以从市场、技术和管理三个层面来评估,市场层面主要包括核心业务和核心产品两个方面,技术层面主要指核心技术或创造核心技术的能力,管理层面主要指企业的成长能力。(2004)
鲁开垠 汪大海	企业核心竞争力应从核心技术能力、应变能力、组织协调能力和企业影响力四个方面来评估。(2001)
杨静雷	从技术能力、管理能力和集体教学能力等三个方面来进行评估。(见童利忠等编著:《企业核心竞争力新论》,人民邮电出版社 2006 年版。下列陈晶璞、宋之杰、赵卫红、姚俊梅的观点皆参见此书)
季玉群 黄　鹂	多层次模糊综合评价法。(2004)
陈晶璞 宋之杰	基于四个识别特征,即先进性、延展性、路径依赖性、价值性的权重指标评价法。
赵卫红	四指标评价,包括价值创造性指标、拓展性指标、独特性指标、自学习性指标。
姚俊梅	基于标杆法的核心竞争力评价梅图法和波图法,从五个方面,即规模实力、市场开拓能力、学习与创新能力、经营管理能力与政策支持度来评价。
童利忠 丁胜利 马继征	ABC 三级评价指标体系。(2006)

　　按照学者陈海秋的总结,目前企业竞争力评价的方法至少在 20 种以上,分为单项指标评价法和综合指标体系评价法,金碚的因素分析法、对比差距法、内涵解析法,胡大立的模糊综合评价法、灰色多层次评价法,聂辰席的综合指数评价法都具有一定的代表性。企业竞争力评价指标体系的具体设计则有金碚指标体系设计法、胡大立指标体系设计法、张金昌指标体系设计法、李友俊等人的指标体系设计法、贾玉花等人的指标体系设计法、张晓文等人的指标体系设计法等。①

　　若从方法论的角度来看,企业核心竞争力的多种识别方法可以分为五种途径,即结果分析法、因素分析法、标杆测定法、内涵解析法、历史分

---

① 参见陈海秋:《企业竞争力的评价方法与指标体系研究述评》,《学海》2004 年第 1 期。

析法。

　　结果分析法是从直接反映传媒市场地位的数值如市场占有率及增长率、赢利能力、规模与发展能力等来衡量媒体市场竞争力的高低;因素分析法是一个由表及里的分析过程,使用因素分析法就是尽可能地将决定和影响传媒竞争力的各种内在因素分析出来,成为可以统计的数值指标,该方法有以单项因素为基础和以多项因素为基础的两种分析途径,以多项因素为基础的分析方法往往形成核心竞争力的评价指标体系;标杆测定法又称对比差距法,是将企业与企业之间影响竞争力的同类因素放在一起加以直接对比,从而确定某一企业竞争力水平的高低;内涵解析法是对一些难以直接量化的因素采取专家意见或者问卷调查的方法来进行剖析,它主要是一种定性分析;历史分析法更突出企业历史发展过程中的前后比较。

　　以上识别方法既有定量的也有定性的,前面提及的结果分析法、因素分析法、标杆测定法基本上运用的是定量分析,内涵解析法则以定性分析为主。核心竞争力具有知识性、辐射性、不易仿制性和独占性等特性,在进行以上识别时可以综合考察是否具有这些特点。总体上说,核心竞争力必以市场成功为最终衡量准则,它必定会导致订单量、销售额、利润额、市场占有率等一定的外部市场效果和顾客忠诚度、社会口碑之类的模糊效应;由于核心竞争力是一种综合的素质与能力,市场竞争中其各类因素的整合往往会凸显出某个或某几个得力点,从而使企业表现出与众不同的某能力强项或资源优势;同时,随着管理学、经济学等各种理论、学说的发展和应用,人们对于识别、判断核心竞争力也有了更多科学有效的方法和工具。

　　因此,笔者以为,现实的市场行为与活动中,识别、评判核心竞争力的途径或方式主要有三种:一是结果识别,即通过产品市场份额、市场拓展等市场成效及企业社会反响来检测;二是标杆测定与内涵解析,即分析并比较企业或组织的某些显著特征或表层竞争力,如核心技术、有魄力的决策层、先进流程与管理、强大的市场营销能力等;三是多项因素分析,即运用多种科学方法,如模糊评价、AHP 评价、THIO 指标体系评价等来进行识别。

(二)我国报业组织核心竞争力识别与评价的主要方法

报业组织核心竞争力的识别与判断是综合性很强的复杂行为,这不仅因为报业组织核心竞争力格式塔竞争具有政治和经济的双重复杂性,也因为在不同的报业运行环境和发展阶段,对报业组织核心竞争力的识别与考量标准会不同。

当今时代,我国报业组织的市场竞争可以归纳为四个字,即:做大做强。做大就是把报纸的规模做出来,例如把发行量做上去,把广告额做上去,把报业的印务与多种经营等整个营销额都做上去;做强,就是把报纸持续的公信力和影响力做出来,把整体的品牌做出来。做大、做强的确定和识别最终都要经由市场认可和读者选择,因此其竞争力所导致的经济力、感召力和凝聚力可以通过发行量、广告额等市场指标,通过经济效益和社会效益的各绩效数值,借助各种统计分析、总结报告、调查问卷及受众访谈等方法体现出来。

笔者以为,就操作来看,像大多数企业一样,人们识别与判断报业组织核心竞争力也大致能从以上三种途径进行,即从报业组织的外部绩效、内涵解析以及多因素分析来进行衡量评价,不论是结果识别还是内涵解析,它们都应既包括定性识别,也包括定量识别,由于以影响力格式塔竞争为基础,社会影响力与市场影响力应是从外部识别报业组织核心竞争力的两个主要维度,而这些除了专家意见、民意调查以外,还需要充分的数据及统计。

从定量的角度来看,2002—2003年,受国家新闻出版总署委托,以金碚为首的中国经营报社竞争力工作室承担了"中国报业竞争力监测"的任务,其思路和方法为目前识别评价报业组织核心竞争力提供了重要的参考。

"中国报业竞争力监测"侧重数值的分析和推理,其第一步是确定调查样本,即确定哪些报纸是监测的对象,项目组首先选择的是晚报都市报类报纸,之后扩展到城市生活服务类周报、行业报;第二步是建立分析模型,项目组采用中国社会科学院工业经济研究所建立的企业竞争力监测系统,根据报业的特点以及数据的可获得性加入一些反映报业特点的指标,建立了一个针对报业的竞争力监测模型;第三步是确定数据来源,项目组选择了三组数据来源:一是由国家新闻出版总署编发的《中国新闻出版统计资料汇编》对前一年报业情况的反映,二是慧聪媒体研究中心提供的年度全国报刊广告见刊额,三是央视市场研究有限公司媒体部前年秋季到当年春季全国读者调查数据结果中的"阅读率"指标。

具体监测过程是:首先选择经济运营状况较好的二百余家都市生活类报纸,然后对新闻出版总署当年年检数据库中间的异常数值进行核对或剔除,确定160家进入监测范围,按报业竞争力监测模型计算出前30名,再加入广告强度指标得出基础指标监测结果(在综合得分中占70%的权重),在基础指标结果的基础上,再加入央视调查指标得出的阅读率指标(占30%权重),计算出得分最高的前20名。从统计技术上说,这20种报纸即目前可以量化表现出来的国内竞争力最强的都市类报纸,也即核心竞争力最强的报纸。

在竞争力监测中,广告见刊额主要代表了市场影响力,也即市场赢利能力,它本身已包含了社会影响力的因素,阅读率则纯粹代表了社会影响力,项目组是综合两方面因素来对报业组织这一特殊的影响力企业作出竞争力的识别的。2006年9月,新闻出版总署传媒发展研究所接替金碚等人着手进行"第四期中国报业市场竞争力监测"工作,便从基础能力、发展能力和影响力三个主要方面来进行测量和分析。

在具体分析方法和数据获取上,央视市场调查媒介研究部(CTR)、新生代市场监测机构媒介研究部(CMMS)等研究机构提供了很好的参考。例如都市类报纸读者调查中,央视采取的方法是,调查对象为15岁以上常住城市居民,抽样方法用概率规模比例方法(PPS),访问方法为入户面访,加权方法则按照城市不同性别、年龄的人口数和家庭户规模加权。CMMS的调查抽样方法则是:按照居住在不同城区的15—64岁成年人口密度分配样本,按照统计学的原理进行随机抽样,各行政区的访问样本数量按人口比例分配,在行政区划图上,划分等面积小块编码后随机抽取,所选小块的数量是该行政区样本量的十分之一;抽样员按右手原则隔十抽一的抽取被访户,并填好地址表和绘画地图,以便访问员能找到这个地址;在所选的被访户中,将15—64岁的家庭成员按年龄排列名单,通过坐标式随机表最终确定被访者。

　　以上方法在细节方面为识别报业组织核心竞争力提供了量化的科学支持。

　　从定性的角度来看,笔者以为所有以上外部识别最终归一为报业组织品牌的树立。品牌(Brand)一词源于古挪威语,原意为打上烙印以区分不同生产者的产品或劳务。根据美国市场营销协会(AMA)和市场营销专家菲利普·科特勒(Philip Kotler)对该词的权威定义,品牌是一种名称、术语、标记、符号或设计,或者它们的组合运用,其目的是借以识别企业提供给某个销售者或某群销售者的产品或服务,并使之同竞争对手的产品或服务区别开来。① 品牌具有识别意义,但它不是简单的视觉识别、感官识别或名气识别,而是企业及其所提供的商品或服务质量与情感诉求的综合标识,代表了认识度、美誉度、忠诚度、信任度、追随度、持久度等度量标准,包含了品名、品标、商标、名称、属性、包装、价格、历史、声誉、广告方式等多种因素。品牌既是企业对消费者的质量承诺,也是企业优良形象与所获消费者信任和忠诚的体现,它是企业所有关系利益人互动的产物,既可以有形度量,更存在于"关系利益人的内心和想法中"②,凝集为一种发自内心的拥护和爱戴。因此,正如美国品牌策划大师大卫·爱格(David A. Aaker)所界定的,品牌像人一样具有个性和感情效果③,它不仅是产品、企业、人和象征的综合,也是企业核心竞争力的最终体现,品牌越强核心竞争力也就越强。日常生活中,品牌通过产品或服务的深入人心或有口称道体现出来,它是识别企业核心竞争力最感性最直接同时也是最世俗化的方法。

　　品牌是报业组织核心竞争力外部识别的最终标准。媒介品牌是联系媒介组织、媒介产品与媒介消费者关系的纽带,一个强势品牌代表着该媒介在消费者中的高知名度、高美誉度与高忠诚度,是该媒介"可形成受众

----

① 参见中国政务信息网提供的文章:《品牌的定义》,http://www.ccgov.net.cn/asp/zww/zww.asp?id=1714&flag=106.

② [美]汤姆·邓肯、桑德拉·莫利亚蒂:《品牌至尊:利用整合营销创造终极价值》,廖宜怡译,华夏出版社2002年版,第15页。

③ 参见中国政务信息网提供的文章:《品牌的定义》,http://www.ccgov.net.cn/asp/zww/zww.asp?id=1714&flag=106.

与消费者忠诚的有形和无形(因素)的混合"①。品牌本是市场经济发展的产物,经济学意义上的品牌总是与企业和商品相关,因为媒介的特殊性,媒介品牌常体现为事业性品牌和商业性品牌两个向度。前者以公共服务为基本特征,注重社会价值而并不注重市场价值,资源补偿主要依靠国家拨款、政策优惠或公民税费,其品牌形成是靠纯粹新闻传播中的社会影响力;后者则表现为社会价值和商业价值的双重性,即既要提供公共服务,也要获取商业利润,资源补偿主要依靠以市场为基点的新闻运营,其品牌形成既依赖新闻生产消费过程中的社会影响力,也依赖新闻生产消费过程中的市场影响力。报业组织品牌是报业组织市场属性和社会属性的综合体现,也是报业组织与受众及其他消费者的关系契约,是报业组织客观差异与人们主观认知的统一体。因此,尽管报业组织核心竞争力的品牌识别指的是商业性品牌识别,但它是报业组织社会影响力和市场影响力平衡协调的结果,在日常生活中,其识别取决于受众对它普遍一致的认识、印象及经验。

报业竞争力监测为识别报业组织核心竞争力提供了很好的借鉴,然而仅有监测和品牌识别是不够的,就报业组织的管理者及相关人员而言,识别组织的核心竞争力还得有更为深刻和严格的地方,除了以上外部识别和判断外,还必须从内部活动来识别和鉴定本组织的核心竞争力,也即弄清核心竞争力究竟来源于组织何处。某种意义上,只有正确的识别和鉴定核心竞争力来自于哪里,也即能识别那些能够对最终产品提供高附加价值的组织活动,企业才能有效地建构企业核心竞争力。

内部识别具有模糊性。由于企业总是要通过生产或服务来创造价值,企业生产活动也更易于观察和评估,据此报业组织核心竞争力的内部识别更多地侧重于关键活动识别,即鉴定出导致其品牌形成的关键活动,这些关键活动是对报业组织经济效益、社会效益乃至政治效益的综合判断,它存在于报业组织的价值链运作中,由于下面还要专门对报业组织价值链进行分析,这里暂时先不作展开。

总体而言,报业组织核心竞争力的实质在于让受众获得更多的受众

---

① 邵陪仁、陈兵:《媒介战略管理》,复旦大学出版社2003年版,第143页。

剩余价值,也即信息消费剩余价值,一次完整的价值创造过程是二次销售过程,而受众剩余价值则主要体现为一次销售时受众购买和阅读报纸过程中所感觉到的满意程度与其购买和阅读该报纸所实际花费的成本的差额。依据影响力经济原理,满意程度的高低由报纸内容的数量和质量、内容的表现形式以及其他相关服务而决定,成本的大小则包括支付的货币价格、搜寻、选择、运送等交易成本和阅读所耗费的时间。

　　显然,报业组织格式塔竞争的关键活动分布于如何能抓住读者满意和关注的那些环节中,鉴于定价的低廉实惠及广告化经营是普遍采用的,报业组织的关键活动,或者说能聚集读者的满意和关注的活动便主要包括:新闻报道的内容生产(包括版面安排和报纸形态等)、发行的便捷畅通、杰出人才的拥有、社会活动的参与、广告服务的推广等。其中内容生产与发行销售都与市场运作有关,也都需要财务、机制等的保障,因此其关键活动无非仍是内容生产、市场营销和内部管理等若干个环节,尤以专业而特色的新闻报道、全面覆盖的发行网、有意义的公益参与、先进的机制安排等为重,报业组织应通过对其单项的和综合的考察而辨识出组织所拥有或所能拥有的关键活动环节,并加以保持和优化。以上内部识别既有企业文化、员工士气、组织成长等定性分析,也有诸如生产率、财务管理、发行任务、广告任务、员工工资等定量分析,某些指标如发行量、广告额等和外部识别指标是一致的。

　　格式塔竞争本是一种很内在、很系统的行为,影响力又是带有模糊性的事物,因此识别报业组织核心竞争力一定要以更全面更系统的眼光来看待。其内部识别和外部识别应结合进行以相互印证说明。在内部和外部识别中,不仅定性分析要全面中肯,监测数据和监测模型也要尽可能地准确和不断完善,从操作和技术上说,如果相关监测结果能达到80%—90%的可信度,那么竞争力的强弱也大致是可信的。

(三)我国报业组织核心竞争力识别与评价的指标体系

　　格式塔竞争具有内在性和综合性,要进行识别评价,就是要使其内在性尽可能显现出来,成为可感知的属性,因此识别与评价报业组织核心竞争力需要量化指标,即"对其综合性的属性进行分析或分解,尽可能指标化，成为可计量的统计数值"①，也即需要通过经济学方法来辨识报业组织核心竞争力，使其借助可以计量的统计数值或可以比较的项目更容易为人们感知。这些量化指标也就是不同的细分识别方法，它们的设计、选择与组合，直接决定了报业组织核心竞争力识别的质量和效果。

评价指标可以分为内涵性指标和外延性指标两类，内涵性指标往往是定性分析的结果，外延性指标则是定量分析的数量指标。本文所指的指标包含了两个方面，侧重于外延性指标，由于核心竞争力具有的格式塔性质，也即整合性、内生性与延展性等特性，报业组织核心竞争力识别评价指标势必不是一两个指标就能评价出来的，而是包含了若干方面的数值而自成一个体系。

金碚等人从报纸宏观管理和政府管制的角度出发，在2003年已建立了一个《报纸评估指标体系》，该体系实际上也就是报业组织竞争力评估指标体系。其全部指标分为硬指标和软指标两类，硬指标包括广告、发行、销售收入和总印张数等细项，软指标则是指和读者心理满足等相关的因素。自2004年起，新闻出版总署报刊司主办的我国报业竞争力年会上，报刊司用它来评估报纸前一年度的竞争力状况，并遴选出竞争力10强或20强。

就硬指标来看，2002年12月底报刊司下发到各地新闻出版局的中国报业业态调查问卷中有所体现，它包括报社概况、下属实体、下属其他实体、人力资源、技术装备与物资、发行网络、竞争状况等六大指标体系，每部分都有很多细分项，总体上注重从发行、广告以及报业组织的规模如人员、装备、技术、实体产业等方面来进行衡量。

就软指标来看，"阅读率"是重要的一项，其他还包括读者忠诚度、报纸公信力、读者构成、传阅率等各个方面。为了更全面地说明问题，笔者以为，可以综合学者赵彦华关于传媒市场评价指标体系的设计和丁和根关于传媒竞争力定量考察的思路与方法，来对报业组织核心竞争力进行具体的识别评价。

---

① 金碚:《竞争力经济学》，广东经济出版社2003年版，第24页。

　　赵彦华侧重从报业组织现实竞争中统计数值的角度来对报业组织市场影响力进行测量,她设置了报刊产品消费量、读者忠诚度、广告及经营评价、读者资源状况、报刊产品质量评价、成本收益评价等报刊市场评价七大类共28个指标,并对报刊传播的市场有效性及其相关指标进行了阐述;①丁和根则侧重从竞争力本身的显示性内容入手来分析和揭示报业组织的竞争力,其观点和企业核心竞争力识别的一般原理很接近。根据他的阐述,考察传媒竞争力的强弱可以从结果和原因两个大的方面来进行,反映传媒竞争结果的指标称为传媒竞争力的实现指标,反映传媒竞争力结构要素或原因要素的指标称为传媒竞争力的因素指标,它又可以分为直接因素指标和间接因素指标。传媒竞争力实现指标包括媒介产品的发行量或收视、收听率及其增长率,媒体获得利润的多少,媒体生存能力的变化等三个方面,前两者可以直接观察和测量,后者则应通过分析媒体的生产率、生产成本、技术水平、人员素质、决策和管理能力等间接观察,总体上传媒竞争力实现指标可以归纳为市场占有率、固定市场份额模型指标(CMS指标)、显示性比较优势指标(RCA指标)、总收入、净利润。传媒竞争力直接因素指标反映的是传媒产品在市场竞争中拥有的实力或已实现的竞争力的直接解释变量,包括价格、产品(服务)质量、媒体品牌、媒体市场营销;间接因素指标反映的则是传媒在市场竞争中蕴涵的潜力或已实现的竞争力的间接解释变量,包括成本、技术、经营管理水平、媒体规模、资本实力等。传媒竞争力指标体系的因果关系分析可以在一般经济分析、产业经济分析和技术经济分析三个不同层面上展开,微观的传媒竞争力分析以技术经济分析为主,一般经济分析与产业经济分析渗透或重合于其中。②

　　综合他们的分析与归纳,报业组织核心竞争力识别、评价指标体系可分为实际指标系统、直接因素指标系统、间接因素指标系统三大类,如表4—2所示。

① 参见赵彦华:《媒介市场评价研究》,新华出版社2004年版,第89—111页。
② 参见丁和根:《传媒竞争力——中国媒体发展核心方略》,复旦大学出版社2005年版,第106—107页。

表4—2　报业组织核心竞争力识别指标体系

实际 指标系统	市场占有率	发行量、CMS 与 RCA 指标、有效传播指标
	总收入	广告收入、发行收入、经营收入
	利润	净利润额
直接因素 指标系统	价格	每份报纸定价、广告版面实际定价
	市场营销	报纸到达读者的速度、销售点数量、代理机构数量、促销新手段、读者渗透率、读者资源状况及满意程度
	品牌	传阅率、品牌知名度、忠诚度、美誉度
间接因素 指标系统	环境	政策扶持力度、所在地区经济发展水平和人文状况
	成本	综合资金成本、平均人工成本、成本费用利润率（单位产出成本、运行成本、收入支出合计）
	规模	固定资产原值及净值、流动资产及平均余额
	技术	技术改造投资、机器设备平均役龄、设备先进程度、新技术采用率
	人力资源	员工学历构成、职称构成、再教育费用及时间
	企业文化	媒体的社会责任感、员工核心价值观认知度、高层管理者的企业家精神
	经营管理	领导班子工作效率、员工激励措施与强度、高层管理人员报酬水平、营销人员占总人员比重、内部信息沟通能力
	报纸成长性	读者遗憾度、报刊涵盖率、总资产及总收入增长率、广告增长率、资产负债率、数字化报业程度

（左侧纵向大括号标注：报业组织核心竞争力）

资料来源：丁和根：《传媒竞争力——中国媒体发展核心方略》，复旦大学出版社 2005 年版；赵彦华：《媒介市场评价研究》，新华出版社 2004 年版。

　　笔者以为，在已有研究的基础上，丁和根搭起了传媒竞争力指标评价的整体框架，赵彦华则提供了指标设置和定量分析的具体方式和方法，它们既有软指标，也有硬指标，和金碚以及各研究机构的数据选用之间有交叉重合和补充说明之处，下面就这一系列指标体系中的几个主要指标作一简要说明①。

1. 发行量指标

评价报刊产品消费量的主要指标是报刊发行量。

发行量是对报纸期刊发行数量进行统计的数字,又称为发行份数,是目前衡量纸质媒介办得成功与否时用得最多的一个指标。根据发行时间长短的不同,发行量可分为四种不同的统计方法:

期发量——指报纸每期的发行份数,它是发行的总量指标,由各报业组织根据自己最多或最少的发行量而统计出最高期发数或最低期发数;

月平均期发数——一个月内的平均发行份数,它是一个平均指标,其计算方法是:月平均期发数 = 一个月内的总发行数 ÷ 当月天数。在西方许多国家,ABC(报刊发行核查局)要求会员中属于全国性的报刊发行量每月公布一次,月平均期发数因此是非常有意义的指标;

年发行总数——当年的总发行量,由每天的发行数累计而成或由12个月的月平均期发数累计而成;

年度平均期发数——一年内平均每期的发行数,计算方法与月平均期发数相似,只是周期为一年:年度平均期发数 = 一年内的总发行数 ÷ 当年天数(365天)或者年度平均期发数 = 一年内的12个月的平均期发数 ÷ 12。

与这四个指标相关的还有:

宣称发行量——由报刊自身根据实际印刷量扣除未发行份数所宣布的发行量;

稽核发行量——由独立第三方对报刊发行量加以查证后所提供的发行量数据;

订阅发行量——印刷媒体发行量中属于长期订阅部分的发行量,分为家庭订阅发行量和单位订阅发行量;

零售发行量——印刷媒体发行量中属于单期购买部分的发行量,主要指报摊购买的读者;

———————————

① 主要引用赵彦华《媒介市场评价研究》、丁和根《传媒竞争力——中国媒体发展核心方略》等书中的相关阐述。

赠阅发行量——印刷媒体发行量中属于赠阅部分的发行量。

以上九个细分指标中,年度平均期发数作为统一的报刊发行量评价指标对于衡量报刊发行量最有意义,而稽核发行量最为公正可信,对于衡量报纸的竞争力作用也最重大。一般情况下,在有正规报刊核查机构的国家,年度(月度)平均期发数就是订阅发行量、零售发行量、赠阅发行量的总和,没有 ABC 之类机构的国家,大多数报社往往用的是宣称发行量,它往往要大于实际发行量。

2. 读者资源状况及忠诚度指标

读者资源状况是指读者数量、读者的内部结构状况和读者报刊的有效接纳情况,读者报刊的有效接纳情况后文将作交代,这里介绍读者数量和读者内部结构状况等方面的相关指标。

读者数量是对搜集的原始资料经过分组汇总得到的总计读者数量,也可以是一定时期内读者的平均统计数。读者数量反映了一个国家、一个地区、一个城市或一家报刊的读者总规模,其大小标志着报刊在传播市场的空间维度上的容量大小。读者内部结构状况指受众总体的组成状况,通常用百分比表示不同类型、不同层次的受众在总体中所占的比例,它们包括:性别构成、年龄构成、职业构成、地域构成、文化程度构成等。读者构成及其变动情况反映了报刊的读者特色或市场类型,它往往是评价报刊市场潜力很有参考价值的指标。

忠诚度即读者对媒体的依赖和信任,它可分为行为忠诚度与情感忠诚度两类。行为忠诚度指受众"由于特定媒体的传播营销之于读者的方便性"而造成的"接触某个媒体的稳定程度",情感忠诚度指受众由于"特定媒体的传播内容对于其目标受众的价值亲和力"而造成的"对于特定媒体的价值与情感认同程度"。① 忠诚度通过受众与媒体日常的实际接触时间体现出来,指标越大说明受众对媒体的忠诚度越高,报纸影响力也就越大。表明媒体忠诚度的有如下四个细分指标:

读者平均每周阅读天数——读者阅读某种报刊的天数在一周(七天)中所占的比例;

---

① 喻国明:《媒介的市场定位》,北京广播学院出版社 2000 年版,第 295 页。

读者实际接触报刊日平均时长——某地区或某城市读者在一天24小时之内实际接触各类报刊的平均时间长度,它表明读者每天花在报刊上的总平均时间在一天中的比重是多少,计算公式为:读者实际接触报刊日平均时长(小时/天)=读者在一天内接触各类报刊的总时间数÷24小时;

读者实际接触报刊月平均次数——某地区或某城市读者在一月(30天)之内实际接触各类报刊平均次数的多少,它表明的是读者每月接触该报刊的总次数在一个月中的比重是多少,计算公式为:读者实际接触报刊月平均次数=读者在一定时期(月)内实际接触报刊的总次数÷30天;

读者报刊实际接触频度——各类报刊中接触某一报刊的次数及占报刊总接触次数的比重,它往往说明读者对某一报刊的心理依赖程度。计算公式为:读者报刊实际接触频度%=读者在一定时期(周/月)内接触报刊的次数÷读者在同一时期(周/月)内接触报刊的总次数×100%。

以上读者忠诚度指标中,行为忠诚度与情感忠诚度有时是统一的,有时则可能分离,当技术进步和发行普及使媒介获取日愈方便时,情感忠诚度在很大程度上影响甚至主宰着报纸竞争力的强弱。

产品质量及品牌指标体系也能从读者消费的角度来分析,它包括如下几个方面:

报刊的品牌知名度,即第一提及率——同类报刊中,读者首先想到的报刊品牌和提示知名度——受众是否听说过某报刊品牌?

读者对该报刊的理解程度,即读者对该报刊表达内容的回忆程度和读者对该诉求的理解程度。

读者对该报刊的美誉度,即读者喜爱率——读者是否喜欢看该报刊、读者认同度——读者对该报刊内容诉求的认同程度、读者提及率——读者是否和朋友家人一起说过该报刊?

以上指标体系通常要借助问卷调查或访谈等方式获得,它们是衡量报刊核心竞争力很重要的指标,品牌知名度更是报刊核心竞争力的直接社会显现。

3. 有效传播指标

有效传播是对传播有效性的衡量,它是报纸核心竞争力最为重要的科学考察指标,通常包括读者(受众)有效接纳状况、报纸发行有效性和报纸市场占有率。

读者(受众)有效接纳状况的指标有如下几个:

阅读人口——即实际读者覆盖人数,指报刊每期的总接触人口,包括通过订阅、零购或传阅等任何方式接触报刊的人口。计算公式为:实际读者覆盖人数＝订阅人口＋零购人口＋传阅阅读人口,其中传阅阅读人口指以传阅方式接触报刊的阅读人口,单位订阅往往对传阅人口多少有很大的影响。

读者人口覆盖率——即报刊读者平均每期阅读率,指某一地区、某一平面媒体在发行周期内,平均每期阅读该媒体的读者占该地区所有人口的比例。计算公式为:读者平均每期阅读率＝某一地区、某一报刊在发行周期内平均每期阅读该报刊的读者人数÷该地区所有人口。读者人口覆盖率是衡量报刊发行范围的重要指标,要提高报刊的影响力,就必须提高报刊的读者人口覆盖率或平均每期阅读率。

读者传阅率——传阅率反映的是实在的阅读人群,指印刷媒体中平均每份报刊被传阅的次数。计算公式为:读者传阅率＝某报刊阅读人口÷该报刊的总发行量×100%。报刊的价值在于实际阅读人群,因此传阅率在一定程度上反映了该报刊受欢迎的程度。

报纸发行有效性的指标有两个:报刊的有效发行率和发行总效率。有效发行率表明报刊发行总量中"有效发行"所占份额的大小,发行总效率则表明每一份发行量所带来的广告收入量的大小。

报刊的有效发行率——能够产生广告效益的报纸发行量占报纸发行总量的比例。计算公式为:报刊的有效发行率＝能够产生广告效益的报纸发行量÷报纸发行总量×100%。

报刊的发行总效率——报刊广告收入总量占报刊发行总量的比例。计算公式为:报刊的发行总效率＝报刊广告收入总量÷报刊发行总量×100%。

从纯经济的角度来看,要提高报纸的有效发行量,报纸发行就必须面向广告,哪些区域的发行能带来高额的广告回报,就要把发行重点安排到哪些区域。

实际上，每一具体报刊的有效传播通常采用直接具体的市场占有率指标。市场占有率也即报刊的受众有效接受面，又称"市场份额"，它既是报业组织市场地位最直观的体现，也是反映报业组织发行与经营业绩的最关键指标之一，因此对报刊市场竞争至关重要。市场占有率包括发行市场占有率、广告市场占有率、零售市场占有率等多个方面，它们又可从全部市场占有率、可达市场占有率、相对市场占有率（相对于三个最大竞争者）、相对市场占有率（相对于市场领先竞争者）等几类。

全部市场占有率——某一报刊市场份额占全行业份额的百分比，要以零售报刊数量或销售额来表示；

可达市场占有率——某一报刊零售额占报业发行市场的百分比；

相对市场占有率（相对于三个最大竞争者）——某一报刊广告额对最大的三个竞争者广告额总和的百分比，一般情况下，相对市场占有率高于33%的报纸即可被认为是强势报纸；

相对市场占有率（相对于市场领先竞争者）——某一报刊收入额相对于市场领导竞争者收入额的百分比，相对市场占有率超过100%，该报刊是市场领导者，相对市场占有率等于100%，该报刊与市场领导竞争者同为市场领导者，相对市场占有率的增加表明该报刊正接近市场领先竞争者。

市场占有率变动情况的有效分析可参照市场营销学中的四因素分析法，从读者渗透率（Cp）、读者忠诚度（Cl）、读者选择性（Cs）、价格选择性（Ps）四个方面来进行。其含义分别是：

读者渗透率——读者在一定时期内（一月或一年），购买某一报刊的读者占该种报刊所有读者的百分比；

读者忠诚度——读者在一定时期内（一月或一年），购买某一报刊的数量与其所购买同类报刊总量的百分比；

读者选择性——读者在一定时期内（一月或一年），购买某一报刊读者的一般购买量相对于其他报刊读者的一般购买量的百分比；

价格选择性——读者在一定时期内（一月或一年），购买某一报刊平均价格同所有购买其他报刊平均价格的百分比。

据此，全部市场占有率（Total Market Share）可以表示为：

$$Tms = Cp. \ Cl. \ Cs. \ Ps \qquad （公式4—1）$$

假设某报纸一定时期内(一月或一年)市场占有率有所下降,很大程度上就意味着该报纸竞争力的下降。上述公式可提供四种可能性原因:现有受众规模较小、报纸失去了某些受众、现有读者购买该报刊的数量在其全部购买中所占比重下降、报纸的价格相对于竞争者的价格显得过高。经过调查后,报纸应确定市场占有率改变的原因,并采取相关措施提升竞争力。

4. 广告、经营及可持续发展指标

各报刊对广告资源的占有状况直接决定了其市场份额的大小。广告经营指标包括如下四个方面:

广告版面数——报刊广告版面的数量(包括计划版面数量和实际版面数量);

广告经营额——月度(季度/年度)广告经营额;

广告到达率——阅读广告的人数相对于该报刊的读者总数的比例,计算公式为:广告到达率(%) = 阅读广告的人数 ÷ 该报刊的读者总数 × 100%,广告到达率乘以读者总数就得出实际的广告阅读人数;

其他收入——报刊广告收入以外的其他一切收入合计(含发行)。

以上指标中,报刊广告版面数、广告经营额与报刊的经营都呈正相关关系,版面数越多,经营额越大,报刊的广告经营效果越好,广告到达率则是用来衡量广告市场价值有效性的指标。

报刊经营的成本收益指标主要有四个:

单位产出成本——每发行或零售一份报刊所发生的消耗,如采编成本、稿费、纸张费、印刷费、工资等;

报社运行成本——提供报纸生产能力以及为管理和组织生产经营活动而发生的成本,如固定资产折旧、管理费用等;

收入合计——报社在一定时期内的广告收入、发行收入、其他收入的总和,执行行政事业会计制度的报社收入合计包括财政补助收入、上级补助收入、事业收入和广告等经营收入;

支出合计——报社一定时期内的事业支出、经营支出和基本建设支出合计。

报社因经营而获致的市场潜力指标或者可持续发展指标一般有如下几个：

读者遗憾度(%)——对某报刊有兴趣,但因收入或机会的原因而没有阅读到该报刊的读者数与该报刊总读者数的比例,计算公式为:读者遗憾度 = 对某报刊有兴趣但没有阅读到的读者 ÷ 报刊总读者数 × 100%。读者遗憾度对于评价报刊影响力有一定的意义,遗憾度越高意味着忠诚度越高,该报刊的挖掘潜力也越大。

报刊的涵盖率(%)——报刊所拥有的读者在一定区域的潜在读者中的比例,通常用地区来表示,计算公式为:报刊的涵盖率 = 一张报刊的读者数 ÷ 在该报发行区域内的潜在读者总数。

广告增长率(%)——报刊在一定时期(报告期)的广告增长量与基期(或选定一个特殊时期或与上年度为基准)水平之比,计算公式为:广告增长率(%) = (报告期广告额 – 基期广告额) ÷ 基期广告额 × 100%。广告增长率是用来说明广告增长程度的重要指标。

总收入增长率(%)——报刊在一定时期(报告期)的总收入(广告收入、发行收入和其他收入之和)增长量与基期(或选定一个特殊时期或与上年度为基准)水平之比,计算公式为:总收入增长率(%) = (报告期总收入 – 基期总收入) ÷ 基期总收入 × 100%。总收入增长率是用来说明总收入增长程度的重要指标。

总资产增长率(%)——报刊在一定时期(报告期)的总资产(包括固定资产和流动资产之和)增长量与基期(或选定一个特殊时期或与上年度为基准)水平之比,计算公式为:总资产增长率(%) = (报告期总资产 – 基期总资产) ÷ 基期总资产 × 100%。总资产增长率是用来说明总资产增长程度的重要指标。

可持续发展还包括环境、成本、人力资源、技术、企业文化、管理水平等其他方面的指标,限于篇幅此处不再一一介绍。

一般情况下,对一个社会经济现象评价的实际操作中,选取 7—8 个指标比较合适,根据以上研究,笔者赞同报业组织核心竞争力评价指标体系以 8 个指标为核心,它们是:月(年)平均期发数(经过稽核的更好)、读者报刊实际接触频度、读者人口覆盖率、报刊的市场占有率、广告经营额、成本利润率、收入及资产增长率、报刊品牌知名度。

对于同一个研究对象,不同研究机构或研究主体在指标体系的设计上会有不同的选择和侧重,例如央视市场调查全国读者调查(CNRS)分析报纸社会影响力的重要指标是平均每期阅读率①,以此作为揭示报纸每期到达读者群的核心指标。尽管如此,人们大体上还是会呈现出一致性,因此以上提到的指标体系框架和具体指标对于识别和评价报业组织的核心竞争力大致上是普遍适用的。

例如,就文化产业竞争力构成内涵来讲,它一般包括四大能力:整体创新能力、市场拓展能力、成本控制能力和可持续发展能力。这四大能力可以演化为许多具体的指标项目,报业组织核心竞争力的识别指标体系也可以此为参照而进行设计,诸如企业或集团在产品内容、产品形式、科技手段、组织结构等方面的创新、产品的市场占有额、报纸的有效发行率、读者消费忠诚度、报纸的读者人口覆盖率与传阅率、报纸生产单位产出成本、报社收入支出合计、报纸广告增长率、报社总资产增长率、报社的技术装备与物资、报社人力资源状况、报社多样化经营形式等。其中很多指标与已提及的指标体系是相同或相似的。

总之,核心竞争力的识别与评价不是一两个因素就能解决问题的,竞争力指标也不是一个线式的指标,它需要对多个指标进行综合分析,70%的基础性指标和30%的软指标也许是一个有益的组合参照。同时需要注意的是,相关数据来源也很重要,目前我国还没有类似于西方的权威发行量认证机构,所能找到的公众认可度比较高的数据来源,以前面提到的《中国新闻出版统计资料汇编》、慧聪媒介研究、央视市场调研、新生代市场监测等为主,《中国新闻出版统计资料汇编》中的数据是目前国际上认可的数据,世界报刊协会每年发布的世界报纸发行量排行榜中,对中国报纸的排名就是采用的该数据。

---

① 平均每期阅读率指某报在某一时间或时间段平均每期的读者人数在调查总体中所占的比例,对于日报而言,平均每期阅读率是指调查时点前一天(昨天)阅读过该报的读者比例。

二、我国报业组织核心竞争力构建模型

(一)企业核心竞争力构建的基本条件、途径及可能性

毋庸置疑,根据格式塔竞争原理,核心竞争力的构建就是竞争行为的格式塔展开。由于核心竞争力本身是抽象无形的,如同人的综合素质的提高一样,企业核心竞争力的构建无法作出精确的预计和安排,也没有固定的途径和方法,它在企业竞争的过程中具体生成。

就竞争力构成来看,竞争力的结构要素包括环境、资源、能力和知识。竞争力形成中,环境及某些资源是由国家提供或保证的,正如国家竞争力"菱形理论"①所概括的,它包括一个国家的生产要素状况、国内需求情况、国内产业关联情况以及国家管理的政策体制等四个方面的因素,这些是企业核心竞争力构建的前提条件或外在制约条件。在同等的"菱形"条件下,作为一种知识能力体系,企业核心竞争力的格式塔构建便在于企业自身长期动态地对环境和资源的适应、利用与整合。

的确,如前所言,企业核心竞争力,或者说企业拥有持续竞争优势并非来自于企业资源和经营中某一方面的单个优势,而是来自企业内部所有成员的集体知识与技能,来源于企业运行中的相互合作和对各种单个优势的有效整合。可以肯定的是,核心竞争力的形成与保持有赖于众多因素的共同作用,其构建不可能像产品或技术那样直接地操纵、买卖或控制,而是存在于企业内部成长的所有环节和资源运用中,由内外多重因素的碰撞、交融和磨合一点一滴积聚而成。换言之,核心竞争力的构建是企业在一定时期独特的经营发展中逐步形成和巩固的,它是企业参与市场

---

① "菱形理论"即"钻石模型",由哈佛商学院著名战略管理学家迈克尔·波特1990年提出,用于分析一个国家某种产业为什么会在国际上有较强的竞争力,又称为"国家竞争优势理论"。主要意思是,决定一个国家某种产业竞争力的有四个因素:生产要素——包括人力资源、天然资源、知识资源、资本资源、基础设施;需求条件——主要是本国市场的需求;相关产业和支持产业的表现——这些产业和相关上游产业是否有国际竞争力;企业的战略、结构、竞争对手的表现等,它们互相作用构成"菱形"或"钻石"模式。

竞争的历史性过程与结果,因而在整体上表现为两种能力的构建:一是企业如何获取信息、知识、技术及相关资源并将其集成转化为企业的核心资产、核心技术、核心新产品;二是企业如何组织调动各要素进行生产和营销,使各职能、各环节、各系统处于协调统一、高效运转并动态适应环境变化。可以说,企业的方方面面都会对核心竞争力的形成和培育产生重大影响,每个环节或要素都应被纳入组织和市场的整体系统中,当然其所起的作用并不会完全一样。

　　除了资源及资源组合以外,企业核心竞争力的构建还与集体的学习和认知息息相关,没有知识的领悟、掌握和运用,也就无从形成核心竞争能力,因此核心竞争力的构建不仅是一个组织过程,更是动态的学习过程。由于前面已对此有所阐述,这里不再赘述,需要稍做补充的是,任何企业都会按照固有传统和自有逻辑,通过日常的生产、管理、经营活动及途径来提升本身的知识技能,这一组织的知识集合和演化可以概括为显性知识和隐性知识的相互转变以及个人知识和组织知识之间的相互转变,借此企业的正规知识被转化成非正式的和非公开的知识,而企业则得以系统地产生和修改其经营性惯例,在同对手的竞争和客户的交易互动中,当企业陈述性知识和程序性知识都得到发展并被有效利用时,就意味着该企业已具有了很强的难以模仿的内在能力,即核心竞争力已生成或被提升。

　　从主体的自我意识来看,核心竞争力的构建可以分为两种情况:无意形成的核心竞争力和有意培育的核心竞争力。不管是无意形成的还是有意培育的,核心竞争力的构建都是在现有的环境和条件下,通过企业战略决策、生产制造、市场营销以及组织管理等全部生命活动整合而成,其步骤可简单地表述为“面临危机——吸收要素——开发合成——延展扩伸”的螺旋形推进,这是一个悄然无形的格式塔过程,人们浸染于其中而难以察觉所发生的变化。对于有意培植和提升核心竞争力的企业或组织而言,要做的乃是合理利用掌控的资源,不断从以上几个方面主动施展自己的方法、步骤和机制,真正把自身能力提升到一个前所未有的高度并最终在市场竞争中持续取胜。

　　作为一种内隐无形的知识和心智体系,核心竞争力构建没有固定的模式,不同的企业根据自身的特点、条件和需要会有不同的方法和路径,因此其具体格式塔做法有多种可能性。需要指出的是,竞争最终是对目标顾客资源的争夺,企业核心竞争力培育势必也要以此为轴心,它意味着"消费者剩余"应该是企业培育核心竞争力、发挥核心竞争力机制作用的最终目的和追求目标。企业以生产和交易为基本职能,假设环境一定,那么可以把企业核心竞争力创造"消费者剩余"简化成核心生产技术、市场营销和组织管理知识等三要素的合成,其关系如下式所示:

$$Cc = fc(Ct, Km, Ko)① \qquad (公式4—2)$$

其中,Cc、Ct、Km、Ko 分别表示核心竞争力、核心技术(也即产品生产)、市场知识和组织管理知识,fc 表示知识运用和能力形成的函数关系。在一定的体制和市场条件下,企业核心竞争力的构建大体上便可看做企业内部这三者的运行和整合,管理者们有意或无意所做的,大体上便是绕此而实施而展开。当外部环境系统,包括经营环境、顾客需求和企业内部目标发生变化时,核心竞争力的构建便呈现出动态的非均衡状态,企业自身的变革若能适应这种变化,其已有的核心竞争力的构建也就会跃迁到一个新的层次并保持长期的有效性。

总之,作为企业保持持续竞争优势的源泉,核心竞争力的培育、维护和提升是一个循环往复的过程,其形成和维护本身就是完形知觉整合过程,这一格式塔构建的含义在于,一个企业要想在市场竞争中保持竞争优势,就要不断审视自己、环境、顾客和竞争对手,不断学习和创新,努力使自己的条件总与外部环境相匹配。因此,尽管企业核心竞争力的构建没有固定的公式,但若归纳一下的话还是有大致规律可遵循,那就是:其构建是一个完整的动态管理过程,是企业或组织以市场及顾客价值系统为导向、以学习创新为基础的多种知识和技能交汇的结果,它需要企业或组织长期的全方位的努力。

最后需要强调的是,核心竞争力的构建与核心竞争力评价识别紧密相关,可以参考核心竞争力识别评价的指标体系来进行核心竞争力的构建,而且任何企业都可以通过不懈的努力来形成、培养和加强核心竞争

---

① 李顺才、周智皎、邹珊刚:《企业核心能力:特征、构成及其发展策略》,《科技进步与对策》1999 年第 5 期。

力,而企业文化所扮演的是一种精神动力支持的重要角色。通过对竞争优势持续不断地积累、培育、应用、维护和扬弃,在一种循环反复的正反馈增强回路中,核心竞争力将日益形成并长久保持,这正是企业格式塔竞争的具体生成或运作过程。

(二)企业核心竞争力的价值链构建原理

格式塔竞争的特点使企业核心竞争力构建具有多种可能性,而价值链(The Value Chain)构建具有普遍的指导意义。

企业生产经营的"价值链"由美国哈佛商学院著名战略专家迈克尔·波特提出。在此之前,运用产业组织理论的 SCP 范式,波特提出了著名的企业竞争优势分析五力模型,以此阐明了企业获取竞争优势的三种广义基本战略。然而波特产业结构分析模式仍属于竞争优势外生理论,在假定对产业结构和竞争者行为有了清晰的认识后,究竟如何才能将这种认识转化为实在的竞争优势呢? 这就势必得由企业自身内在的资质和能力来决定了。波特显然觉察到了这一点,至少他已明确地意识到了企业自身必须有所作为或具有比它的对手非同一般的地方,正如他在《竞争优势》第一章中所指出的,"本书将《竞争战略》一书中的框架作为研究的起点。本书的中心思想是企业如何在实践中创造和保持在产业中的竞争优势——即企业如何推行广义基本战略。我的目标是要在战略及其实施之间建立一座桥梁,而不是像以往该领域中许多研究的特点那样,将二者割裂开来或很少涉及具体实施的问题"①。

为此,波特眼光向内,详细阐述了企业如何选择和推行一种基本战略以创造和保持竞争优势,尤其是着重探讨了竞争优势的不同类型——成本和歧异——与企业活动空间之间的相互作用。波特将企业活动空间称为"竞争景框",而他用来判定企业竞争优势和寻找方法以增强竞争优势的基本工具则是价值链。

波特认为企业自身的价值是由其长期获利的水准来衡量的,长期获利归根结底则"来源于企业为客户创造的超过其成本的价值",当企业为

---

① [美]迈克尔·波特:《竞争优势》,陈小悦译,华夏出版社 1997 年版,第 2 页。

其买方降低购买成本或增加购买收益时,价值或消费者剩余就被创造出来了,企业的这些竞争优势存在于企业"设计、生产、营销、交货等过程及辅助过程中所进行的许多相互分离的活动"①中,而使用系统性方法来考察企业的所有活动及其相互作用对于分析竞争优势的各种资源又是十分必要的。因此,他引入价值链作为分析的基本工具,这条"价值链"将一个企业分解为战略性相关的许多价值创造活动,企业正是通过比其竞争对手更廉价或更出色地开展这些重要的战略活动来赢得竞争优势的。

价值链原理正是对企业核心竞争力格式塔内在展开的实质说明。该原理包括如下一些假设和内容。

价值是客户愿意支付的价钱,超额价值产生于以低于对手的价格提供同等的效益,或者所提供的独特的效益补偿高价而有余。每一个企业都是由设计、生产、营销、交货以及对产品起辅助作用的各种活动的集合,企业的竞争优势有两种基本形式:成本领先和标歧立异,企业活动的范围和方式正对如何获取成本领先优势和标歧立异优势发挥着重要的作用。所有这些活动由分离的形态各自发挥作用并彼此联系从而构成企业生产交易的系统过程,这也就是企业的价值活动过程,它们构成了企业完整的经营运作链条,也即企业"价值链"。

波特分析道,一定水平的"价值链"是企业在一个特定产业内各种活动的组合,企业内外各种活动则分为基本活动和辅助活动两大类,基本活动是涉及产品的物质创造及销售、转移给买方和售后服务的各种活动,辅助活动则是辅助基本活动并通过提供外购投入、技术、人力资源以及各种公司范围的职能以相互支持的活动。任何企业中,基本活动都可以划分为内部后勤、生产作业、外部后勤、市场和销售、服务五种基本类别,辅助活动则都可以划分为采购、技术开发、人力资源管理以及基础设施四类。每一种活动类型又可依据产业特点和企业战略划分为若干显著不同的活动(见表4—3)。企业生产经营全部过程所形成的便是企业价值生成的完整链条,企业竞争优势正构建于企业价值链上所有活动的系统性组合。

波特描绘的企业生产经营的基本价值链如图4—1所示。

---

① ［美］迈克尔·波特:《竞争优势》,陈小悦译,华夏出版社1997年版,第2页。

表4—3　识别企业的基本活动和辅助活动

活动类别					
	内部后勤	生产作业	外部后勤	市场和销售	服务
基本活动	与接受、存储和分配相关联的各种活动,如原材料搬运、仓库存储、库存控制、车辆调度、向供应商退货等。	与将投入转化为最终产品形式相关的各种活动,如机械加工、包装、组装、设备维护、检测、印刷和各种设施管理。	与集中、存储和将产品发送给买方有关的各种活动,如产成品库存管理、原材料搬运、送货车辆调度、定单处理和生产进度安排。	与提供一种买方购买产品的方式和引导它们进行购买有关的各种活动,如广告、促销、销售队伍、报价、渠道选择、渠道关系和定价。	与提供服务以增加或保持产品价值有关的各种活动,如安装、维修、培训、零部件供应和产品调整。
辅助活动	采购——购买用于企业价值链各种投入的活动,采购职能具有分散性,往往遍布于整个企业或所有价值活动中。 技术开发——改善产品和工艺的各种努力的活动,发生在企业中的很多部门;与产品及其特征有关的技术开发对整个价值链都起到辅助作用。 人力资源管理——包括涉及所有类型人员的招聘、雇佣、培训、开发和报酬等的各种活动,不仅对单个的基本或辅助活动起辅助作用,而且支撑着整个价值链。 企业基础设施——由大量活动组成,包括总体管理、计划、财务、会计、法律、政府事务和质量管理,通过整个价值链起辅助作用。				

資料来源:迈克尔·波特:《竞争优势》,陈小悦译,华夏出版社1997年版,第39—43页。

企业"价值链"中,对于任何企业而言,所有类型的基本活动都在一定程度上存在并对竞争优势发挥作用,它们保障了企业生命活动的基本实现,而每一项辅助活动对于企业价值创造也都是必需的,它们或者与各种具体的基本活动相联系而支持整个价值链或者直接地全面支持整个价值链,当然,产业不同起决定作用的基本活动类型和辅助活动类型也会不同。在此基础上,波特进一步揭示出,尽管企业所有行为活动可以用"价值链"表现出来,但并不是"价值链"上每个环节都能真正创造价值,实际上只有某些特定的活动才能创造出顾客所需要的价值,这些创造价值的活动就是价值链上的"战略环节",企业要保持竞争优势也就是在这些特

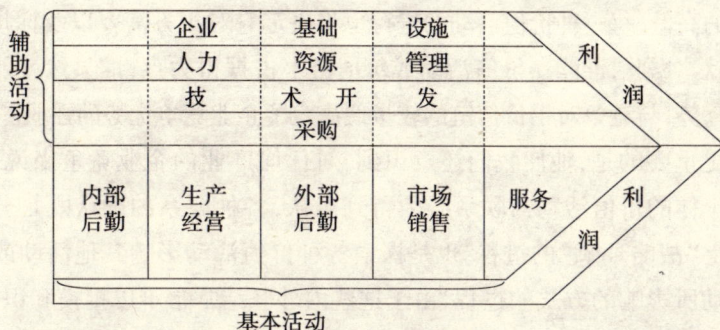

图4—1 企业基本价值链

资料来源:迈克尔·波特:《竞争优势》,陈小悦译,华夏出版社1997年版,第3页。

定的战略环节上制造和保持优势。

他告诉人们,定义这些有关的价值活动要求将各种基本的、辅助的活动进一步细分,以达到能从技术上和经济效果上进行比较与考察,尽管价值活动的分类是任意的,但人们应该选择能对企业竞争优势提供最透彻理解的类别。当用相关原则去对企业价值活动进行分解时,一些活动会成功分解出来成为价值链上的"战略环节",而另一些的活动则会被组合起来。以上价值活动都由内部联结联系起来,这些内部联系是某一价值活动进行的方式与另一活动或与另一成本之间的关系,它们常反映出实现企业总体目标的各项活动之间的权衡取舍,而且,企业各种价值活动的联系不仅存在于企业"价值链"内部,也存在于企业与供应商和买方之间。波特的阐释最终清晰地揭示出,关键价值活动的内外联系对竞争优势尤为重要,企业必须优化和协调能反映其战略的自身、供应商和买方之间各种活动的联系以获取竞争优势。

波特的阐述使我们很自然地认识到,产业不同,企业的价值活动及价值链构造类型会不一样,同一产业中,各个企业的价值创造活动会具有大致的相似性,但具体价值链的组成则会因企业的千差万别而不同。在大致相当的环境和资源条件下,一个企业因生产和交易形成的价值链及它所联结的若干单个活动的方式正反映了企业的历史、性质、战略、推行战略的途径以及这些活动本身的根本经济效益,不仅"价值链"上每一种价值活动与经济效益的结合是如何进行的将决定一个企业在成本方面相对竞争能力的高低,每一种价值活动的进行也将决定它对买方需要以及标歧立异的贡献。据此,谁能在价值活动或价值链上占据得力点,谁显然就能赢得竞争优势,与竞争对手价值链的较量便决定了企业竞争优势的强弱。

更重要的是,他使我们还意识到,对任何产业的企业竞争来说,价值链上个体的价值活动与联系必须得到确认,各种联系的确认既是分解价值链上"战略环节"的过程,也是探索各种价值活动影响其他活动或被其他活动所影响的方式的过程,由于这些内外联结常常难以捉摸和识别,因此认识和管理这些联系是一件很困难的事情,而这也就是企业产生竞争优势的关键之一,能够把它做好的能力或智识自然便成为企业竞争优势取之不尽的源泉。

按经济学眼光来分析,核心竞争力最基本的表现是能以较少的投入获得更多更好的产出,其目标指向为活动效率的提高,既然创造价值是企业核心竞争力的根本要求,那么如何来有效地创造价值就是企业获得竞争优势的关键。波特的价值链分析其实就是顾客价值服务分析,它比较准确地揭示了为了有效获取竞争优势,企业的一系列活动应围绕怎样的轴心来进行。这种对顾客价值的捕获和生成能力,以及如何使企业密切关注组织的竞争环境和资源状态、着重通过企业行为的关键环节来培养价值创造的竞争优势正是当今企业构建核心竞争力的关键。

显然,核心竞争力的这一价值链构建原理与其格式塔(知觉整合)竞争的实质是完全一致的,它不仅说明了企业格式塔竞争完形展开的内在机理,也说明了企业格式塔竞争存在得力点的根本原因。总之,为买方创造超过成本的价值是所有企业基本战略的目标,因此分析竞争地位时必须使用价值观念,鉴于企业竞争是种生态行为,企业价值创造应是企业与环境"内外结合"的产物。因此,如果说格式塔竞争是企业核心竞争力的实质,价值链构建则是格式塔竞争的实质,"价值链"为我们分析核心竞争力的格式塔构建提供了一种普遍适用的理论工具。

(三)文化企业核心竞争力构建的一般要求、条件及途径

1. 文化企业核心竞争力的含义

西方的文化生产和服务向来就是以工业化、产业化为主的,因此西方

国家文化企业核心竞争力及其产业的国际竞争力早已存在,但这一客观存在并没有以明确的概念形式提出,因为西方企业核心竞争力和国家竞争力的研究本身就包括了文化生产企业和各文化生产行业在内。因此本文的"文化企业核心竞争力"并没有专门的界定,很大程度上它包含在"文化产业核心竞争力"的概念中,而"文化产业核心竞争力"乃是中国文化产业研究的一个专门术语。

就像前面章节指出的,由于国情的特殊和理解的偏差,在引鉴核心竞争力这一概念时,我国习惯于以整个产业为立足点来进行思考,因此中国的"文化产业核心竞争力"是一个极富弹性的概念,大可至国际竞争力,中可至具体的产业竞争力,小则至文化企业的市场竞争力,还可以理解为某种具体而重要的制胜能力。然而,不管哪种理解,文化产业核心竞争力最终必以具体的文化企业的核心竞争力为原点和主导,因为所有范畴的竞争优势都是由文化企业的"活"素质聚合而成的。在这一意义上,文化产业核心竞争力便等同于文化企业核心竞争力,文化企业核心竞争力也就基本上能代表文化产业核心竞争力。

借用已有研究的界定,"文化企业核心竞争力"可以表述为:"文化企业或文化经营性组织在发展中所积累的一种对外界环境和文化市场变化迅速作出应对的智能体系和综合素质,它从根本上促进着企业或组织因时而变、有效整合文化资源、不断推出适应大众需要的优质文化产品和文化服务、并使自身获得持续竞争优势及资本积累。这一核心能力通过文化企业或经营性组织一系列的核心特长或关键能力表现出来,它以市场的占有率及品牌的公信度为标志"①。这一含义包括单个企业,也包括企业集团,它可以扩散到所有国家的包括报业组织在内的一切文化企业和文化经营性组织。

需要强调的是,文化企业核心竞争力与产业竞争力紧密相关互为依存。在经济全球化的大背景下,综合国力竞争中文化产业的特殊性和重要性已越来越重要,进入21世纪后文化产业竞争力已成为国家综合竞争力的基础和主体构成,美国、加拿大、日本、欧盟等发达国家无不把发展文

① 欧阳友权主编:《文化产业通论》,湖南人民出版社2006年版,第135页。

化生产力作为提升综合国力的重要组成部分,也把扩大对外文化贸易、争夺国际文化市场作为重要的战略目标。因此面对全球文化产业竞争的大趋势,文化企业核心竞争力就不能仅仅从企业核心竞争力的角度来分析,也必须从整个产业角度、从国家角度来研究,文化企业核心竞争力在以微观企业核心竞争力为主导时,也应该延伸扩展到中观和宏观意义上的文化产业竞争力和国家竞争力,这一含义同样是应该扩散到包括报业在内的所有文化产业具体门类及整体发展的。

2. 文化企业核心竞争力构建的一般要求、条件与途径

国家层面上关于文化产业"菱形"条件的提供是文化企业核心竞争力构建的基本前提和现实基础,也是文化企业核心竞争力构建最基本的外在要求和条件。

文化产业"菱形"条件一方面决定于经济与文化的发展水平,另一方面则取决于政府管理"看得见的手"的运作和调控,诸如扩大内需、改善融资方式、实施人才培养、优化产业结构、制订发展战略、改善基础设施、增强市场化程度、实行资源保护和开发等等,而这些最终主要通过文化体制、文化政策和文化机制来发挥效用。无疑,形成和培育相关的制度竞争力是文化企业核心竞争力构建的基本前提之一,欧美等发达国家已提供了多方面的经验参照和借鉴,我国不断推进的文化领域的改革也正取得日益显著的成效。

文化产业是对文化知识的制作和销售,它的目的在于创造一种文化符号,然后销售这种文化和文化符号。而文化是人类社会实践的一切成果,它以制序、器物与精神产品等丰富多彩的形式代表了一个民族"心灵的某种状态或习惯"[1],价值观是其核心。据此文化企业(产业)是外部性极强的企业(产业),20 世纪 40 年代西方文化批评学派法兰克福学派早就精辟地指出,文化元素一旦与现代科技结合形成工业体系,就会产生巨大的影响社会的力量,因此文化产业的经济模式也就是影响力经济模式,它表现出创造性、精神性、广泛性、渗透性以及商业性等特点。相应的,文化企业(产业)核心竞争力构建同样受影响力经济竞争规律的支

---

① 韦森:《文化与制序》,上海人民出版社 2003 年版,第 9 页。

配,它是企业社会影响和商业经营二元博弈与逐渐累积的结果(其关系见图4—2所示),其所形成的特有的"经营化了的知识体系"①,就是文化企业的核心竞争力。

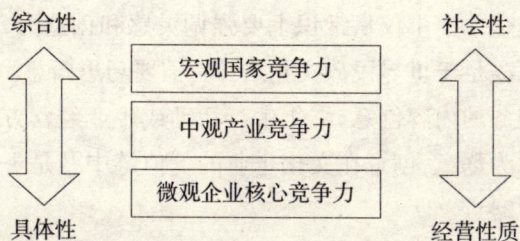

图4—2 文化产业核心竞争力构建框架示意图

资料来源:花建等:《文化产业竞争力》,广东人民出版社2005年版,第20页。

笔者以为,以上框架内,文化企业核心竞争力构建的一般要求和途径,或者说,文化企业价值链的一般战略点及组合,可从如下方面来考虑。

(1)内容为王、创意与高新技术

文化企业以文化产品和文化服务为生产和交易对象,最终满足的是人们精神和娱乐等的文化心理需求,与其他产业相比,文化产业的核心价值是文化内容,文化内容也必是文化产业影响千百万人、唤起社会的广泛认同、扩大国际国内影响的根本要素。因此文化产业以内容生产为生命线,"内容为王"在文化产业核心竞争力构建中起着决定性的作用,它是文化企业价值链中最主要的战略点之一。

这一内容生产的本质决定了创意在文化企业竞争中的核心地位。人们对文化的需求难以穷尽,随着物质生活水平的提高,人们的精神娱乐需求会日趋多样化和多层化,然而文化的既有状态是粗糙混杂的,它不会自发地进行优劣的区分,而是需要进行创造性地自觉提炼、加工和改造,如何利用原始的有限的文化资源最大限度地满足人们日益增长和复杂的文化需求,创意便首当其冲。更重要的是,文化在各民族的历史中形成并汇入人类文明的洪流,它不仅是一个民族生存的土壤和赖以维系的精神纽

---

① 史东明:《核心能力论:构筑企业与产业的国际竞争力》,北京大学出版社2002年版,第32页。

带,也可以而且应该为全人类交流、学习、借鉴以至共享。只有民族的才是世界的,文化内容的生产与提供首先得立足于民族特性,通过充分挖掘、利用本民族的文化特点和资源优势以文化的独特性形成和扩大影响力。因此文化生产不仅从常识上要强调灵感和创造力,对本民族文化资源的利用以立足于世界民族文化之林更需要巧思新意。除了文化产品内容或文化服务的内容创意,文化生产活动或生产经营方式等方面的创新统统都可称为创意,创意在文化企业的价值链中乃是一个影响全局的至关重要的战略点。

文化内容的制作需要技术,文化的影响也得借助传播来实现,人类越发展这些相关性就越大,因此文化内容生产及文化对于人的广泛影响与文化生产的操作和传播技术实际上是不可分割的统一体。在全球化的传播时代,科技对于文化生产、文化服务和文化传播的作用更是日益突出,可以说,文化产业的一端连着"人们精神文化需求的重要组成部分"并构成"人性化的日常消费",另一端则连着"高新技术的前沿领域"①,因此单一的文化元素与创意并不能构成实在的竞争优势,还必须借助高科技尤其是数字信息技术的辅助,才能真正保障和促进内容与创意优势的实现和最大发挥,也才能真正保障以强大的力量去占领全球市场,技术因素因此成为文化企业价值链中的又一个战略点。

(2)市场运作、产业链与内部管理

市场是需求和供给相互作用的产物,在市场经济成为主要社会经济形式的情况下,竞争力的强弱归根结底由市场来衡量、决定和体现。文化市场虽然不能完全等同于一般商品市场,但价值规律的市场作用机制却是大致相同:文化"集市"中,在价值规律的杠杆作用下,各种各样的文化生产要素会本能地朝着最合理的方向流动,文化产品和服务也会以同样的市场身份摆出来由人们挑选,从而在优胜劣汰中趋向最合理的结果。总之,市场已是文化企业的生存空间,文化产品或文化服务生产、交换、分配和流通等的一切都要放到市场的炼金炉中去考量,市场运作乃是各国各地文化企业发展的驱动器,也是其核心竞争力构建的必要条件和途径。

---

① 花建等:《文化产业竞争力》,广东人民出版社2005年版,第2页。

市场运作要求文化企业及行业的经济关系实现市场化。企业必须以市场主体的身份面向市场来发展并图谋获得利润，其市场化的行为几乎牵涉到内容生产、市场营销、组织管理等企业生产经营的所有方面，而以市场营销为主。当理顺产权关系，诸如平等竞争的市场机制的建立、现代企业的市场主体身份的获得等已成为基本的政策导向或制度事实时，文化企业的市场化运作乃是企业博弈最为具体和真实的过程，市场行为因此成为企业价值链构建中又一个战略点。鉴于文化市场的精神特殊性，文化企业的市场运作必须考虑到对社会伦理、国民精神、文化普及等各方面的提倡和作用，因此服务活动在文化企业价值链中也具有战略点意义。

从文化产业的价值含量和组织结构来看，文化产业的价值实现是借助一系列产业链条而进行的：

核心层是各类创意、策划、创作、信息等内容创造活动；

其次是文化产品的工业制造与复制；

再其次是文化产品的发行零售和服务；

最后则是涉及文化产业多个相关产业或外围领域的"亚文化产业"。

可见，文化产业价值链的最大特点之一便是，"通过一个上下游联动的产业链条，利用文化资源的投入，对内容进行深入开发而达到反复产出，包括为相关产业提供丰富的市场附加值"①。鉴于其市场竞争呈现出的更为强烈的包容性和延展扩充性，文化企业核心竞争力构建必须考虑企业的产业关联要素和上下游的联动，它使文化企业的价值链与产业链连通起来，从而使企业与环境保持动态的平衡和互动。这是对价值链原理中"供方与买方联系"的补充和延伸，也是文化企业格式塔整合和价值链构建的独特之处。

内容生产、市场运作和产业关联等的实施需要有效的组织管理，诸如基础设施（用人机制、计划、企业文化、规章制度、财务会计、质量管理、政府事务、组织结构）、内部后勤、外部后勤、采购等，这种内部管理相当于整合各项行为活动的黏合剂，它提供了企业参与市场竞争的基本动力支持和运作平台。鉴于文化企业的社会性和精神创造性，在文化企业

---

① 花建等：《文化产业竞争力》，广东人民出版社 2005 年版，第 23 页。

的一般价值链中，内部管理也成为重要的战略结点，当然不同类型的文化企业中内部管理起作用的因素或战略点会不一样，但大体上企业文化、骨干人员、特殊采购等起的作用大些，内外后勤的作用或影响则相对小些。

仍需强调的是，文化企业核心竞争力的构建是内外多方因素综合作用的结果，也即是影响力企业知觉整合的结果。当外部环境保持稳定或发生普遍接受的变化时，文化企业核心竞争力的构建可以定位于如何卓有成效地从事内容生产、市场营销和内部管理以及如何实现三者的有机融合，它们代表的是在资源拥有基础上的价值链整合和运作，它以政策和管理为支持，以市场化运作和高科技为保障，以文化产品或文化服务的创意为核心，如果用一个公式来表示，可以概括为：

C（文化企业的核心竞争力）

= M（市场）+ C 内容生产（服务提供）+ M 管理（P 人才 + T 技术 +
S 机制 + C 资本）　　　　　　　　　　　　　　　（公式4—3）

而创新贯穿于始终。同时，文化产业构成的丰富复杂使不同产业的企业内部各种要素所起的作用并不一样，因此具体文化企业的价值链会彼此不同，但内容创意和市场运作始终应是起决定作用的两大因素。总之，无论怎样的具体方式，只要竞争优势得以形成并能长期保持下去，文化企业的核心竞争力就算培育成功了，就报业组织而言，以上规律或原则也是起作用的。

笔者描绘文化企业一般价值链如图4—3所示。

（四）我国报业组织核心竞争力构建的价值链链状球体动态模型

1. 报业组织（报业）是文化企业（产业）的核心构成

文化产业是市场经济社会人类文化发展的必然，也是知识经济时代的朝阳产业和支柱性产业，由于不同国家、不同地域，经济与文化有不同的历史发展和表现，迄今为止国际上尚无专门的关于文化产业的分类标准，也缺乏完整统一的文化产业对国民经济贡献的统计指标与体系。据此，世界各国"文化产业"虽都是指向同一客观事物，但体现为多种界定和提法，包括"文化产业"、"版权产业"、"创意产业"、"内容产业"、"信息

企业基础设施	企业文化	战略计划	质量管理	用人机制	政府事务		
人力资源准备	骨干人员优秀人才			骨干人员优秀人才			利
研究开发	内容创意 高新科技			项目活动创意	项目活动 创意		润
采购	独特文化资源、先进设备、优秀人才等的获取						与
	独特内容及文化价值体现 作业（服务）流程 产品（服务）质量 技术运用 规模化、产业化		市场调研与定位 宣传造势 促销队伍与手段 相关产业带动		社会公益活动 上下游产业 互动	社 会 效 益	
	内部后勤	生产经营	外部后勤	市场销售	服务		

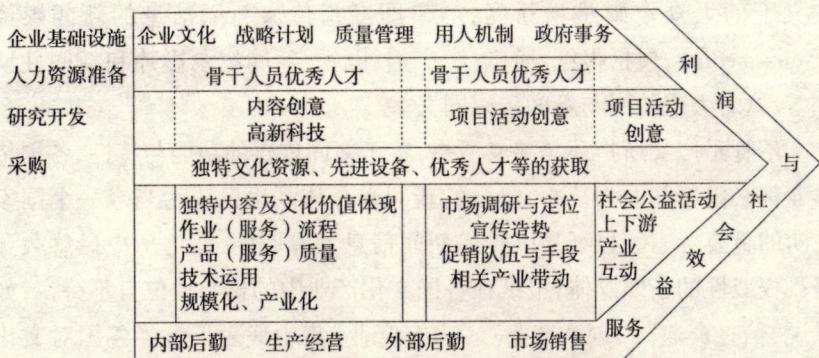

图4—3　文化企业基本价值链战略点

产业"、"休闲娱乐产业"等等。

　　然而,从各国国民经济发展与文化产业的总体构成来看,报业都是文化产业的核心部分。诚然,各国文化产业概念的内涵和外延都是在自身的语境中被界定的,其概念与分类的复杂多样正体现了不同国家经济与文化的复杂关系及不同特点。但是,作为提供精神产品与文化服务的经营性行业的集合,文化产业总体上又具有共同的性状,即它必定以满足人们的精神和心理需求为目的和旨归。因此文化产业在本质上乃是以内容生产和信息传播为核心的,世界各国也多将其列入信息业和文化娱乐等服务业的统计范围。于是,尽管世界各国对文化产业有不同的理解和管理,但有一个现象却是共通的,即:报刊书籍杂志和广播电影电视构成了各国文化产业的主力,换句话说,娱乐与传媒业占据了文化产业的核心地位在世界各国基本是一致的。

　　传媒业指的是大众传播,它既是信息业,也是服务业,更是内容生产者和创意提供者。从字面上来理解,面对社会公众传播信息的活动便可称为大众传播活动,为普通大众所使用的传媒工具就可视之为大众传媒工具(Mass media),它统指为"用集体力量将等值等量的信息对广大社会群体进行大规模传播的各种工具及手段"①,包括报刊、电影、电视、广播、书籍、唱片、录音带、录像唱片、电话、电报及卫星转播等各种媒介形式。

---

　　①　夏征农主编:《辞海》,上海辞书出版社1989年版,第718页。

狭义上的大众传媒是指新闻传媒,即专指传递新闻信息的新闻媒体(News media),包括报纸、通讯社、广播、电视、新闻纪录影片和新闻性期刊等,这时大众传媒与新闻传媒同义。

不管是广义所指还是狭义所指,鉴于新闻传媒的功能与特性,各国传媒业都以新闻业为核心,健全的新闻媒介体系也已成为当今一个国家文明的重要标志。报纸是以传递新闻信息为专职的,作为历史最悠久和最具权威性的新闻媒体,报纸在各国文化产业中的核心地位自不待言,如果说"信息产业"、"创意产业"、"内容产业"集中代表了世界各国对文化产业的理解,那么报刊出版业正属于"核心信息产业"、"核心创意产业"和"核心内容产业"。

尽管全球报业目前正经历着新媒介带来的冲击和自身成长周期中的下降趋势,但这并不能否定其在各国文化产业发展和国民经济贡献中的重要地位。20世纪60年代以来,随着西方第三产业的迅速兴起,报业在西方各国GDP中的比重一直保持上升,到20世纪末,报业早已发展成为发达国家成熟的文化产业类型。例如美国报业多年来一直跻身于美国最赚钱的十大行业之列,同时也是最有吸引力的投资领域,许多报业组织的年赢利率相当于制造公司的两倍,1980年美国报业雇员已居美国劳工部所列全国最大制造业雇主名单的第一位,近十年来报业广告市场份额也长期超过电视广告而占据主导地位,约占传媒市场总体份额的两成。①在美国的产业分类系统中,无论1940年启用的SIC(标准工业分类编码)系统还是1997年启用的NAICS(北美产业分类编码)系统,新闻报纸或报业出版都占据了重要位置,SIC分类中印刷业与出版业列入服务业的第二序列,新闻报纸则列入印刷业与出版业的第一序列;NAICS产业分类中出版业排为信息业的第一序列,报业出版则排为出版业第一序列。②类似的,美国之外其他发达国家报业的产业地位也都很显著,仅从世界各国文化产业的构成来看,除了澳大利亚将"报纸、期刊的出版与印刷"纳

---

① 参见陶志峰:《中国报业规制问题研究》,产业经济学博士学位论文,复旦大学2004年。

② 参见金元浦:《版权产业与文化产业的分类》,http://blog.sina.com.cn/s/reader_4c715d1901000cut.html.

入"艺术"类的第一子系统"文学创作和印刷品"以外,其他国家和地区都是将与报纸有关的"出版"、"媒体"、"书报刊"、"信息传播"、"出版印刷"等活动或行业直接纳入其文化产业第一层级的。① 例如,加拿大联邦统计局将"出版业"置划为其北美产业分类标准中"信息与文化产业"的第一序列,报纸的生产、制作、广告及发行是"出版业"的重要构成;英国创意产业的分类主要源于其1992年标准产业分类(SIC)中的"出版、印刷和音像复制"与"娱乐、文化和体育活动"两大类,包括报纸在内的出版、印刷排为整个产业分类的第二序列;芬兰等欧盟国家报纸的出版发行更在大众媒体中居主导地位,2000年芬兰印刷出版媒体便占整个大众媒体增加值的72%。②

我国报业历来是党和国家关注的重点,报业在我国新闻传媒业中一直居于举足轻重的地位,文化产业化发展中报业也是主体构成之一。如同多数国家一样,我国对文化产业的界定也体现了文化生产及文化服务多样性和衍生性的特点,同时突出了大众传媒的核心地位,而且尤其强调了报纸等新闻媒体的重要性。2002年正式实施的《国民经济行业分类GB/T4754—2002》标准已基本廓清了我国文化产业的行业结构,它们包括文化产品生产、流通和服务三个环节的若干行业,如:新闻出版业,文化艺术业,广播、电视、电影和音像业,文化产品和记录媒介复制业,文化用品制品业,文化用品批发零售业,文化信息传输服务业,文化社会娱乐服务业。其中与报业直接相关的细分项有:

(1)新闻出版业——报纸出版业(8822);

(2)文化产品和记录媒介复制业——书、报、刊印刷业(2311);

(3)文化用品批发零售业——报刊批发业(6344);

(4)报刊零售(6544)(括号里的数字为行业分类代码)。

此外,文化信息传输服务业中的"互联网信息服务(6020)"和"卫星

---

① 参见《主要国家文化产业概况》,转引自文化管理传播网 http://www. yinxiangcn. com/xueshu/guoji/200612/2705. html.

② 综合参见:《主要国家文化产业概况》,转引自文化管理传播网 http://www. yinx-iangcn. com/xueshu/guoji/200612/2705. html;孤星泪:《中外文化产业行业界定比较研究》,文化产业发展论坛 http://www. ccmedu. com/bbs54_35489. html.

传输服务(6040)"在报业现代化生产过程中也起着十分重要的作用。

2004年,国家统计局等部委经过调查论证,对文化产业的行业分类又做了专门规定,在其下发的《文化及相关产业分类》中,我国文化产业及相关产业被划分为"核心层"、"外围层"和"相关层",核心层包括:新闻服务、出版发行和版权服务、广播、电视、电影服务和文化艺术服务;外围层包括:网络文化服务、文化休闲娱乐服务和其他文化服务;相关文化产业层包括:文化用品、设备及相关文化产品的生产和文化用品、设备及相关文化产品的销售。从其细分架构图(图4—4)来看,核心产业层中新闻服务、出版发行和版权服务显然都以报业为重要构成,外围产业层相关文化产业层中"广告"、"纸张"与"印刷设备"等也与报业紧密相关,报纸在我国文化产业中的核心地位是十分清晰的。

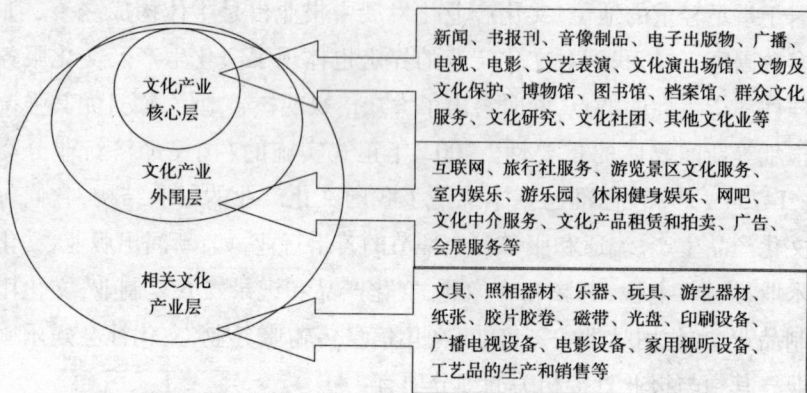

文化产业核心层	新闻、书报刊、音像制品、电子出版物、广播、电视、电影、文艺表演、文化演出场馆、文物及文化保护、博物馆、图书馆、档案馆、群众文化服务、文化研究、文化社团、其他文化业等
文化产业外围层	互联网、旅行社服务、游览景区文化服务、室内娱乐、游乐园、休闲健身娱乐、网吧、文化中介服务、文化产品租赁和拍卖、广告、会展服务等
相关文化产业层	文具、照相器材、乐器、玩具、游艺器材、纸张、胶片胶卷、磁带、光盘、印刷设备、广播电视设备、电影设备、家用视听设备、工艺品的生产和销售等

图4—4 文化及相关产业圈层架构示意图

资料来源:《中国文化报》2004年4月9日。

总之,报业既提供报纸等实物形态的产品,也提供无形的信息传播和精神文化服务,无论哪个国家,如果说传媒业是文化产业的龙头产业或骨干产业,那么报业就是其核心的重要构成之一,其关系可如图4—5所示。

因此,报业组织核心竞争力的构建必定与文化产业核心竞争力构建的一般要求相适应、相一致,在探讨报业组织核心竞争力构建时,有必要将其与整个文化企业核心竞争力构建联系起来,以获得更宏观、更全面和更准确的参照与借鉴。

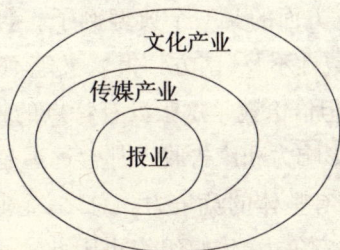

图4—5 报业与文化产业关系示意图

2. 价值链链状球体动态模型描述

严格来看,报业组织核心竞争力构建既包括从"无"到"有"的生成,也包括从"低"到"高"的提升,体现了从形成到培育到维持的动态过程。无论哪种情况,形成并保持报业组织的核心竞争力都不是短期的经营策略,而是一项长期的根本性战略,其核心竞争力的构建必定是在不断学习、累积经验的过程中逐步形成、改进和发展的,它是一个根据环境变化、沿着特定路径而持续的格式塔认知进程。

整合性、知识性与动态性是核心竞争力构建的基本要求,报业组织核心竞争力构建也同样如此。基于格式塔的完形特点,报业组织核心竞争力是在报纸的发展历程中积淀而成的,并因深深融合于报纸内部的运行机制中而难以被其他报纸所模仿和替代,据此报业组织不能仅仅依靠某一方面或某几个关键环节的优化来构筑和提升其核心竞争力,而是必须采取系统的眼光和方法。这就是所谓的"以企业竞争力资源、能力与环境间平衡、协调发展为目标的整体性战略"①,也正如《经济观察报》副总经理李清飞指出的,内容不是王,发行不是王,广告也不是王,如同一支成熟的足球队,单一强调进攻或防守都成不了大器,攻守平衡是获取成功的第一点。② 其比喻形象说明的正是整合之于报业组织核心竞争力的重要性。

---

① 彭丽红:《企业竞争力——理论与实证研究》,经济科学出版社2000年版,第73—74页。

② 参见李清飞:《置疑"内容为王"》,http://creative. wswire. com/htmlnews/2003/12/05/40307. htm.

　　《广州日报》是这方面的又一个典型例子。《广州日报》没有看起来最强势的地方，其权威性不及《南方日报》，文笔不如《羊城晚报》，冲击力不如《南方都市报》，但恰恰就是这张没有特点的报纸取得了引人注目的成就，其在市民中的影响力和广告收入都曾远远超过几家同城其他报纸，而其秘诀也就在于它有整体的竞争力。总之，企业核心竞争力发展战略突出的是传媒的整体竞争力，传媒组织也因此才可以将核心竞争力辐射到尽可能多的价值链环节，从而实现媒体价值和利润的最大化。

　　毋庸置疑，报业组织核心竞争力的构建是一个多系统的集合：从产品生产角度讲，各种形式的新闻、娱乐信息、公共信息、广告等都是组成报纸产品系统的基本要素；从信息传播角度讲，报纸传播系统包括传播者、信息、受众、传播效果和反馈等基本子系统；从产业角度讲，报业包括信息采集、编辑、广告、印刷和发行等经营子系统。系统内部各要素之间，存在相互联系相互作用的关系，它表现为某一子系统接受输入而产生有用的输出，这个子系统的输出又成为另外子系统的输入。子系统的这种相关性，表现为它们之间有一定的物质流动、能量流动、信息流动以及信息反馈的关系。然而，系统论的整体性原理并不意味着整体功能等于各要素功能的简单相加，而是更强调获取整体效益的关键在于各要素的协调配合，只有要素间的协调配合良好，整体效应才会放大。鉴于报业影响力经济的二元性特点，在报业运营中，报纸宣传和报纸产品经营必须建立科学的利益结合机制以形成利益共同体，这样才会调动社会效益和经济效益两个领域的积极性，从而实现整体效应。这是构建报业组织核心竞争力的基本要求和途径。

　　这种整合性还可以进一步阐述为：报业系统是社会系统的构成要素，它运行在一定的环境中，而报业系统成为自组织系统的前提条件之一就是要对周边环境开放，周边环境也即报业组织核心竞争力构建所处"菱形"环境条件的性状，因此传媒体制的保障是构建报业组织核心竞争力的制度性前提；报业系统是一个耗散结构，在与其生存的外部环境进行大量的互动时，报业系统具有所有社会系统共有的特征——非线性，也即相干性，即对象之间存在的相互作用不是简单的数量叠加，而是相互制约相互耦合，从而形成一种在整体上完全不同于各部分的崭新整合效应，因此报业组织具备构筑培育核心竞争力的可能性;报业系统也是一个具有负反馈机制的能自我调节的自稳系统,在输入和输出的不断相互作用中,受众和媒介的互动使受众对于媒介的依赖评价逐渐形成,这种评价通过某种渠道反馈给传播者并加以评估分析,从而使传播者明确传播效果并加以修正,最终实现系统的自我调节。报业组织核心竞争力正是在这个耗散过程和负反馈过程中逐渐构建培育而成。

报业组织构筑和提升核心竞争力需要采取整体发展战略,但在实践中,报业组织核心竞争力的分布总是不均衡的,它有可能在某些领域或方面表现得更强些,而在另一些领域或方面则表现得更弱些,这些优势与弱势都是在报业组织生产和交易的一系列运作环节中形成的,对它自身而言也都是相对的。企业核心竞争力的本质内涵之一在于创造消费者剩余,从市场的角度来看,受众的数量与质量直接决定了报业组织的经济效益,因此为受众提供"受众剩余",也即使受众以更低成本获取更有价值的新闻产品与服务乃是报业组织市场竞争的关键。作为专业化的生产组织,提供更有价值更有特色更易获取的新闻产品与服务需要报业组织在报纸生产及资源配置等一系列活动中优化完成,也就是说报业组织应该从内部的价值创造活动中寻找竞争优势;根据企业价值链原理,其一系列内部活动中必定有一个或几个关键环节,报业组织应以一个或几个关键环节为主导,形成能对各种生产要素不断进行有机整合的机制,这种整合不仅表现为关键的有效能力的集中,而且表现为多余、落后、无关的程序和职能等的消除,报业组织才能扬长避短使自己的核心竞争力在市场上充分表现出来。

因此,若总结一下影响报业组织核心竞争力形成的因素的话,不妨将其归纳为:目标顾客是第一因素,关键环节或关键流程是第二因素,整合机理是第三因素。这意味着,新闻资源与面向市场是报业组织核心竞争力构建的前提,而价值链构建同样是报业组织核心竞争力构建的主导。

报业组织兼具经济组织和社会组织的双重属性,像所有文化企业一样,其价值链不能单纯地指向效率或利润最大化,还应体现文化机构的社会影响力,并使两者之间相辅相成。报业组织以传递影响受众认知、观念、立场和态度等的新闻信息和相关知识为专责,就像前文已阐明的,受众信息消费剩余价值主要体现为一次销售时受众购买和阅读报纸过程中所感觉到的满意程度与其购买和阅读该报纸所实际花费的成本的差额,其关键活动分布于价值链上如何能抓住读者的满意和关注的环节中,它们主要包括:新闻报道的内容生产(包括版面安排和报纸形态等)、发行的便捷畅通、杰出人才的拥有、社会活动的参与、便利的广告服务等,正如所提到的,这些关键活动尤以专业而特色的新闻报道、全面覆盖的发行网、有意义的公益参与、先进的机制安排等为重。

需要指出的是,作为新闻传媒,报业组织比其他文化产业有着更为密切、深入和复杂的社会关系,不同社会联系都有特定利益镶嵌其中,它包含着对报业组织所需各种重要资源隐性交换的途径,从而对报业组织的生存发展产生关键性的作用。因此报业组织核心竞争力或价值创造活动相当大的程度指向报业组织生产活动的伦理水平,这些伦理联系分为纵向和横向两类,纵向联系包括行政上的和基于产业链的,如报业组织与上级领导机关、当地政府部门、下属部门的关系,报业组织与上游供应商和下游读者、广告客户、发行及零售商的关系,横向联系则指的是报业组织与其他媒介组织、企业、社会团体、所在社区以及受众之外其他大众的联系。报业组织的影响力经济某种意义上也就是社会资本经济,对以上不同主体之间利益的协调、整合以及对各自利益的满足程度,正是制约报业组织价值链构成和运转的重要因素,而党委及政府、受众、广告商与广告主等三方面的利益诉求都直接体现于报业组织内在的价值链构造中。

基于文化企业价值链模型,笔者描绘报业组织一般价值链如图4—6所示。

格式塔竞争的性质使报业组织日常运作不可能是一根静止的价值链条,事实上,它必定是在与环境的相互作用中动态运行的,而这种运行又必定是以经济效益和社会效益的平衡为核心的各价值生产活动的整合,也即是报业组织生产、营销、管理各活动环节的耦合,因此它是一个运动的链状球体价值创造模式,可用函数表示为

$$Cc = f(N, M, O) \qquad \text{(公式4—4)}$$

笔者描绘这一链状球体模型如图4—7所示。

笔者以为,这条球状链条中,新闻生产是基石,市场营销是关键,内部

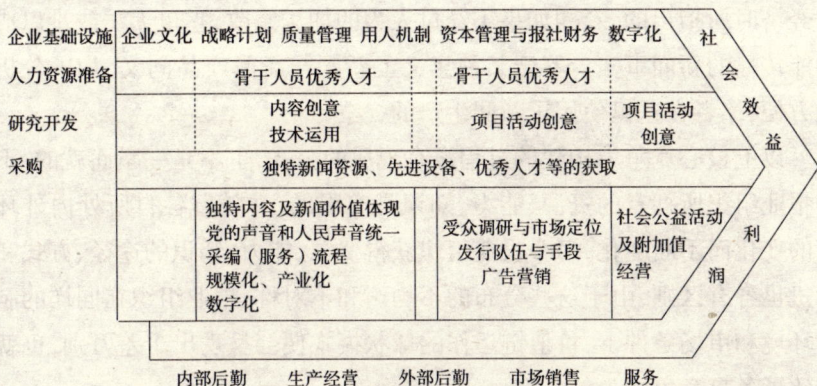

企业基础设施	企业文化　战略计划　质量管理　用人机制　资本管理与报社财务　数字化		社
人力资源准备	骨干人员优秀人才	骨干人员优秀人才		会
研究开发	内容创意 技术运用	项目活动创意	项目活动 创意	效
采购	独特新闻资源、先进设备、优秀人才等的获取			益
	独特内容及新闻价值体现 党的声音和人民声音统一 采编（服务）流程 规模化、产业化 数字化	受众调研与市场定位 发行队伍与手段 广告营销	社会公益活动 及附加值 经营	利 润

内部后勤　　生产经营　　外部后勤　　市场销售　　服务

图4—6　报业组织基本价值链及战略点

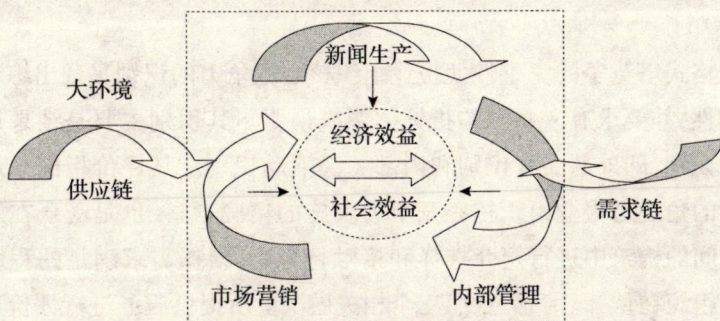

图4--7　报业组织核心竞争力构建链状球体模型

管理是保障,力量分配上三方应各占1/3的比例。党的声音和人民心声的统一是内容生产的关键战略点,发行和广告是市场营销的关键战略点,机制、资本与组织文化是内部管理的关键战略点,数字化、社会公益活动则可以看做是内容生产、市场营销和内部管理的战略结合点。价值链上的整合优势一旦形成,就会反过来对整个报业组织的结构性因素起扬长避短的整合与统驭作用,并通过很强的辐射作用向外围扩散,从而分布于报业组织市场竞争的各个方面。换言之,一个具有核心竞争力的报业组织,可以将核心竞争力辐射到尽可能多的价值生产环节上,从而实现媒体社会价值和利润的最大化。

需要说明的是,新闻本身是不能生产的,但正如第三章分析报业影响力经济时所指出的,新闻如果不经过人为的加工修改,它也无法或难以成为能传播的新闻事实。鉴于某种意义上新闻与新闻产品同义,为了分析的方便,笔者在这里使用了新闻生产的提法。

以上核心竞争力构建的过程没有现成的公式,也不是一蹴而就的,不同报业组织所拥有的资源、能力、知识是有限的,并随着各自所处内外环境的变化而不断变化,每个报业组织获得资源、能力、知识的途径、方式和时机也各有区别,由于这些分布的不均衡和不对称,报业组织在同样的制度环境和市场条件下,价值链运作的球状模式便会呈现出千差万别,也就导致了各自竞争能力的不同。

三、本章小结

格式塔竞争的完整性使报业组织核心竞争力的识别呈现出综合性和复杂性,并要求有一系列的指标体系来说明。其识别主要是结果识别和活动识别,即外部品牌识别和内部关键活动识别。其评价指标是从定量分析的角度对报业组织核心竞争力实施的精确考察,也是受众在媒介信息空间的构筑中进行媒介选择和接触行为后,根据需求满足的程度而对报业组织在认知、情感、意愿三个相关层次上所提供服务进行评价形成的一套指标体系。这套体系是对于报业组织及其传播活动的基本认识和看法,包括月(年)平均期发数(经过稽核的更好)、读者报刊实际接触频度、读者人口覆盖率、报刊的市场占有率、广告经营额、成本利润率、收入及资产增长率、报刊品牌知名度等8个主要指标。

总体上说,报业组织核心竞争力的构建是一个完整的动态管理过程,包括核心竞争力的确定、培育、应用、评价等一系列流程,它是报业组织以市场及顾客价值系统为导向、以学习创新为基础的多种知识和技能交汇的结果,需要报业组织长期的全方位努力。该核心竞争力的形成也即企业格式塔(知觉整合)竞争的过程。

企业是创造价值的,对于任何企业,价值活动是其所从事的物质上的和技术上的界限分明的各项活动,企业的生产和交易活动因此可以分解为战略性相关的许多价值创造环节,它们彼此相联形成完整的企业价值链条,在同样的外部条件下,企业的价值链构造和运作不一样。由于企业以创造消费者剩余价值为市场竞争的关键,核心竞争力的构建可以用价值链构建模型作出较贴切的说明。

从这一原理出发,报业组织核心竞争力的培育机制大体上可归纳为:确定报业组织的发展战略并不断创造组织独特的价值链。报业是文化产业的核心产业之一,作为文化企业,报业组织价值链的一般战略点及其组合包括:创意、内容生产、高新技术、市场运作、产业链与内部管理;作为传媒机构,其价值链的特殊战略点则还体现为报业外部资本参与作用的环节,主要表现为:党和人民心声的统一、社会公益活动的参与。整体上,其构建可以定位于如何卓有成效地从事内容生产、市场营销和内部管理,以及如何实现三者的有机融合,由于影响力经济规律的支配和作用,这些活动必定以经济效益←→社会效益的平衡为核心。因此,报业组织核心竞争力构建乃是价值链的向心整合运动,它是一个链状球体模型,这一模型与报业组织影响力企业格式塔知觉整合竞争的实质是吻合的。

第五章 我国报业组织核心竞争力的培育

报业组织核心竞争力的获取源自其价值链上各环节的整合,这一过程不仅呈现出报业组织价值链的链状球体运行模式,也反映出报业组织有效的生产运营是通过媒介内部与外部的综合作用实现的。因此报业组织核心竞争力不仅可以而且需要培育,其培育本身也就是一种格式塔的培育。它可以从报业组织价值链运作中新闻生产、市场运作、内部管理等三方面的展开和联结中去分析和探讨,其各要素、各环节的运作以及相互间的协同整合,正是报业组织核心竞争力形成的独特过程和方式,它导致了报业组织核心竞争力格式塔行为的具体不同。下面就各方面的相关运作分别作一阐述,以从平面操作的角度揭示报业组织核心竞争力培育的具体方法和途径。

一、新闻本位:我国报业组织核心竞争力培育的基石

"以新闻为本位"[1]由我国近代新闻工作者邵飘萍所倡导,简单地说,就是按照"新闻的本源是事实"这一规律来安排和从事新闻活动。在报业组织的整个生产经营中,新闻为本是关乎全局的基础性和根本性环节,只有以新闻为基石,通过不断铸就新的新闻优势,报业组织才可能取得其他环节的成效,进而获得市场竞争的领先地位。

---

① 邵飘萍语,转引自陈力丹:《论中国新闻学的启蒙和创立》,http://www.xici.net/b35667/d2748749.htm.

(一)报业组织核心竞争力培育应以新闻为本

1. 新闻价值:报媒价值链的核心

新闻传播本质上是新闻信息资源的发现发掘、加工配置、发布及交流的过程,作为独立的社会部门,新闻传媒社会分工基本而主要的目的就是为受众提供信息服务。报纸是最早出现的大众传媒,其最基本的功能一直是向公众传递最新的事实信息,所谓"报纸之第一任务,在报告读者以最新而又最有兴味、最有关系的各种消息,故构成报纸之最要原料厥唯新闻"①。报纸是新闻纸这一与生俱来的规定意味着尽管报业组织具有政治、经济等多种功能,但其第一要义乃是新闻服务功能,正如拉斯韦尔(Harold Dwight Lasswell)在《传播的结构与功能》(1948)中指出的,监视(Surveillance)是报纸的第一功能,它的作用是告知和提供新闻,而卡斯柏·约斯特(Casper Yost)在其《新闻学原理》(1924)中以新闻第一为全书的核心,也是对此的另一种阐明。

从经济学角度分析,只有当新闻产品(或服务)提供给受众的总收益大于受众的总付出,即受众获得超额价值时,报业组织才能得到受众的忠诚和依赖,而"收益"实际上是受众消费新闻时主观"效用"的体现,它往往依赖受众对新闻产品及服务的评价或预期报偿来实现。例如,就某一报业组织而言,某份报纸的受众"预期报偿"可用受众愿意支付的最高价格来表示,该报纸发行量乘以报纸定价的积等于购买该报纸的受众消费总支出,受众愿意支付的最高价格总和减去消费总支出则是消费者剩余,假若报纸市场售价 1 元,主观效用 10 元,其价值关系可如图 5—1 所示。

图中需求曲线下方与市场价格上方的三角形面积所代表的即报纸创造的受众消费者剩余,一定报价下它由受众需求曲线决定:在社会信息技术一定和报价基本一致的条件下,报纸提供给受众的预期"报偿保证"越大,受众对报纸的依赖就更强;而且,由于总体上报纸需求的价格弹性并不高,报纸价格的变动一般不会大幅度地影响该报纸的需求量,因此决定

①　邵飘萍语,转引自冯波:《由邵飘萍的新闻活动论新闻本位的回归》,《陕西师范大学学报(哲学社会科学版)》2001 年第 30 卷专辑。

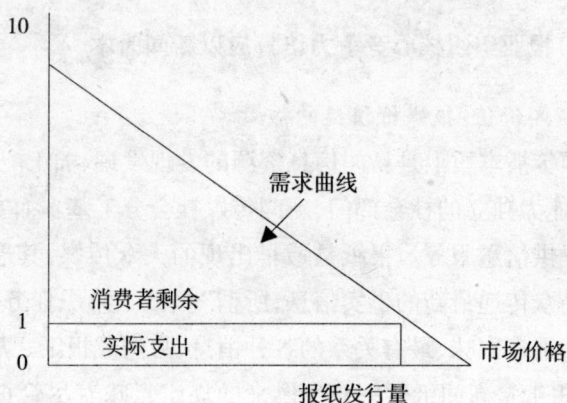

图5—1　报纸消费者剩余

资料来源:金碚:《报业经济学》,经济管理出版社2002年版,第228页。

报纸受众超额价值的因素主要是报业组织提供的新闻信息产品,这与新闻传播的"使用满足"理论或信息选择或然率原理(选择或然率 = 报偿的保证/费力的程度)是一致的。诚然,受众信息获取的价值诉求中一直有两个重点:内容和渠道,但相比之下内容更是"需求不可离弃的东西"①,当"大媒体时代"的传播技术革命极大地打破既往"渠道霸权"之后,媒体的生存状态首先取决于它们能否树立起鲜明的新闻主导权以及表现出怎样的真诚与负责,它意味着以真正的新闻供给社会乃是传媒价值链之本。

　　进一步来看,报业组织最终生产的是附加于报纸之上的影响力,其效益总额是一个影响力经济总量,如果报业组织失去了作为人们信息源和思想源的地位,它也就从根本上失去了一系列存在的意义,反之,只有在长期充分的满足受众新闻渴求的基础上,受众数量、质量与时间的乘积才能实现最大化,传媒的信息服务、舆论监督及二次或多次"出售"才能实现,整个价值链条才能有机转动起来。不同的报业组织尽管会形成自身具体而微的价值链模式和方法,但所有的价值链运作中,无一例外的是,总有一个关键要素对其他环节(或因素)产生着或近或远、或大或小的作

---

① 任壮、徐金奇:《"内容为王"的合理内核和价值所在》,《采、写、编》2004年第3期。

用和影响,直接衍生并制约着报业组织其他的价值生产活动,这就是新闻生产及其质量。就当前报业组织的价值链运作来看,除了卖内容是依靠新闻本身获取市场价值和社会影响以外,卖广告、卖活动、在资本市场获得资金支持等其他模式都是以新闻影响力为前提、基础和条件的,报业组织竞争的复杂最终都得通过新闻价值来建立和揭示。正因如此,在对报业组织核心竞争力进行界定时,不少学者指出它是以主体业务,即采写编评等为核心而形成的。

核心竞争力构建应以顾客价值系统为导向。由于报业组织顾客价值系统以新闻满足为核心,报业组织主要价值创造活动就应围绕新闻信息的生产和传播而展开,扎实的新闻生产便始终是报业生存发展的根本。无论从传媒自身的性质还是从企业竞争的角度,创造新闻价值都是报业组织经营管理的第一原则,在报业组织多因素交织的价值链运作中,创造新闻价值是基石与核心,丧失了这个根基,报业组织核心竞争力便无从构筑,即使一时侥幸筑成也必定会坍塌下来。因此,报业组织的价值链运作应该以追求最大的新闻价值为第一目标,报业组织应尽快实现权威负责的信息角色定位,以巩固自身对新闻的主导权。

2. 树立"三贴近"的新闻本位观

"以新闻为本"由新闻传媒的性质和功能所决定,然而从建国到20世纪70年代末,我国报业组织新闻使命的完成并不是做得很充分,可以说,几乎所有的新闻体制设施与政策规定都是围绕着如何保障其"喉舌"作用而构建的,在历史及惯性力的作用下,言论和指导替代事实与信息成了中国新闻传媒延续到20世纪90年代初期的基本存在思路和模式。在这个意义上,新闻本位观是中国报业组织目前及今后应该树立的新新闻观。在西方,新闻为本的理念集中体现在"为实现'公众的知晓权'服务"①的新闻专业主义(Journalistic Professionalism)思想中,中国报业组织的新闻本位既与西方的新闻专业主义有一致性,也有自己独特的内涵与要求,在今天我国报业组织最终树立的是"三贴近"的新闻本位观。

---

① [美]赫伯特·阿特休尔:《权力的媒介》,黄煜等译,华夏出版社1989年版,第133页。

　　"三贴近"即"贴近实际、贴近生活、贴近群众",其内涵是,以受众为第一位来更多地反映广大群众的意愿。从 20 世纪 20 年代党领导下的报刊创建到 70 年代末,我国新闻传媒的力量与威望主要体现为各媒体新闻工作中所代表的党政权力级别及其党性原则,此后二十多年来社会的巨大变化不仅使传媒回归到"环境守望"的功能本义,市场经济规律也逐步调节控制着传媒市场,这必然地也就丰富了我国报业组织等新闻传媒影响力的内涵。因此要想继续保持传媒的力量与威望,除了一贯强调的宣传党的政策、贯彻党的政策、反映党的工作以外,还必须认真考虑如何从民众的实际新闻需求出发来构筑社会的信息安全体系,"人民满意不满意,人民喜欢不喜欢"已是当今衡量我国新闻传媒必须包含的基本要义。"三贴近"便是对此的确切表达,其提出既是对过去我国报业组织脱离实际、脱离生活、脱离群众的反拨和矫正,也是对现今人民新闻需求满足的高度重视和落实,它鲜明地体现了我国报业组织等新闻媒介发展的时代趋势和规律。

　　社会主义市场经济条件下,"三贴近"与"面向市场"是一致的,但这并不意味着"三贴近"是对传统权威的漠视和抛弃。事实上,"三贴近"包括两方面的含义:一是保障人民群众的知情权,二是继续坚持正确的舆论导向,其实质就是将舆论导向与保障人民群众的知情权和尊重人民群众的自觉选择和判断结合起来,换言之,就是"把体现党的意志和反映人民心声统一起来"[1]、将"'我们想说的'和'群众想听的'统一起来"[2]、"把弘扬主旋律和提倡多样化结合起来"[3],从而增强新闻报道的针对性、实效性、吸引力和感染力。因此,"三贴近"不是庸俗新闻或市场跟风的代名词,而是市场经济条件下,报业组织等传媒单位对新闻规律、市场规律的理性调适,它最终贴近的是实事求是的新闻精神及其应有的人文关怀。只有做到"三贴近",报业组织等新闻媒体才能找准新闻报道的出发点和

---

① 李长春:《从"三贴近"入手改进和加强宣传思想工作》,《求是》2003 年第 10 期。
② 南振中:《把密切联系群众作为改进新闻报道的着力点——对"三贴近"本质和核心的思考》,http://www.zjol.com.cn/gb/node2/node802/node37145/node203226/index.html.
③ 李长春:《从"三贴近"入手改进和加强宣传思想工作》,《求是》2003 年第 10 期。

落脚点,才能真正将新闻报道与社会宣传、受众利益结合起来,它既是对新世纪新阶段新闻传媒"全心全意为人民服务"宗旨更全面更完整的表达,又是传统党性原则基础上,对如何增强新闻传媒信息服务功能的集中表述,也是新的时代背景下我国新闻媒体重塑权威性的根本途径。

"三贴近"是我国报业组织必须树立的以新闻为本的新媒介权威观,它代表了一种新的主流媒体(Mainstream Media),这一新主流媒体包括既具有意识形态主导权,又具有亲近性和亲和力的各行业、各部门的报纸,其共同特点是能把政府的执政行为融入大众的视野和人民群众的实际生存状况中,结合报纸的定位和特性以一种理性的价值取向和平视生活的视角来观察、思考和报道。在国家的"宏大主题"下,我国报业组织新闻报道的使命已成为:不仅弘扬主旋律,更要找寻发生在人们身边的美德、知识、情感与潜在本质,并以此来进行主旋律的弘扬,从而激励人们继续努力和奋斗,这一新的主流声音也即党的心声和民众心声的统一。

中国报业组织赢得新闻优势也就必须传递新的主流声音,如何以新闻专业主义为操守,把报道视角从"权力精英"转移到普通群众,从单一国家权力舆论导向转变到关注日常社会的方方面面,最终将中央精神具体化为实际的事实、知识、生活与愿望,切实代表公众行使知情权和表达权,就成为中国报业组织市场博弈的新闻基本功,范敬宜提出的"同中央精神贴得近些再近些,同实际工作贴得近些再近些,同群众脉搏贴得近些再近些"[1],无疑是一种很好的启示。

(二)如何铸就新闻优势

报业组织新闻优势来自于报业组织对新闻信息资源的合理开发和利用,它是传播者"运用主体的认识能力和实践能力",通过对信息的"甄别、重组、符号表述"等方法,在对新闻信息资源"发现、采集、加工和传播的全过程中"创造新闻价值的结果。[2] 树立新权威媒体观并传递新的主

---

[1] 转引自陈健兵:《贴近性———县市报生命力之所在?》,http://www.cddc.net/shownews.asp? newsid=4469.

[2] 参见王朝晖:《决胜媒体市场:新闻信息资源开发战略》,新华出版社2003年版,第27页。

流声音,是当下及未来我国报业组织获取持续新闻优势的宏观规定,内容为王、流程优化、信息数字化及优秀采编人员则是其具体执行的基本原则与途径。

1. 内容为王:报媒的新闻信息量、思想性与版面魅力

新闻传媒是内容产业,内容产品产生影响力,据此传媒组织才能成为市场青睐的对象,因此传媒组织核心竞争力首要体现为传媒的新闻内容如何,"内容为王"便是指此而言。

新闻生产中"内容为王"的含义很广泛,但整体上都表现为对读者信息需求的充分满足。现代社会,传媒和传媒人已被要求从简单型的资讯提供者转变为智慧型的信息提供者,因此媒介不但要做好资讯供应,扩大传媒的信息量,也要增强实用性和服务性,做好意见和观点的供应。作为纸质媒体,报纸尤须有含量有思想才能发挥优势,因此报业组织以内容为王铸就新闻优势总体上可表述成在有限版面内开拓信息广度,同时对信息深度进行挖掘与整理,其新闻优势的获取在于为读者所能提供的信息量大小、理性价值高低以及版面特色的鲜明。

在更为日常化的传播行为中,信息内容无疑是最"具有'真正的人民'指向的",它在媒介的价值创造中也"更显根本性、本质性"。[1] 因此充分的资讯保障是报业组织的基础性新闻优势,新媒介环境下,"一家报纸想要在信息传递方式的变革中存活下来,就必须牢牢地把握一点,那就是就人们需要了解的事件提供全面而连贯的每日报道"[2],这一优势的铸就可以用新闻信息的"放量传播"或"减小信息落差"来表述。相应地,报业组织内容生产应采取的一种思路或措施是,凡是与民众生活有关、能带来一定效用、影响人们个人决策和社会判断的新闻和资讯,都应该予以报道,报社不仅要获得独家题材和新闻,也要从新闻报道单篇"点"的精彩转变为信息系列"面"的周全严整,其诉求重点既应包括时政外交等重大层面新闻,也应包括衣食住行等日常层面新闻,还应包括一些敏感信息或

---

① 黄顺铭:《相互背景下的传统媒体与因特网生存逻辑》,《现代传播》2001 年第 2 期。

② [美]杰克·富勒:《信息时代的新闻价值观》,展江译,新华出版社 1999 年版,第 258—259 页。

负面新闻。自然,"影响政局稳定、煽动民众闹事和诱导堕落、犯罪"的信息,任何国家的任何政府都不会任其自由传播,我国也不会例外,但是"新闻媒介作为舆论载体的社会角色决定了信息落差的减小是有前提条件的"①,对中国的报业组织来讲,"放量"的趋势已不容置疑,在发挥和重视好"把关人"职能的同时,报业组织更要追求信息和舆论环境的宽松,以更好地满足受众的多元信息需求。

知识经济时代,随着媒介间信息资源共享的日益普遍和社会理性认知需求的大大增强,传媒获取新闻优势已不能仅依靠独家新闻和放量传播,还须有对新闻事实的独特发掘和配置,揭示事实的本质和内涵就成为新闻竞争的另一重要方面。报纸的主要特长本就是思想的影响力,其主要的媒介优势就是对信息的深度开发和理性挖掘,因此报纸新闻优势的获取需要充分发挥深度报道和言论等新闻形式的作用,凭借思想或知识的指导性与必读性赢得受众持久的关注和忠诚。所谓"我们读一份报纸时,渴望有一种起联合作用的人气……他们需要一位能将四分五裂的世界聚合成一个整体的综合者"②,报业组织不仅要追求事件的全息化和感性化,更要在事物发生的背景、前景及相关客体的多种联系中,通过文字的洞察与分析,以特有的理性视点引导受众透视事实隐蔽的内在性,从而给人以鲜明深刻的思考和启发。如果说新闻是报纸的身躯,那评论就是报纸的灵魂,在这个意义上,报业组织新闻生产已经由量化的新闻时代进入质化的分析时代和洞察时代,"思想挺拔"③已成为报业组织"内容为王"的决定性因素,它要求在事实的时间、空间、广度、角度、深度等各方面表现出文字报道的特质。

据此,新闻、言论和副刊是报纸内容的基本构成形态,具体栏目的设置组合则应根据报纸的不同性质与定位而定。鉴于形式对内容的反作用,"内容为王"还包含报纸的版面语言,平面版式同样是报纸新闻优势构筑的必备要素和成分。

---

① 田中阳:《媒介竞争论》,岳麓书社2002年版,第33页。
② [美]杰克·富勒:《信息时代的新闻价值观》,展江译,新华出版社1999年版,第255页。
③ 刘建明:《解读主流媒体》,《新闻与写作》2004年第4期。

版面语言即报纸的版面结构与形态样式,包括版面空间、编排手段和布局结构。总体上报纸的版面优势应着眼于降低读者的"费力程度"和强化其对内容的注意理解,原则上应通过版面元素的组合提供丰富的元素和内涵,并引导和方便读者阅读。版面不同新闻优势是不同的,例如,独立成块、四边形编排的模块式设计、从版数到字号线型都统一规定的标准化格式、用色彩图表展现文字内容的图表化编排、头版开设导读窗口以及多版的单元设计等,是当今报纸版面安排的时尚理念和手法;凸显头版和标题的冲击力、在大标题和正文之间插入几行副标题、用黑体或斜体显示重要段落、用箭头、星号、弹形记号和其他符号辅助读者阅读等各种编排技巧,对于帮助读者更轻松地阅读和更醒目地传达内容也都有着可观的效果。总而言之,在一个信息纷杂的读图时代,无论采取何种形式,简洁、易读、直观下的美观,以及一定的视觉冲击力,是报纸版面应保持的态度和立场。

需要强调的是,除了信息的广度、深度和版式的适宜,文字报道本身的可读性和亲和力也是报纸铸就新闻优势必须考虑的要素,除了努力贴近生活外,如何根据受众的解读规律并采用大家乐于接受的写作方式,革除文字报道"僵硬"、"空松"、"陈套"的弊病,是提高报纸新闻优势的一个基本问题。当然,在新闻竞争日趋同质化的今天,信息的差异化是报业组织内容优势的总体选择,也是其新闻优势铸就的总原则,它在整体上作用于内容的采写编排和版面栏目的设置,包括如何构建立体的新闻来源、如何有效利用已发现的新闻信息并进行多次开发、如何及时形成有特色的新闻文本以及如何让文字传播更富有人情味和趣味性,等等。不同报业组织在报道内容、报道方式、表现形式、新闻策划等若干方面的不同做法,便构成了新闻内容提供的不同风景。

2. 流程优化:报媒新闻制作的敏捷、时效与高效率

新闻生产是采写编印的完整流程,新闻报道的创意及脑力劳动自然起着决定性的作用,然而精神劳动分散渗透在从采写到编排到印刷的各个环节中,它们需要前后一贯的协调和操作,否则信息内容将无从得到准确的文字落实和体现;况且,迅速及时本是新闻优势硬性规定之一,因此,报业组织的新闻优势必须有生产线上的支撑,流程优化即指此而言。

　　报业组织生产流程的优化可简称为采编出版流程优化。它是一定物质条件下的精神劳动整合过程,也是特殊信息资源由"发现—→采集—→加工—→印刷—→传播"的流通改造过程。所谓优化,乃是将个人智力活动整合成群体精神生产的最大优势,其实质是确保最短时间内完成报纸这一精神产品的最优制作,信息的有效流动和转换是关键。鉴于此,新闻生产流程优化着力的便是怎样将采访、编辑、印刷等分散的生产要素集约起来统一调控,从而将耗散的资源和精神劳动整合起来使之程序化、规范化、一体化,最终提高报纸生产的效率和质量。因此,报业组织生产流程优化的重点乃是如何设计采编机制,诸如采编印各部门的具体环节及其相互关系等,如何配合集成技术使整个采编出版保持一体化的高效率,至于先进设备的运用则从物质上保证了信息流通及制作的畅达迅捷,它使报纸生产流程优化最终变为可能。

　　其中,流程设计是以各部门各层次的相互职权关系为基础的,它首先是机制设计。采编印各部门及其具体环节的科学设置并没有统一的范式,总的原则是:各部门横向纵向的分工必须体现合理的责权利关系和人才的合理使用。目前采编机制的国际惯例是打破"科室结构"局限的"大采访工作通间"和"大夜编中心",例如《广州日报》和《北京青年报》的采编体例就是如此,还有的报社以改进编前会制度的方法来整合新闻信息资源也收到了很好的成效。在责权利分明的机制基础上,流程优化集中体现为报纸生产的敏捷性。

　　敏捷(Agility)的含义是多重的,不仅包括时效快、质量好、浪费少,还包括柔性强,即能对采编印具体环境的变化作出及时反应和调整,它们贯彻于从记者采写稿件到编辑审校组版到印务照排印刷的完整流程中,尤其致力于采编整体与印务的有机联结。敏捷性生产需要建立强大的信息操作系统和硬件支撑环境,对此,各报业组织需要通过采编印集成系统的设置来构建流程上的优势并保持不断升级,而相关软件的运用和数字化编印技术的拥有是关键。随着信息技术的发展,这些软件和技术也处在不断升级中,就笔者掌握的资料,北大方正新闻采编系统、远程传版技术和激光照排系统一直是我国报纸采编无纸化办公的基础,计算机直接制版技术即CTP和CTCP技术则实现了计算机排版与高效制版的结合,"高效数字化同步检校系统"使传统人工校对改变为组版、校对同步的"智能辅助校对"。① 目前,方正畅流工作流程系统和方正报易直接制版系统全面刷新了报业组织印前工作流程的管理,成功实现了印前各道工艺环节的集成与整合,北京日报、杭州日报、芜湖日报、黑龙江日报等报业组织都采用了这一数字化编印流程。类似的还有德国曼罗兰公司的 PECOM(电子作业流程自动管理)系统,它将编辑作业计划、时序安排、版面安排也整合进印务中来,使报纸所需计划周期、版面数与印刷能力之间实现很好的即时对接。以上生产流程安排必须统一于整个报业组织管理流程中,而先进的电脑办公设备和精良的印刷机器同样不能忽视。

报纸生产流程优化可以引入编辑流程函数②来作出信息优化的参照。例如:设编辑出版流程外观函数为 Z,令 $Z = Z'(I, i)$,其中 I 为输出信息量,i 为流入信息量,设决定编辑内部信息采编印的限制性因素为记者选择能力(S1)、写作能力(W)、编辑选择能力(S2)、编审校能力(E)、印务能力(P),则编辑出版流程内观函数

$$C = C'[(S1, W), (S2, E), P] \qquad \text{(公式 5—1)}$$

因为 Z 决定于 C,即 Z 是 C 的函数,因此可令外观函数 $Z'(I, i)$ 与内观函数 $C'[(S1, W), (S2, E), P]$ 的关系为:

$$C'[(S1, W), (S2, E), P] = F[Z'(I, i)] \qquad \text{(公式 5—2)}$$

或 $\qquad Z'(I, i) = f\{C'[(S1, W), (S2, E), P]\} \qquad \text{(公式 5—3)}$

即构成编辑出版流程方程。

内观函数中,C' 参量表示编辑出版内在整体效能度的大小;外观函数中,Z' 参量表示输入与输出的比值。不同报业组织内在生产的各种要素是不同的,确定目标 Zmax 或 Cmax,通过求解方程可揭示出报纸生产过程中的某种优化状态,或发现某种生产结构缺陷以施行优化策略。这对提升新闻优势是一种极有益的数量参照。

报纸是平面媒体,传统报纸载体本身没有电子媒介的技术限制,但作

---

① 《应用同步检校技术,提高报纸出版时效——访长江日报报业集团技术部主任肖建夫》,《中国传媒科技》2007 年第 3 期。

② 参见王锴、吕洪霞:《编辑出版流程函数的引入与方程的构建》,《科技咨询导报》2007 年第 30 期。

业流程却是有技术要求的。内容的生产创新必须有技术的保证,而且我国报业也必须实现由依靠投资驱动的资源消耗型增长,向依靠技术驱动的内容创新型增长转变,这一"新型增长模式"使报业组织生产流程的优化格外重要。报业组织新闻优势的获取,必须在这一点上得到保证,鉴于新的报业生产力总在涌现,因此加强对生产流程的优化整合是报业组织新闻优势铸就必须持之以恒。当然,报纸是由新闻和广告共同构成的,对于报纸生产来说,不仅编辑部门内部采写编印的整合与协调十分重要,编辑部与发行、广告部的沟通配合同样也很重要,而且这些又都离不开报社党政、后勤、人事部门的支持配合。因此,流程优化往小的方面说是新闻的生产程序优化,往大的方面说则是整条价值链的优化,而报业组织运行机制的改进和创新是所有流程优化的根本保障。

3. 信息数字化:报媒新闻的立体互动、超时空与个性化

网络和信息新技术使大众传播的生态环境发生了根本改变,它不仅直接改变了受众信息消费的习惯,更无情颠覆了传统的传播方式,从而导致了整个媒体业务模式的变革。网络之于报纸的意义,正在于它使数字化成为报纸发展的共同趋势,所谓"报纸成长于共同体的土壤之中……如果他们试图控制交互式新媒介的话,他们就应当利用这种共同因素"①。当然,这里的数字化不只是进入印刷环节前报纸生产过程,诸如电脑采访、传稿、编辑、排版等管理操作的数字化,也不是简单的报纸产品数字化,诸如报纸的网络版等,而是报纸信息供给整体上的方式变革,它代表了一种新的报媒价值创造方式,以报纸信息网络基础设施,即新闻业务综合网络(News Integrated Services Network)为基础,涉及报业生产方式、内容传播模式、经营模式、管理模式等一系列深刻的变革,它不仅使报纸更体现出人的现实世界的本质特征,也使报业组织具有新的传播力,最终使报纸的影响力创造得以全面增值和提升。因此,数字化就是报纸应对新媒介环境的一种生存逻辑,它既是报纸整体提升的必由途径,也是其获取新闻优势的重要条件之一。

① [美]杰克·富勒:《信息时代的新闻价值观》,展江译,新华出版社1999年版,第257页。

每种媒介都"有自身的优势与劣势",而它们又都会将这些"优势与劣势""强加在所携带的讯息上"①,鉴于新闻优势正是以最新鲜最适宜的信息内容抢占报道先机以构成对受者的把握力,因此报纸数字化的含义就是信息与传播的数字化,它从传播途径和内容创造本身对原有新闻优势进行了构建和强化。对于报纸而言,数字化使内容的生产及传播从平面时空拓展跃升为立体时空,报纸不仅具有了更理想的新闻时效和新闻覆盖面,也具有了更丰富的新闻表现形式和接受方式,报业组织的内部生产更呈现出某种开放性和交互性,这本身就是对纸媒"内容为王"的一次提升和刷新,是信息时代报纸新闻优势最深刻的变革和进步。如何利用新的技术逻辑提供足够好的内容质量,并产生新的传播价值体系,是报业组织新闻优势的核心构成之一,谁家报纸不适应数字化,谁就会在新闻上落后,最终在多媒介竞争格局中被淘汰。

报纸构筑信息数字化的形态主要包括核心平台的搭建和多元数字产品的生产。

核心平台是报纸数字化生存的前提和根本,是指以内容提供者为基础搭建的强大数字化信息平台,这一信息平台不是"死"的报纸网络版,而是"活"的报纸网站,它不仅保证报纸的新闻信息通过网络广阔迅捷地传播出去,本身也形成了印刷资源与网络资源互动整合的立体化信息空间。例如,在继续使用印刷报纸的线性阅读方式时,网页上可以增加多媒体的"非线性文本",受众点击后能快速在多达数十页或上百页的版面之间浏览和查阅,其间若通过点击触摸相关词语,就能出现新闻报道中某个人物、背景、数据的更多资料,新闻照片也能变成活动影像,读者既可以听到新闻人物的言谈笑语,也可以看到新闻事件的实况。总之,强有力的数字化信息平台就是借助网络超文本和多媒体的特点,使报纸的传统新闻优势得以从平面局限中解放腾飞出来,从而以更大的新闻自由性和自主性增强报纸的社会信息主导能力,这显然是传统报纸难以具备的。

数字产品即信息内容的数字化类型。从国内外报纸的数字化探索来

---

① [美]杰克·富勒:《信息时代的新闻价值观》,展江译,新华出版社1999年版,第244—245页。

看,目前比较成熟的数字化产品主要有四种,即:网络报纸;在线新闻;手机报纸;定制新闻。此外还包括在线互动性产品,例如针对受众的需求层次和阅读习惯增设有特色的报纸网上版块和栏目,充分利用博客、BBS 等手段增加报纸新闻传播的公众参与等。《北京日报·专刊部》和京报网联手的在线直播就是报网在线互动结合成功的较早实例,它使"民主参与理论"在当今报纸的新闻实践中得到了新的定义与体现。以上新的报纸产品形式将成为报业组织在数字化时代的主要产品,同时也代表着传统报业生产方式的革命性转型,它们以新闻的时效性、空间性和互动性增强了纸介媒体的整体影响力,以此开辟了报纸更大的活动空间和更多的经济增长点,意义尤为直接而深远,这些都是当今报业组织新闻生产优势必须考虑的。

整体上,数字化对报纸新闻优势的铸就在于对报纸新闻价值的重新塑造,换言之,它能更大地优化报纸新闻生产和传播中的信息选择或然率行为,一方面保证有更符合需要的信息提供,另一方面则大大降低获取的费力程度。以所谓的理想的"21 世纪报纸"——电子平板报纸为例,这一高清晰度、液晶显示的平板终端报纸与现行普通报纸的大小厚度相仿,其版面设计看上去也和传统报纸并无二致,但它更为轻巧灵便,除了以上提及的信息优势,它还具有获取优势,人们只需将某种卡片直接插入联网电脑或随处可见的 ATM 机,一份全新的多媒体日报便能展示在面前。因此,数字化在新闻选择获取的行为上使报纸新闻优势得到了实质性提升,谁掌握了这些先机并好好维护,谁就在很大程度上取得了新闻的某种优先权。

寻求讯息数字化已是我国报业发展无法回避的现实,1995 年《中国贸易报》首开内地报纸上网之先河后,截至 1999 年 6 月国内已有 273 家报纸上网,之后 2004 年我国第一家手机报《中国妇女报彩信版》正式开通,当 2005 年度新闻出版总署明确指出报纸数字化的未来趋势后,传统报纸自我革命的数字化浪潮已是风起云涌、蔚为壮观了,"十一五"时期数字化更成为中国报业发展的主要目标之一。

然而,报业组织数字化新闻优势的构建是有条件的,搭建强有力的数字化信息平台和打造优良的数字产品须依赖三个因素:一是拥有自身平面品牌的强势,二是充分利用所能拥有的网络资源,三是对网站的管理、开发和经营。不同报业组织在这三方面的条件不同、运作处理不同,数字化的新闻优势也就不同,报业组织要想赢得数字化优势,也就必须在以上方面都作出自己的努力。

总之,数字化报业是未来报业发展的大势所趋,它既是媒介融合的客观体现,也是传媒竞争的要求和结果,同时还是报纸应对竞争的必备手段,我国报业组织必须以更加积极的进取姿态,融入新型数字内容产业的潮流,通过实施数字报业战略,不断增强在多元传播格局中的传播力和影响力,并获得更多的竞争优势。

附带补充的是,新闻报道是对新闻信息的采集、加工和展示,其本质是"通过传播者的精心设计与组织,实现对媒介所掌握的新闻资源的充分开发与利用"[1],因此新闻优势获取实则是系统性的工程,新闻传播的策划与组织则占据着十分重要的地位。它统摄了前面所提及的各个方面,包括媒介定位与编辑方针的确定、新闻单元设计与采编机构的设置管理、新闻报道的设计与组织、纸质资源和网络资源的良性互动、优秀采编人员的各尽其才等若干方面,所有的新闻生产因素应联动起来,以受众信息满足为宗旨,以差异性为原则,共同作用于报纸新闻优势的形成。

由于本章最后一节会对采编人员有所阐述,这里不再赘述。

二、市场运作:我国报业组织核心竞争力培育的关键

核心竞争力本身强调的是市场竞争与运作。市场已成为我国媒体生存发展的基本条件,它使媒介生产经营的任何举措都须建立在对市场的尊重和符合上,仅有好的新闻并不能构成竞争优势,只有在市场的运作中,一切才能生动流转起来,尊重新闻规律与尊重市场规律已成为辩证的一体。因此,适应市场成为中国报业发展的枢纽环节,有效的市场运作是我国报业组织核心竞争力培育的关键。

---

[1] 蔡雯:《新闻报道策划与新闻资源开发》,中国人民大学出版社 2004 年版,第 55 页。

（一）报业组织核心竞争力培育应以市场为导向

1. 市场与效益：报媒价值链的归结

自一提出，价值链针对的就是企业竞争优势的获取，其展开的过程是企业的价值创造，而其箭头指向的终点，无疑是竞争优势所代表的市场与效益，或者说，是企业的市场地位与收益。成为面向市场的企业后，报业组织价值链指向说明的同样也是如何使价值创造的总值（总收入）超过所花费的各种成本而获取竞争优势，其逻辑的起点和终点都是报业组织的市场与效益。

对于生产物质产品和精神产品的任何厂商而言，企业创造的总价值包括无形的消费者剩余和有形的生产者利润两个部分，在企业价值创造过程中，这两大价值构成互为条件彼此相生，厂商努力做的，既要增加消费者剩余，也要扩大自身利润，它们通过市场协调一致。一般经济学分析中，商品的使用价值不必做价值规范分析，只要能卖出去且质量合格，商品就对消费者和社会福利有正效用，因此一般情况下企业价值链的市场与效益指向就是波特图形中所标示的"利润"，也即市场份额和货币收入。报业组织价值链则不完全一样。

就像前面章节提到的，报业组织价值创造的收入具有货币和时间的二重性，其特殊性在于，报业组织价值链的市场与效益指向除了货币量以外，还包括社会影响、受众作用、舆论执行等多个方面，它既归结为经济利润，也指向社会效益，这一市场与效益指向不应是单纯的利润最大化，而应是效用的最大化。因此，报业组织价值链终端的市场含义是大市场含义，它既包括报业经济意义上的产品市场与广告市场，也包括不存在货币和物品交换的理性市场，还包括一般经济意义上的消费者市场，也即多元化经营市场。

报业组织价值链的市场与效益宗旨宏观上可用产业经济学中结构（Structure）——行为（Conduct）——绩效（Performance）的分析框架（简称SCP分析框架）来分析。但不论哪种结构行为绩效形式，鉴于媒介产品作为精神产品的特殊性，媒介市场都应用多维视角来审视，即媒介市场是由媒介供求关系所集结的、传媒生存发展和消费的一切社会关系的总合。

具体而言,产品市场即受众市场,其构成是报社和读者,市场表现为读者的多寡或发行量的多少;广告市场的构成是报社和广告客户,市场表现为广告客户的多寡和广告额的高低;理性市场是因产品市场而衍生的无形市场,其构成是编辑输送的思想讯息和公众发表的意见观点,市场表现为认知宣传的多寡和影响力的强弱;一般消费者市场则是报业组织多元经营的结果,指报社下属的各实业公司和市场上的一般消费者,其市场表现与一般企业没有大的差异,但具体市场条件诸如信誉、消费者认同、经济能力等却非同一般。

报业组织指向的四个市场中,产品市场是根本,广告市场是关键,一般消费者市场是补充,理性市场是保证,其相互之间既具有不同的属性和层次,又相辅相成协调制约:理性市场会对其他所有市场产生根本性的制约和影响,产品市场的生产和交换则决定了理性市场的性质、范围和强度,广告市场须利用产品市场的规模和理性市场的权威,一般消费者市场除了以产品市场和理性市场为基础,还需借助广告市场的资金,至于广告市场和一般消费者市场又能以其市场效应和经济作用反投入于产品市场和理性市场。

精神产品市场供求关系由更深层次的因素来决定,即生产者的价值观念与消费者的价值观念的交互作用。显然,除了抽象的理性市场,其余的市场都是现实的报业消费市场,它们以理性市场的培育和巩固为必要条件。从影响力经济规律出发,报业组织价值链市场指向中的交织点就在于对受众的拥有和销售,因此报业组织效用的市场最大化乃是新闻规律、宣传规律和市场规律共同作用的结果。正如杰克·富勒所分析的,"如果一份报纸只受该报的记者和编辑喜爱,而不能成为社区人们生活的一个重要组成部分,那么这份报纸是失败的,因为报纸中文字表达以及信息传播的失败导致了它商业上的失败"①,慎重处理好理性市场与现实的报业市场之间的关系是报业组织价值链归结的实质,其追求的是在社会效益和经济效益的平衡中最终实现的经济效益最大化,在我国则是社

---

① [美]杰克·富勒:《新闻的价值——信息时代的新思考》,陈莉萍译,新华出版社1998年版,第205、209页。

会效益前提下的经济效益最大化。

2. 市场导向下我国报媒生产与经营的基本模式

任何行为,目标总决定了过程与手段。报媒价值链的归结既然是市场与效益,市场与效益自然会成为拉动和指挥整条价值链的主要力量,报媒的生产经营则势必以市场为导向。

市场条件下,媒介经济也是一种"消费经济",在信息全球化和竞争日益激烈的时代,传媒尤其需要根据市场需求来组织生产及其他活动。若从产品本身看,市场经济条件下,严肃的传媒产品属于生产者和消费者共同决定的产品,商业性的传媒产品基本属于消费者决定的产品,带有生产者和消费者共同决定的部分特征,然而不管是严肃性传媒还是商业性传媒,当整个市场性质从卖方主导逐渐走向买方主导时,报业市场中受众因素都起着几乎决定性的作用,以市场需求来主导新闻的生产与经营成为必然。鉴于受众是报媒价值链上最为重要的交织点,市场导向往往就在以受众市场为侧重的同时包含了对广告市场的关注。

以报纸消费者为中心成为报业组织生产与经营必须确立的理念,当然它也得考虑本组织所处的报业市场状况。在这一基本背景和既定现状下,报业组织生产经营市场导向的一般原理是:报纸企业以新闻市场需求和销售情况来确定资源配置和新闻生产,以此产生尽可能大的社会影响,然后在广告市场和一般消费者市场上获取经济效益,进而投入新的新闻再生产和再赢利。如果计划体制下办报模式是"宣传意图→制订编辑方针→内容采制(采访、写作、编辑、印刷)→发行",那么在市场经济中则转变为"受众需求(发行)→制订编辑方针→内容采制和广告采制→发行及多元经营",其基本原则就是把本处于运作末端的受众提到首位,以此为出发点来统筹新闻的生产与运营。如果将内部管理看做支撑报业组织整个价值链的基本条件,市场导向下报业组织生产经营的一般模式就是对编辑方针与经营方针实行统一指导,其实质就是"采编、发行、广告"的三位一体,倘若报业组织具有一定的经济规模,则还需考虑"采编、发行、广告、多元经营"的复合。

就像《圣何塞信使报》出版人哈里斯(Jay Harris)所说,"除非整个报社各个部门一起努力,否则你不可能得到你想要的营业额。如果你关注新闻的质量,你就必须关注如何使报社变得更强大,如何增强它的营业额"①。对于任何经营性报纸来说,其市场导向的办报宗旨都应是实现编辑方针与经营方针的统一,即编辑方针不仅体现在报纸的编辑立场上,也体现在采编的管理理念及发行广告等经营方针上,经营方针不仅要体现在发行方针和广告经营上,也要体现在采编活动及其管理理念上。相应地,报业组织树立的应是"完整的报纸"②经营观,即用经营的理念和方式来运作整张报纸,围绕统一的利益驱动实现制作、发行、广告以至多元经营间的互动,这在我国近现代民族报业的发展中已得到了印证和体现。当然,编辑方针与经营方针的统一指的是报纸价值创造和运行关系的一体化,至于具体采编职能与经营职能则绝不能简单混同,人们所称道和追求的"编辑独立",恰恰是以某种分离确保了报社运行内在机理的协调一致,在这个意义上,这一整体运营模式不是报纸经营,而是经营报纸。

报业组织经营管理市场导向模式的成功取决于报媒运作中新闻规律与市场规律的契合。总体上它体现为:一方面市场规律迫使报媒把精神产品的消费者——受众放到极为重要的位置上并展开市场竞争,另一方面其参与市场竞争的正道却正是对新闻规律的遵循。实际上,市场规律属于新闻传媒新闻活动受外部条件制约规律中的一部分,当受众成为市场后,以受众为本位某种意义上就是以新闻为本位,按市场规律进行生产很大程度上就是按新闻规律进行报道,因此读者需要论既是主要的新闻规律也是主要的市场规律,而传媒市场化也就是中国公共领域形成的先声,哈贝马斯所言有着监督、评议和协调功能的"公共领域",正是在中国传媒市场化的趋势下现出雏形的。可见,编辑方针与经营方针具有统一的可能与必要,不同社会制度下,由于不同性质的报业组织新闻规律与市场规律契合的具体方式不一样,其以市场为导向的生产经营的具体行为也就不一样。

我国报纸的特殊性高于其他市场经济国家,社会效益第一前提下,实现经济效益最大化是对我国报业组织市场导向经营方式的根本要求,无

---

① 转引自唐绪军:《报业经济与报业经营》,新华出版社2003年版,第188页。
② 唐绪军:《报业经济与报业经营》,新华出版社2003年版,第184—185页。

论是怎样的三位一体,其编辑方针与经营方针的统一最终坚持的都是
"事业化管理,企业化经营"或"党委领导与企业法人治理相结合",它要
求报业组织实现对政府、社会、受众以及报媒自身多利益因素的统一。

(二)如何打造市场优势

对于报业组织核心竞争力的构建来说,树立市场优势是同建立新闻
优势一样重要的事情。严格说,我国报媒市场优势是理性市场优势与现
实消费市场优势的整合,理性市场优势通常就是新闻优势及其社会影响
力,产品市场、广告市场等现实消费市场的优势除了新闻优势外,主要来
自于报业组织富有成效的市场营销工作。这里的市场优势主要指营销优
势,其获取与维持的前提是市场营销理念的具备以及准确的市场定位与
策略,主要手段则包括需求拉动生产、强势整合营销、卖活动等等。

1. 营销理念下的市场定位

与市场有关的人类活动可称为市场营销。根据菲利普·科特勒
(Philop Kotler,1996)的定义,它是个人和群体通过创造并同他人交换产
品和价值以满足需求和欲望的一种社会和管理过程,一般意义上可理解
为对供求关系的管理和控制。报业组织市场营销就是如何立足于读者和
广告商的需求,让更多的人购买所需要的报纸和广告版面,它包含需求、
产品、价值、交换、关系等一些核心概念。

完整意义上,报业组织市场营销是"促使买方实现其现实的和潜在
的需求的任何活动"[1],它既要求通过对受众的分析和把握来进行新闻生
产,更要求通过各种形式的手段和途径来说服既有的和潜在的消费者实
现报纸的相关消费,包括为谁生产、生产多少、怎样促进交换等一系列重
大问题。显然,不仅报纸的生产与提供应更有针对性,还要懂得如何在生
产和消费之间搭起畅通便捷之路,报纸才能真正产生收益,市场经济条件
下尤其如此。

目前,我国新闻传媒已进入营销时代,所谓观念决定行动,有没有这
种意识,便在根本上影响了报业组织的市场竞争,这既是报业组织与消费

---

① 贾国飚:《媒介营销——整合传播的观点》,湖南人民出版社2003年版,第40页。

者的沟通和自我宣传,也是其长期的战略竞争行为。

任何一种媒介产品或媒介服务都不可能满足所有消费者的所有需求,任何一种媒介组织也不可能以整个媒介市场为营销对象,明智的做法乃是在整个市场中找到自己所需要而且能满足的那部分消费者和他们的部分需求。因此,准确的市场定位(Market Positioning)是媒介营销成功的起点,其直观的理解就是在市场中找到适合自己的目标或位置,这意味着报业组织要在传播活动中为自己找到适当的读者群,通过深刻理解并向受众描述自身的媒介传播特性,使目标人群在传媒市场中选中认同自己的产品。

完整的市场定位由受众定位、市场定位、风格定位等三个部分组成:报媒首先须确立自己的目标群体,之后须放眼市场找到在市场中生存发展的机会与威胁,再之后须在传播内容、传播方式、传播技巧等方面表现出与众不同的外部形象并最终形成别具一格的风格。在这一过程中,准确的市场细分是合理定位的基础和前提。所谓市场细分乃是根据受众需求、购买习惯和心理偏好等的差异性将报业市场划分为不同类型的消费者集合,也即将自己所面对的市场划分为若干不同的目标读者群,选中其中的某类从而有针对性地进行新闻的生产和营销。进入哪一个细分市场或目标读者群,要根据目标市场的竞争环境和自身的特点与资源条件而定,总体上它以“可衡量性、可获利性、可容纳性、可行动性”[1]为基本原则。细分市场的确定意味着受众定位的明晰和报业组织营销的有的放矢,它要求报业组织必须具有识别读者市场的敏锐头脑和把握市场机会的独特眼光。

如何实现准确定位呢? 根本在于针对目标读者群建立自身报纸产品的关键特征与利益,也即建立自身报纸不可替代的新闻品质或鲜明个性。正如英国服务经济学专家 A. 佩恩(Adrian Payne)在《服务营销》一书中指出的:“定位是关于识别、开发和沟通那些可以使机构的产品和服务在目标顾客心中感受到的比其竞争对手更好和更有特色的差异性优势”[2]。

---

① 贾国飚:《媒介营销——整合传播的观点》,湖南人民出版社 2003 年版,第 90 页。
② [美]A.佩恩:《服务营销》,郑薇译,中信出版社 1998 年版,第 110 页。

报业组织必须针对特定受众的需求,强化放大报纸内容或形式的某些因素,以此形成与众不同的报纸品质、个性与形象。

报业实践证明,定位在报业组织市场竞争中起着首要的制约作用,定位准确了协同优势才能被创造出来,否则可能遭致灾难或困境。例如,《上海文化报》原在文汇新民报业集团中因缺乏定位而没有什么生气,脱离集团后将定位改变为城市生活指南周报并更名为《上海壹周》,推向市场后百天内就实现了赢利;《经济观察报》、《21世纪经济报道》等成功的经济类大报也是基于"拥有权利、拥有财富、拥有思想、拥有未来"的读者定位而快速崛起的。

在这方面南方日报报业集团的经验尤其值得借鉴。在其报刊细分体系中,《南方日报》作为省委党报,面向各级行政领导、企业管理者、中年知识分子;《南方都市报》面向普通市民开发早报市场;《南方周末》为新闻类周报,面向中、青年知识分子和都市白领,在社会转型期担当批评、传承和重塑文化的责任;《南方体育》为体育类专业报;《21世纪经济报道》以企业管理者和知识分子为主;《21世纪环球报道》则以国际新闻为主要内容。

又例如上海解放日报报业集团,其旗下的《解放日报》以各级行政领导、企业管理者、中年知识分子为主;《申江服务导报》以都市白领为主引领都市消费时尚;《新闻晨报》面向城市上班族和股市投资者;《新闻晚报》面向广大普通市民;《报刊文摘》则面向各级行政领导、知识分子。以上成功的定位方式也即人们常说的目标营销。

可见,媒介市场定位乃是两个关键问题——确定目标市场和创造差异化优势,其具体实施则有赖于整体市场策略的讲究与运用。笼统说,媒介消费者的需求是不同的,如何选择一个或几个准备进入的细分市场,如何为每个细分市场制定产品开发和营销方案是赢得市场的关键,与此同时,为了延长报纸产品的生命周期和吸引力,必须实行差别化战略,所有这些不仅必须以媒介定位为基础,也是对市场策略的运用,事实上定位本身也就是策略运用。总之,报媒力求培养的是消费信息、文化、政治与广告版面的社会个体、群体以及一般消费者,市场导向下,这些社会消费者既是媒介的终端消费者,也是媒介的直接或间接供养者,媒介管理者必须根据这些目标消费者的状况和特点来有所为有所不为,这也就是准确的市场定位及市场策略对于媒介营销及获取市场优势的重大意义所在。

2."需求拉动生产"及适宜的市场规模与范围

报纸市场优势的直接体现是"什么样的报纸最好卖",应该说,影响力经济在根本上决定了消费者(当前和未来)需要的报纸最好卖;同时,报纸整体经营的原理大体是:一定的内容结构对应着一定的读者结构,一定的读者结构则对应着一定的广告结构,需求━→生产的"逆推"因之成为可能。因此,为了最大限度提高版面的有效率,必须从需求出发来拉动报纸的生产以获取最大的发行和广告收益,它是报业组织获取市场竞争优势的客观要求。

需求拉动生产的第一种体现是根据读者需求来生产报纸,即对全体受众进行细分后再对目标读者群的需求进行细分,以此决定采编的宗旨、路线、方针与策略,并执行版面设计、栏目创新和文章采编等的具体操作。这一有针对性的行为要解决三个问题,即报道对象、报道内容、报道方式,总体上报业组织可以考虑大众化和小众化①两种基本策略。

大众化采用泛化生态位(Generalization Niche),力求信息产品能满足各个知识层面、各个年龄和收入阶层的需求;小众化采用特化生态位(Specialization Niche),强调信息传播主要针对和满足某一个阶层或类型的受众需求。不管选择大众化策略还是小众化策略,报业实践证明,只要能敏锐准确地分析、把握、挖掘受众的各种需求并以此持续拉动生产,生产出来的报纸一般就能具有发行的市场优势以及广告的"发行螺旋"效应。例如,《华西都市报》、《新民晚报》等采用大众化定位,紧扣成都和上海普通市民的多样需求来设计报纸,将各类型、各层次、各方面、各特点的报道以一定比重组合在一起,取得了很好的市场效果;《参考消息》、《环球时报》、《南方周末》等则采用小众化定位,在知识分子和精英阶层的对象定位上满足了人们不同的理性认知需求,同样获得了市场成功。

影响力最终是以读者来衡量的,报业组织应从读者的(不同)需求出发,以读者的基本特征和可能的认知阅读心理为基准来确定报纸的内容

---

① 参见邵培仁、章东轶:《媒介管理学经典案例》,高等教育出版社2003年版。

与风格,通过内容的必读性和可读性而获得适销对路的市场优势。需要注意的是,从读者需求出发并不是一味迁就读者或逢迎世俗趣味,而是包含了对读者需求的引导、提升和挖掘,确切说,从读者需求出发拉动新闻生产是新闻规律和市场规律的一种契合,也是新闻生产"三贴近"精神的体现。不过,受众的心理需求复杂且变化,需求拉动生产的整个决策和操作并没有固定的方程或模式,一般而言,受众对报纸的普遍希望是接近与有用,不仅渴望信息丰富,也要求"内容严肃、风格轻松、版式简明"①。报纸应根据这些原则,结合自己的定位和市场调研,找准并激发受众的需求,适时进行版面和栏目的创新,严格和丰富相关方面的报道,同时结合新媒介技术的运用,以更充分地满足受众需求,最终让报纸更多更快地发行出去。

需求拉动生产的第二种体现是从广告需求出发来生产报纸,即从广告向读者向内容依次"倒推":根据报纸需要开发的主要广告品种,寻找目标读者群(包括核心读者和延伸读者),再根据目标读者的需求层次设计内容。一般情况下,报纸应以读者为本位生产新闻信息,然而在这一正向拉动中,如果编采及发行获得成功,但是增加的新读者不属于登广告的人希望影响的某一类型或群体的人,报纸仍难取得很好的广告收益,也即发行仍是无效的。事实上,发行量和广告经营并不成正比,关键在于阅读率和读者结构的质量,正因为一报的受众群和受众结构总要求与广告商所宣扬商品的目标消费群具有一定的契合度,"广告倒推"便成为需求拉动生产的另一方法。

其要点在于,报业组织必须准确把握报纸所在区域的大众消费结构与消费需求,从而判断出自身要把握的主要消费者,也即自己的主要读者群,进而以此来指导和设计新闻生产,由于其内容设置要同时考虑读者需求和客户需求、当前需求和潜在生长性需求,因此打造出来的报纸产品往往既容易受到广告商的青睐,也能有效占领目标读者市场。西方一些成功的报纸大多便是按广告倒推来设计内容生产的,正如《华盛顿邮报》发

---

① [美]斯特普:《什么样的报纸最好卖》,《环球时报(海外文摘)》2003 年 12 月 15 日。

行人所说:"我们的经济原理是设定为地方性报纸,我们依靠广告客户生存,我们认定我们的读者是会常去光顾他们店面的人。我们知道我们也许能在全美国销售很大数量的报纸,或者是在全世界,但是我们完全没有兴趣。"①

同样需要注意的是,"广告倒推"不能真的本末倒置单纯按广告资源来确定报纸内容结构,而是必须从广告结构出发,使新闻信息结构、读者结构与广告结构保持良性关联。具体操作上,"广告倒推"一般适用于新创报刊和平时的改版调整,在整个版面设置比例中,要注重增加那些吸引力和翻阅率较高的版面,国内不少都市报以及《精品购物指南》、《中国经营报》、《21世纪经济报道》等报纸,在这方面的操作都比较成熟。

附带说明的是,需求拉动生产还需注意报业组织生产的规模与范围。规模经济(Economies of Scale)考虑的是大批量新闻生产的成本,范围经济(Economies of Scope)考虑的则是一定成本内新闻生产的多元化。适宜的规模与范围决定了报纸市场赢利的最佳均衡点,在需求拉动生产的操作中,鉴于受众需求的明确使报纸生产规模与范围的确定具有更大的准确性和明晰性,因此我国报业组织应结合自己所处的市场结构,根据所掌握的受众需求,诸如什么样的需求、多大的需求等,来决定产品生产及产品组合一定的规模与范围,从而更好地利用适宜的规模与范围获取发行与广告收益。

3. 强势便利的发行与整合营销

市场优势来自多因素的联动,新闻产品必须同时配合相应的营销战略和战术才能顺利满足目标消费者的多种需求,因此除了好的和适合市场需求的报纸产品外,报业组织市场优势获取还有赖于市场推广与促销的具体落实和保障,谁对传播市场"终端客户"掌控得最为有力,谁就拥有现实和未来的传播市场。

发行是报刊实现经营效益的关键环节,发行营销在报业组织市场营销中的地位因而至关重要。发行营销既意味着报纸销售,也意味着报业组织根据市场需求的变化进行报纸开发和服务提升,它总体上体现为一

---

① 转引自曹鹏:《中国报业集团发展研究》,新华出版社1999年版,第50页。

定时期内报纸能快捷便利地到达读者手里,渠道建设是报纸发行营销最主要的手段。

分销渠道(Distribution Channel)指报纸分销的方式。就报刊来说,分销渠道是报纸在分销过程中所涉及的,由组织与个人所形成的系统性、网络化分销通路,主要包括从发行公司、邮局等中间渠道到零售终端在内的各种发行和反馈途径。笔者以为,如何通过分销渠道实现对目标市场的持续全面覆盖,是报业组织市场营销所面临的根本问题,而随着国家对报刊经销准入政策的逐渐放宽,我国报业组织发行优势的关键无疑在于如何在已有邮发基础上大力推行自办发行和社会发行。

它大体上可概括为四点:

(1)生产适销对路的新闻产品并保持价格优势。

(2)强势发行。强势发行是指报业组织制订最大半径和最大密度的发行目标,采取各种手段强力促使人们订购报纸,如《华西都市报》的"敲门"发行,《广州日报》的"洗楼"发行,以及所谓的地毯式发行、无缝对接发行和各种免费、优惠、竞赛等发行促销方法等。

(3)最有效地贴近和影响零售终端。或者严格督促邮局的发行工作、发行公司的发行工作以及完善双方合作,例如北京市邮政局成立北京报刊零售公司、上海邮政局与文新集团等成立上海东方书报刊服务有限公司等;或者直接加强对报摊和读者的发行服务,如《北京青年报》成立"小红帽"发行公司、《广州日报》建设零售连锁店,以及不少报业组织在地铁、车站、机场、超市、办公楼、宾馆等建立的新兴发行终端或零级渠道等。

(4)有力地巩固、维护和借助既定发行渠道。合作伙伴可以拓展到银行、电信、IT业、外资发行公司与其他报业组织,通过充分利用各种有利资源以牢固掌握了解读者和开发市场的主动权,如《人民日报》与香港泛华科技集团有限公司成立大华媒体服务有限责任公司,《21世纪经济报道》凭借《南方周末》的发行网络而获得了市场成功。

总之,对处于买方市场的报刊产品来讲,一个对目标市场全方位覆盖且读者容易接近的发行渠道是报业组织经营成功的先决条件,要想获得报刊的有效营销,报业组织就必须采取积极的分销策略强化自身对发行,尤其是对零售终端的控制力和亲和力,以最大限度占据发行高地。

《南方都市报》的扩张是这方面的一个典型案例。在发行策略上,报纸先整合新闻资源,通过加强各类新闻报道模式的革新,诸如时政新闻立体化、经济新闻专刊化、体育新闻娱乐化和娱乐新闻专业化等,不断开掘新的卖点和实现读者利益的最大化,之后在订阅和零售等终端环节,报社尽可能为读者提供方便,同时十分注意维护双方的沟通。其营销手段包括:报价保持不变,开展"真诚服务送福到家"、"都市小区文明共建"、"乘飞机看南方都市报"、"千名大学生送报到手"等活动,以及"读者开放日"读者能与编辑直接见面,每周一报纸的固定位置开设《传媒真相》专版,让读者更好地了解采编和管理人员的工作情况,等等。

发行营销展开的同时,报业组织还得考虑广告营销的推进。广告营销指报业组织和广告客户之间的一系列供销活动,它不仅包括把报纸版面卖出去,也包括适时把握广告商及其代理的广告诉求,以及对自身的调整,其目的是吸引、维持和争取更多的广告客户。除了发行基础和价格手段外,广告营销的方法也包括报纸版面的战略调整、报业组织和广告商之间的互动性活动、广告代理的完善等。

"存在于消费者心智网络中的价值,才是真正的营销价值"[1]。无论发行营销还是广告营销,报业组织始终应立足于这一点,也即为了满足顾客需求而展开营销。事实上,"成功地占领思想领域市场"与"成功地占领经济领域市场"[2]都是营销的正反两面,不仅发行讲究有效发行、广告讲究千人成本,报业组织价值链构成中采编、发行、广告更呈现出清晰的"一次逻辑继起关系"[3]。因此,报业组织的营销行为应着力将质量、发行、广告等各种营销要素的作用力统一起来,兼顾报社、社会、受众三方利益,整合营销传播(IMC)便成为我国报业组织市场营销总的战略和方法。

整合营销传播也称整合营销交流,本指针对消费者的一种沟通智慧与策略。它以消费者为核心,重视企业行为和市场行为,通过综合协调使

---

① 贾国飚:《媒介营销——整合传播的观点》,湖南人民出版社 2003 年版,第 318 页。

② [美]杰克·富勒:《新闻的价值——信息时代的新思考》,陈莉萍译,新华出版社 1998 年版,第 205、209 页。

③ 金碚:《报业经济学》,经济管理出版社 2002 年版,第 41 页。

用各种传播方式来传播一致的产品信息,注重实现与消费者的双向沟通,从而迅速树立产品品牌在消费者心中的地位,最终建立产品与消费者的长期密切关系。笔者以为,整合营销传播不仅包含整合营销的全部事实,其本身也就是品牌营销(Brand marketing)的体现。据此,报业组织应将4P 营销①、4C 营销②和 4R 营销③结合起来,注重将产品、渠道、需求、受众心理满足感、社会满意度等结合起来,通过广泛而切实的沟通、关联、作用、反应等形式与读者和广告客户形成忠诚牢固的关系,从而在产品市场、广告市场与一般消费者市场占据竞争优势。除了一般的发行营销、广告营销外,报业组织还可充分开展各种附加值经营和有利于建立社会影响的活动,诸如利用发行渠道从事物流配送、亲自参与当地经济文化建设、不遗余力开展各种活动以及多元化经营等等,以此来促进整合营销的不断实施和完备。

当然,目前我国类似于西方 BPA(Business of Performing Audit,国际媒体认证公司)和 ABC(Audit Bureau of Circulations,发行量审计局)的发行量稽核机构还未建立,尚存在一些由虚报发行而引起的恶性竞争现象,但随着新闻体制改革的深入、行业协会督促的完善以及外资的介入,我国报纸发行秩序应会越来越严谨和规范,广告投放也会更加趋向理性化和精准化,营销竞争将更加激烈而精彩,如何以足够的智慧和胆略在营销之路上一路高歌,是对我国报业组织过硬素质和市场能力的艰巨考验。

---

① 杰罗姆・麦卡锡(McCarthy)1960 年在《基础营销》一书中将营销组合要素概括为产品(Product)、价格(Price)、渠道(Place)、促销(Promotion)4 类,即 4P 理论。1967 年,菲利普・科特勒在《营销管理:分析、规划与控制》第一版进一步确认了以 4P 为核心的营销组合方法。

② 4C 营销理论 1990 年代由美国罗伯特・劳特朋(Lauteborn)提出。注重以消费者需求为导向进行营销,即以客户(Consumer)为中心进行营销,关注并满足客户在成本(Cost)、便利(Convenience)方面的需求,加强与客户的沟通(Communication)。

③ 4R 营销理论由美国学者唐・舒尔茨(Don E. Schultz)在 4C 营销理论的基础上提出。4R 分别指代关联(Relevance)、反应(Reaction)、关系(Relationship)和回报(Reward)。4R 营销理论的最大特点是以竞争为导向,该理论认为,随着市场的发展,企业需要从更高层次上以更有效的方式在企业与顾客之间建立起有别于传统的新型的主动性关系。

三、管理成效:我国报业组织核心竞争力培育的保障

管理具有普遍意义。按最一般的理解,管理是在某一组织中,为完成目标而从事的对人与资源的协调活动,或者说,管理是通过大家的努力工作来达到组织目标的过程。人类有组织的行为都是有管理的,管理人员的责任就是采取措施使组织的行为更有效果和效率。报业组织的行为也在管理的框架内进行,管理的好坏是竞争生死存败的基本保障。

(一)报业组织核心竞争力培育应以管理为保障

1. 管理协同:报媒价值链的基础

组织有不同的目标和使命,其完成与实现大体需要人员、资金、技术、原料、设备、方法、士气以及环境等各要素,这些要素必须协同起来才能发挥效用。为此所有组织都得通过计划、组织、领导和控制等职能活动来推进使命的完成与实现,这一过程的实施就是管理。若从字面来解释,"管"是管辖,"理"是处理,凡管辖处理人员和事物的活动都是管理活动。

管理起源于人类共同劳动的需要。自有人类社会以来,管理就在社会的各个层面不断进行,它的本质就是决策和协调,即根据环境来决定组织要做什么、怎么做,什么人来做,并据此协调所有的资源和人际关系,从而使组织尽可能有效率地达到目标。换言之,管理就是一定环境下对人事的统筹分配,它是一切组织的根本,如果说任何组织都有自己的业务领域、社会分工或社会职责,那么管理就是保证组织完成这些使命和任务的"有形之手"。随着人类社会共同劳动规模的扩大和分工细化,管理的内容和形式虽然越来越复杂,管理手段也越来越先进,但管理的基本职能并没有改变。

价值活动是竞争优势的来源,它们并非独立活动的简单集合,而是相互依存的一个系统,因此价值链本身是共同劳动的结果,即是"企业在一个特定产业内的各种活动的组合"①。在企业的价值链构成中,价值创造必定是各活动的协同,它是由价值链的各种活动及其内部联系联结起来

---

① [美]迈克尔·波特:《竞争优势》,陈小悦译,华夏出版社1997年版,第37页。

的,这些活动与联系都得通过最优化和协调一致来实现。管理是由共同劳动所引起的"组织"和"协调",因此管理在价值链上无时无处不在,它渗透在基本活动和辅助活动的所有环节中。

这种管理不仅体现在对各种活动的管理,更体现在对活动之间联系的管理,按波特的分析,在一个竞争景框里,正是对各种活动和联系的认识与利用,组织才常常要求最优化或协调配合,而企业竞争优势主要便来自于对企业价值活动及其内外联系的认识和管理。他指出,"既然认识和管理这些联系是十分困难的,那么能够这么做的能力常会成为产生竞争优势的取之不尽的资源"[①]。换言之,价值创造是价值链的具体运作和所有管理的综合结果,其具体运作和指向是业务性的或使命性的,旨在通过成本优势或差异化优势创造出更多的顾客价值,而宏观和微观的管理则是所有价值链运营的保障,没有这些管理,价值活动及其重要联结以及价值创造就难以实现。

的确,价值链构造中,管理是基础性的。各项基本活动中,内外部后勤、生产经营、市场销售、服务都包含管理,辅助活动是价值链的基础性部分,其中企业基础设施、人力资源管理本身就是企业的内部管理,技术开发与采购尽管有更多的技术成分,但这些活动的实施同样离不开管理。无疑,价值链构造中有效管理是至关重要的保障,尽管波特没有专门对此作出阐发,但他在揭示企业价值生成时,是立足于管理之上的,这实际是其理论的一个内含前提。

价值链的管理基础普适于所有企业性组织,由于报业组织具备上层建筑和信息产业的双重属性,"管理"对于报业组织的含义要更为具体,它是一个从宏观到中观到微观的概念体系。

对整个报业来说,管理意味着宏观调控,即国家意志在报业构成体制、运作方式、行为准则等方面的体现,它是政府通过一定的法律、法规或行政命令对报业所实施的控制和监督。对具体报社而言,管理是指有意识地运用各种手段,在外部条件的制约下,为达到既定目的而对组织人、财、物及子系统实施的规划、指挥与协调,这也是最常用的管理定义。需

---

① [美]迈克尔·波特:《竞争优势》,陈小悦译,华夏出版社1997年版,第50页。

要提及的是,对于经济性报业组织来讲,管理实际上意味着经营,即为了保持和壮大报社经济实力而做的所有控制和管理,它不仅包括内部管理,也包括报业组织如何认识和适应市场,如何使内部条件与市场协调发展。当然,狭义的微观的报业管理常指报业组织内部的管理,它更多的是如何使用行政措施和手段,来保障人事和制度的正常运转。

无论从哪个层面来理解,报业组织价值链构造中,管理都是基础性的支撑:国家政策与体制是基本的约束,经营渗透于从基础设施到生产到市场到社会的整个价值创造中,而内部人事管理与财务活动及它们的协调更保障了报业组织的基本运营。

完整的报业组织管理包括人力资源管理、财务管理、物资设备管理、生产管理、市场经营(发行、广告、印务及多种经营)、体制安排、企业文化构建以及资本运营等若干方面,本书讨论的管理着眼于以人事、体制、文化、资本为主的内部管理。

2. 我国报媒管理的现代坐标

就世界新闻传媒的发展来看,报业组织的管理是与时俱进的,它随着整个管理理论和管理手段的进步而进步。目前,报业组织管理已进入以基于核心能力构建的战略管理为主导的新时期,寻求综合状态下的最大综合效益成为报业组织的管理目标,以整合的思路与举措、专业负责的精神和态度来应对全球传媒的风云激荡和市场竞争,是世界新闻传媒管理的共同坐标点。

正如有研究者指出的,"从世界范围看,媒介形态、传播手段、信息处理与盈利模式的多元化格局早已形成。这种多元化格局建立在微观领域更为专业化与宏观层面更具综合处理能力的前提下。在微观领域,分工将更为明确与细化,市场竞争的结果会促使市场进一步细分化,竞争主体更具专业水准。在宏观层面,传媒集团内部与传媒集团间将更具综合处理各类信息与资源的能力,将更追求进一步提高信息复用指数,将更自觉地充分利用各种传媒手段与渠道的潜力。"①与人们过去所理解的传媒管

① 陆小华:《整合传媒:传媒竞争趋势与对策》,中信出版社 2002 年版,第 160—161 页。

理相比,全球范围内报业组织的管理已发生了一系列的变动与调整,从广告式经营转变为整体经营、从外延式发展转变为内涵式发展、从粗放经营转变为集约经营,以一种更知性、更柔性、更人性以及更立体的战略和战术来领导和推进整个报业组织的生存发展实乃时代的必然。

品牌管理(Brand management)是这一坐标点的集中体现。笔者以为,品牌管理就是以企业整体为对象的管理,它实则是"品牌增值管理",即围绕企业整体品牌的树立和维护,从提高对消费者来说的有用价值入手,实施将企业各种技能、资源、机制与环境有机融合的全方位管理。

众所周知,品牌包含品名、品标和商标等构成部件,但它本身不是品名、品标和商标,也不能简单等同于名气,而是代表了企业无形的品质、声誉和顾客忠诚度。其所代表的主体情形有两种:一是表示某一产品或某几种产品的属性、利益、价值、文化、个性、使用者等;二是表示企业整体及其所有产品。不论品牌代表的是哪种主体情形,本质上它都是销售者向购买者长期提供的一组特定的特点、利益和服务的允诺,其所表征的都是企业一定时期的市场形象和社会形象。换言之,品牌体现了企业的核心竞争力和整体实力,因此在现代企业的经营管理中,品牌已成为总体战略运作的核心。

20世纪90年代以来,世界优秀的报业组织所从事的管理实际上就是品牌管理,也即以创建和维护品牌为目标,从整体上打造报业组织的核心竞争力。鉴于报业组织品牌具有公信力、影响力等特定内涵,并表现出持久性与周期性统一、专有性与辐射性统一、坚固性与易碎性统一等基本特征,报业组织品牌管理就是通过运用报业组织的组织资本和社会资本,不断塑造报业组织及其产品在受众及社会消费者心目中的独特形象,提高并巩固该报业组织在受众和社会上的公信力、影响力、忠诚度、美誉度,最终达到提高媒体核心竞争力的战略目标的过程。这个过程是丰富而具体的,也是宏观而微观的,它意味着一种最为可贵的现代报业企业精神,即"对消费者全面负责的精神、对产品精益求精的精神、对事业不断追求上进的精神"[①],是全面质量管理、知识管理、目标管理、企业识别管理和

---

① 艾丰:《中国品牌价值报告》,经济科学出版社1997年版,第65页。

战略管理的综合。可以说,其得力点主要分布在报纸、广告、服务、读者认知及心理等四条增值链上,它要求报业组织必须在知性和感情两个维度上与消费者建立牢固关系。

报业组织品牌管理是对报业组织基于核心竞争力构建的新的管理方式的集中说明。我国报业组织的市场主体身份已经获得了合法性,其合理性虽有待进一步完善,但现代企业制度已是不争的事实,与国际先进报业管理接轨也是大势所趋。这意味着,"事业化管理——企业化经营"的原有管理方式将提升到更完整更科学的新阶段,集约化管理将是我国报业组织管理创新的核心。

正如人们所了解的,集约化管理是现代企业及企业集团提高效率与效益的基本管理手段,"集"是指集中,也即集合人、财、物等生产要素进行统一配置;"约"是指在统一配置生产要素的过程中,以节俭、约束、高效为价值取向,以此降低成本实现高效管理,进而使企业集中核心力量,获得可持续竞争的优势。集约化管理具有管理的科学性,我国报业组织品牌管理的实施及管理优势的形成,很大程度上也取决于能否有效实施集约化管理。作为影响力企业,报业组织生产的是影响力产品,其集约化管理具有不同于其他企业的更大难度,如何来操作还需在实践中进一步探索。新闻出版总署原署长龙新民在第三届报业竞争力年会上的致辞也许是一种有益的启发,即"新形势新任务,要求我们以更加长远的战略眼光……以更加强烈的创新精神,推动报业内部机制、内容形式、经营管理、技术装备、人才培养等方面取得新的进展"①。因此,笔者以为,集约化管理本身就是对新闻生产、市场营销、内部人事的多元整合和动态管理,它要求报业组织管理层在理念和执行上都自觉地将报纸品牌意识贯彻到底,使影响力品牌的打造与集约化管理渗透交融为一体。

品牌管理和集约化管理是我国报业应树立的科学发展观。需要说明的是,市场经济条件下,不同国家报业组织实施品牌管理和集约化管理的

---

① 源自龙新民同志在第三届中国报业竞争力年会上的开幕辞,转引自《十一五平均三个家庭有份报纸》,http://finance. jrj. com. cn/news/2006 – 08 – 07/ 000001575632. html.

方式并不完全相同,所谓"要知道不同社会制度与报刊的真正关系,我们还得注意社会所固有的某些基本信念和假设:人的本质、社会和国家的性质、人与国家的关系、知识和真理的本质"①。在新的管理坐标体系中,我国报业组织仍有基本的国家和民族层面的管理属性规定,也即宏观的"双轨统一分级分类管理",在符合该管理体系要求的前提下,我国报业组织必须寻求自身更加富有成效的科学管理。

(二)如何形成管理优势

管理在很大程度上决定了报业组织核心能力的具备及强弱程度。现今新闻体制下,我国报业组织经营管理有其独特性和复杂性,就内部管理来看,笼统而言,在"双法人"市场主体的限定和品牌管理的指向下,组织管理机制创新、学习型组织再造、灵活的激励机制、积极的文化愿景、大胆的资本运作以及集团化之路都是我国报业组织管理优势形成的主要方面,其不同的整合导致了不同的管理成效,并直接影响了报纸的新闻生产和市场经营。

1. 中国特色报业组织管理变革与机制创新

管理的基础是组织管理。组织管理是指以保障报社各项工作有效运转为目标的一整套管理机制与控制方法,它包括:确定报社的宗旨和基本目标、明确报社内部的组织结构和领导体制、合理设置工作机构、制定科学的决策程序、制定编辑方针、发行方针以及必要的规章制度。

组织管理是任何一个组织所有日常运转和业务活动的基本保障,而新闻的时效性使组织管理对于报业组织的意义格外重大,统言之,它决定了整个报业组织决策的及时准确与执行的一致畅通,诸如新闻生产的质量和数量、发行、广告的市场成效、人员与部门的合作、信息的传达交流等,其是否合理直接制约着报业组织行为活动的成本、效率与效益。

现代意义上,我国所有报业组织组织管理的基本要求是一样的,即:宗旨明确、适合需要;机构简约、政令畅通;分层授权、责权相符;因事用

---

① ［美］韦尔伯·施拉姆:《报刊四种理论》,中国人民大学新闻系译,新华出版社1980年版,第2页。

人、协调平衡；制度严格、纪律严明。然而，从报业的两重性来说，不同报业组织组织管理的基本目标会有所不同。如果提供信息服务的主要出发点在宣传，报业组织组织管理的首要任务是建立一套统一工作人员政治思想、使其步调一致的工作机制；如果提供信息服务的主要出发点还包括通过向社会提供信息服务以获得经济收益，报业组织组织管理的中心任务则在于建立一套既能整合人员认识，又能有效降低成本、扩大经济收益的工作机制。组织管理的核心是组织的目的，我国产业化报业组织的目的都是一样的，即尽可能快地向社会提供准确详尽的新闻信息与服务，取得社会效益和经济效益的最大化，据此，我国市场化报业组织的组织管理存在一致的类原则和要求。

报业组织组织管理受制于报业组织的经济利益关系，有什么样的经济体制就会要求什么样的报社组织管理模式。中外报业史上，各类报业组织的经济体制类型如图5—2所示：

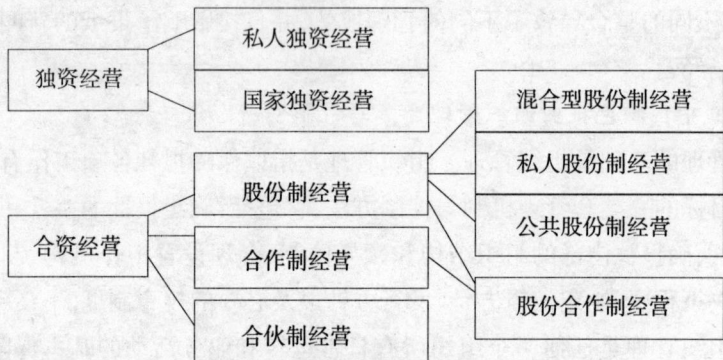

图5—2 报业组织经济体制类型

资料来源：唐绪军：《报业经济与报业经营》，新华出版社2003年版，第217页。

西方国家的报社大多属于股份制经济类型，在组织管理上比较盛行发行人或出版人模式，发行人一般以行政和经营工作为重点，基本上不直接干预编辑业务。其内部业务机构和领导体制设置大体可归纳为董事会领导下的发行人（社长）负责制管理，即：主要股东或代表出任发行人或社长，对内直接向董事会负责，对外是报社法定代表；其下辖总编和总经理，总编及编辑部是负责新闻采编业务的综合性专门机构，一般设有编委会作为编辑部的管理决策班子；总经理及经理部是负责经济工作的业务部门，直接受报社最高决策当局的领导，有时总经理本身就是社长。相比之下，我国报业组织属于国有资产，无论我国报业组织采取何种经济形式，最终它仍以国家独资或国家控股为主，因此建国以来直到现在，我国报业组织组织管理的党委领导基本属性和模式一直没变，大体上表现为：中央或地方各级党委是报社最高决策机关，它委派党委书记进入报社，党委会成为报社最高集体行政首长，党委书记与总编辑或社长共同领导报社工作，总编辑或社长下设若干副总编、副社长分管不同工作。

　　然而正如前面章节已指出的，随着现代企业身份的不断凸显、明确和被肯定，二十多年的新闻改革使我国报业组织管理模式也逐渐体现出类似于西方发行人制度的法人治理色彩，不仅党的部门和政府部门同时参与对报社的管理，党委与董事会联合领导、社长统筹的总编辑、总经理、秘书长（副社长）分工负责制也正在或将要成为我国报业组织新的组织管理模式。其内部业务机构和领导体制设置的具体方式因报业组织规模、职能的不同而不同，但大体上乃是前文所提及的一套人马、两块牌子，即：党委会党委书记兼董事长，分管党委、人事、纪律并行使国家作为最大股东的董事长权力，社长则是报社最高行政首长（大型报业组织中社长本身就兼任党委书记和董事长），社长下设总编辑、总经理、秘书长（副社长）分管采编、经营和行政，保证业务上各司其职、责权分明，这些负责人同时也是主要股东或董事局成员。

　　任何组织管理模式都应以提高组织管理的有效性为最终目标。组织管理的有效性以其管理结果相对于目标的偏离程度来确定，它包含若干项指标，诸如生产率指标、士气指标、一致性指标、适宜性指标、社会支持度指标，等等。这些指标也是我国报业组织管理成效检验的标准或参照。鉴于报业组织的组织管理是报业发展历史、国家政策规定和具体组织行为的配合和呼应，在我国报业组织市场主体身份的固有诉求和报业体制变革既定外力的推动下，组织管理变革乃是我国报业组织实施有效管理的基本保障，如何从党委领导下的计划管理机制转变为党委与法人治理相结合的明晰产权的管理机制，是我国报业组织面临的首要而艰巨的管理任务。应该说，报业组织文化属性与经济属性的兼容与辩证关系使采编方针和经营方针的统一成为报业组织组织管理的整体依据,而社会公器与经济利益的对立则使采编业务和经营业务的分离成为报业组织组织管理的具体方式,如何在这样一种框架中安排决策体系、组织机构、财务人事制度,以及推动各方的有效执行,既是一种机制创新,也是一种需要大胆略、大智慧的组织再造工程。在这一集体行为中,决策层尤为关键,领导者素质、经验、能力、眼光的不同,往往就决定了组织管理的不同,一个强势的报业组织常常是拥有具备过硬政治素质和优秀职业经理人气质的领导层的。

2. 学习型报业组织与员工激励

促进组织机制创新与加强硬实力管理的同时,报业组织还必须重视软实力的管理,即员工士气和组织文化的管理。这是报业组织的灵魂和精神,在报业组织的经营管理和核心竞争力构建中,它提供了根本的动力支持,而构建学习型组织(Learning Organization)是这一软管理的实质。

按最直观的理解,学习型组织就是总在学习的组织,具体而言,是指通过培养弥漫于整个组织的学习气氛、充分发挥员工的主动性和创造性思维而建立起来的一种组织。根据彼得·圣吉(Peter M. Senge,1990)的阐述,学习型组织的本质特征是善于不断学习,由于形成了良好的整体学习气氛,组织及个体总能处于平等交流的开放状态并保持不断学习,该组织所有成员与制度的优势与潜力便能得到最充分的整合和放大,因而学习型组织比一般组织更具有铲除智障、突破成长极限的持续发展能力以及高于个人绩效总和的综合绩效。假若把组织比做有机体,学习型组织就是身心强健的组织,它不仅具有高度的组织自适应能力或柔性,其个体也充满生机与活力,诸如视野前瞻开阔、思维活跃、心态明朗乐观、为了实现共同的目标而一起努力等。无疑,学习型组织是最可能具备并保持核心竞争力的组织,其管理的知性学习内涵与核心竞争力在本质是一致的。

由于历史惯性的影响,我国报业组织的整体学习能力及成员的心智水平仍亟待改善和提升,计划指令的管理模式不仅造成了报社的官僚作风和效率低下,也导致了报业从业人员的被动作为和循规蹈矩,这种精神品性已不能符合新的环境要求。因此在组织管理机制创新的同时,我国报业组织要着手推进学习型组织的建设,这是我国报业组织做强做大的基本机制保障,也是组织管理变革的深层规定。

一般意义上,报业学习型组织包含四个方面的要义:

(1)"终身学习",即报业组织中的成员都应养成终身学习的习惯;

(2)"全员学习",即报业组织的决策层、管理层、操作层都要全心投入学习,尤其是决定企业发展方向和命运的经营管理决策层更需要学习;

(3)"全过程学习",即学习必须贯彻于报业组织系统运行的整个过程之中,边学习边准备、边学习边计划、边学习边推行应成为普遍现象;

(4)"团体学习",即不但重视个人学习和智力开发,更强调报业组织成员的合作学习和群体智力(组织智力)开发,而其基本方法则无疑是团队学习、系统思考、共同愿景、自我超越、心智模式等五项修炼方式。

扁平化是当今企业组织结构演变的共同趋势,结合我国报业组织的现状和特点,笔者以为,我国报业学习型组织再造的实质是如何实施富有权威的扁平化管理。

其首要任务是在保证舆论引导和经营总目标一定的前提下,尽最大可能减少组织的管理层级,将决策权向组织结构下层移动,让最下层单位拥有充分的管理自主权,从而形成以"基层为主"的扁平化组织结构。例如不少报社在新闻生产上采取团队策划制,根据不同的新闻内容和报道要求,不同部门不同级别的采编人员可以直接进行组合,在程序上只需报给执行总编或部门主管、版面主管就行了,发行、广告及多种经营也可以采取这种方式。相应地,报业组织的组织边界也应重新被界定,根据职能或部门划分"法定"边界时应同时考虑将其建立在组织要素与外部环境要素互动关系的新基础上,例如发行商的反馈信息和读者市场调研应作为新闻生产和市场经营决策的固定组成部分,而不是加以忽视或仅仅作为参考。

其次,我国报业学习型组织再造要重视以社会主义精神文明为主的企业文化建设。报业生产信息和精神产品,企业文化在报业组织管理中比在一般组织中意义更重大,要求也更为严格而丰富。作为媒体企业文化的一部分,报业组织企业文化源于对本民族文化的传承和发展,它是报业组织在新闻报道和经营管理的实践中逐步形成的为全体员工所实践并认同的带有报业特点的宗旨、使命、愿景、价值观和经营理念,以及这些理念在组织实践、管理制度、员工道德行为方式等各方面所形成的报业形象的综合体现。我国报业学习型组织的文化构建中,既要反映新闻人的职业道德与追求,又要体现中华民族及社会主义精神文明的特质,从而对报业组织成员的价值观、事业观和方法论都产生正面影响,例如以《南方日报》为代表的南方报业文化便是"担当"、"创新"、"包容"与"卓越"。

一般而言,责任感、发展观、和谐观、业绩观是我国报业组织企业文化应有的基本规定,开放包容的气氛、积极进取的态度、平等协作的理念、敢于担当的气魄、真实负责的操守、吃苦耐劳的品质以及为人民服务的精神都是我国报业组织企业文化的重要内涵,管理者应有意识地创建、提倡和维护。

管理是经由他人达到组织的目的,因此人力资本是管理真正的核心资源。根据美国经济学家舒尔茨的著名估算,人力投资比物力投资更能使利润成十倍地增长,在竞争日趋激烈的中国报业市场,优秀人才是保持报业组织核心竞争力的持久动力,如何充分发挥优秀人才的作用,激励组织成员的工作积极性,引导和促进人们为实现共同的目标作出贡献,是我国报业组织有效管理的又一关键。

激励的具体方法不一而足,学习型组织本身,尤其是其包含的自主管理和共同愿景(Shared Vision)就是对报社员工的有效激励方式,至于报社管理者们则应更自觉地从战略层面上考虑培养专业化采编队伍和职业化经营管理人才,实现人力资源管理从"粗放式扩张"向"战略型储备"的转变,它包括引进招聘、薪酬福利、职业培训、考评奖励、授权与晋升等一系列举措,当代一些新的管理方法和手段,诸如目标管理等,也是很好的激励方法。当然,在当代中国,报业组织中薪酬对人员的激励仍是很显著的。

简言之,管理者应根据自身报业组织的特点和人力资源状况,努力建立一整套成熟合理的用人机制与激励体制,使它们与学习型组织相辅相成、彼此促进,共同保障报业组织具备过硬的软实力。

3. 资本管理与报业集团化

就整体经营来看,报业发展手段大致有两种:传统报业经营和现代资本经营。前者指与报业产品直接相关的发行、印刷、广告等方面的经营,后者则指产权经营,即通过对报业组织资本结构、融资和投资的运筹来实现资本的保值增值。作为资本扩张的方式,资本经营既是极其重要的市场经营行为,更是以价值资本,也即以资金运作为主的组织管理行为。

除了从金融机构筹资外,报业组织资本经营有三种基本方式:

(1)依靠报业组织自身利润积累转增资本,诸如发行、广告、多种经营以及参股、控股于某实业等;

(2)通过兼并、收购、出售、租赁、合作及重组等方式调整存量资本,诸如出让部分经营权、实行股份制改造、联合重组、裂变重组以及吸引外资等;

(3)通过发行有价证券筹集社会资金,主要途径为直接或间接上市。

以上资本管理活动以报业组织投资回报率来评价。

资本管理是开放式管理,实施资本管理必须考虑如何使企业内外资源结合起来并实施优化配置,它要求报业组织打破地域、行业、部门、产品等的局限来实现资本的最大增值。由于市场发展使媒介扩张成为内在的必然趋势,资本因此成为媒介生存发展的支撑点,资本运营也将成为媒介竞争的核心。事实上,传媒产业化初始阶段所要解决的问题是报业组织的企业化经营问题,而当社会信息化环境趋于成熟和媒介内部组织规模扩大的时候,最核心的问题乃是资本运营问题,传媒市场竞争态势的核心因素也必定由信息资源向信息资源加资金实力转移,什么时间、什么方向、投入多少资金去支撑什么产品或服务成为决定报业组织核心竞争力的关键因素。正因为资金利用消纳能力能更有效地化解风险和增加收益,其在传媒核心竞争力构成中才变得如此重要,报业组织管理者不仅要对制度、物质和精神的管理了如指掌,还必须把握资本运行的规律和实施有效的资本管理,它意味着我国报业组织的当代管理将更注重资本形态。

对此,国家在政策层面上已给予了明确的表态和支持。自党的十六大以来,我国已通过集团化、股份制改造、企业重组等资产改造方式来培育报业竞争的市场主体,2007年下半年新闻出版总署(GAPP)更表示,中国已完全放开地方报纸的国内外上市,允许报业集团整体上市。[①] 目前,

---

① 参见新闻出版总署:《完全放开地方报纸、出版集团上市》,http://www.godpp. gov.cn/xczx_/2007 - 10/25/content_11490983. htm.

中国共有 7 家报业组织和出版机构实现了上市,随着报纸产业化的推进,我国报业组织必须考虑在不久的将来甚至当下,利用一切融资和信用手段,借助各种人际关系和政策机会进军资本市场。

当然,中国报业组织的资本管理还比较滞后,资本扩张的良好制度环境也未完全建立,但随着产权改革的推进和资本市场的不断规范,可以肯定,资本运作将使我国报业组织体制改革与市场竞争进入一个全新阶段,谁能进行大胆稳健的资本运作,谁就能赢得新闻、服务、资金或社会影响等方面的一定先机或马太效应。

已有的经验说明,除了上市和资产重组外,报业组织资产经营层面的运作还应更丰富,诸如更勇敢地打破区域、行业限制,更主动地开拓资本流通的领域和渠道,更多地运用产业参与、行业介入、产权组合、多元经营等形式去寻找符合主业条件、风险较低且回报稳定的投资项目。这些方面的先行者中,包括成都商报借壳四川电器(后改名为博瑞传播)上市、北青传媒海外上市、京华时报被青鸟华光收购、广州日报开发连锁经营与投资房产企业和文化项目建设、解放日报参股浦东发展银行、杭州日报组建印务有限公司和经营餐饮业等等,而以上海文新集团的资产经营最为典型。当然,资本经营有其内在制约,要以报业组织的具体情况为依据而不能盲目化,以报业为主业、由近及远逐层延伸也许是比较稳妥的操作方法。总之,发展资本经营是媒介产业发展的必然规律,也是今后报业组织快速成长的重要途径,从产品经营向资本经营转变并保持适度的资本经营规模是今后我国报业组织获取竞争优势的必要手段。

集团化发展是报业组织资本运作的结果,也是报媒产业化发展的内在要求。市场条件下,企业生产经营具有规模和范畴的经济性,其中规模经济指生产规模扩大引起的效率提高或成本下降,表现为生产能力扩大引起产量的增加而对企业收益产生影响;范畴经济指通过营运范围扩大引起的效率提高或成本下降,表现为生产能力扩大引起生产品种的增加而对企业收益产生影响。规模和范畴的经济性集中体现为成本优势和一定的差异优势,所以具有规模和范围经济效应的企业具有较强的竞争力,企业集团化发展便成为必然,市场竞争也因此导致资本增值主导下的市场资源的不断集中化。

报业组织集团化既是报业组织规模经济和范畴经济的外部体现,也是报业组织在竞争中降低成本和风险、增加实力和特色的主要途径。报业具有相对高的行业垄断性和增值性,根据市场进化"三四律"①理论,从导入期到成熟期,报纸产业是众多中小报业组织走向产业集中的过程,最终大约三家报业组织会胜出而主宰报业发展,同时会有一批小型的专家型报业组织与之共生和互补,大批中型规模的报业组织则会被推进所谓的市场壕沟,市场壮大的需要正使集团化成为报业组织发展的必然。

从世界各国的情况来看,报纸市场化发展到一定程度后,全国性报纸通常会趋向形成寡头型市场结构,地方性报纸则可能形成垄断结构或"支配——边缘"结构。目前我国报业市场的集中度还不是很高,但大体上也处于由行政垄断向"支配——边缘"结构,也即向相对自由竞争和垄断竞争混合阶段的过渡。在市场体制稳定和"游戏规则"(产业政策、新闻监管政策)公平的环境中,我国的报业竞争也将走向"三法则"格局,全国性媒体市场(如体育类、财经类报纸)和区域性媒体市场(如都市类报纸)的竞争格局中已能明显地看出其影响。

当今国内国际情势下,进一步走向集聚融合、实现规模化发展是中国报业发展的总体趋势,不论是不是以党报为首,以集团化建构为主流形式的报业组织发展已成为我国报业产业生存发展的基本模式。作为中国报业组织发展的必经之路,我国报业组织集团化既可是内生型也可是外生型,其业务扩展可以与报纸主业相关,也可以不相关,但最终应是立足于报纸主业这一基点的。总体上,报业组织资本运营的过程就是拓展企业经营边界、谋求集团化发展的过程,它实际上就是对所有资源和既定利益格局的重新安排和优化配置,尤其需要管理层付出智慧、耐心、热情和勇气。

当然,一定的规模才能组建报业集团,其衡量的标准至少包括三个方面:产品结构多元,能出版数种报纸和刊物;资金、人才、技术实力雄厚,拥

---

① "三四律"由波士顿咨询公司创始人布鲁斯·亨德森(Bruce D. Henderson)1976 年提出,他认为在一个稳定的竞争性市场中,永远不会有多于三个的主要竞争对手,而其中最大竞争者的市场份额不会超过最小竞争者的四倍。

有先进技术、专业化设备和优秀人才；发行渠道通畅，有建立自办发行网的可能。更重要的还在于，集团化发展本身是市场竞争的结果，规模和范围的扩大更需要有效的协调整合，目前我国报业集团已逾 40 个，但完全发挥效用的并不多，因此我国报业组织集团化之路还在曲折的前进中探索，还有更多更艰难的路要走。毋庸置疑的是，谁能更准确把握市场机会和驾驭资本规律，成功运用集约化手段来真正实现集团化发展，谁就具有更强的核心竞争力，某种程度上，上海文新集团集团化之路的前后转变便是一个实证说明。

四、本章小结

报业组织格式塔竞争的展开即其核心竞争力的具体培育，体现为价值链上各环节的具体运作和协同。

作为生产产品的企业，价值链的主要价值活动体现在围绕产品生产、市场销售和组织管理而展开的一系列活动中，报业的独特性在于它生产的是新闻信息产品，销售的是传播力和影响力，二次销售原理更导致了价值链整体管理和细节管理的重要。因此报业组织价值链的支撑结构是：新闻价值是核心，市场导向是旨归，组织管理是基础，这三大支撑点交错渗透彼此作用而使报业组织处于动态的平衡中。相应地，在报业组织价值链链状球体的具体运行中，价值的创造乃是以新闻生产为基石，以市场营销为关键，以管理成效为保障，三大增值环节必须拥有各自的得力点，诸如：富于思想和个性的信息提供、敏捷的生产流程、高技术的数字化信息、明晰的市场营销理念、准确的市场定位和策略、从市场出发推动生产、强势发行和整合营销、推进品牌管理、学习型组织构建、资本经营与集团化等。尽管每个报业组织都是价值活动的集合体，但其资源和能力的不同使以上具体的运作与执行千差万别，那些起关键作用的核心环节或主要战略节点的最终整合便形成了报业组织现实竞争力的不同。

我国报业组织核心竞争力的培育是其新闻生产、市场营销、组织管理整合一体化的过程，哪个支撑点的贡献更多或者应该更多没有固定的公式，只能说成功的核心竞争力培育是价值链上 1 + 1 + 1 > 3 的整合过程，它不一定要求每个战略点都得到凸显,但一定要求必须立足于"三贴近"的新闻报道思想,保证价值链协同中不能出现新闻、市场或管理的任一块"木桶短板",如果有,报业组织应竭尽全力弥补抢救并使它有机融入其他的环节要素中。正因为报业组织核心竞争力的培育是其价值链内外各环节各因素协同联动的结果,它必定在报业组织的发展过程中培育积淀而成,不仅蕴涵了报业组织的企业文化,更深深融刻于报纸的内部运行机制中,这一历史性和独特性使其格式塔竞争难以被其他报纸所模仿和替代。

我国报业组织核心竞争力的培育是在全球化的大背景和中国特色市场经济体制下进行的,建设社会主义现代化特色的新闻传媒是我国所有报业组织参与市场竞争的基本指向,这一性质规定使我国报业组织核心竞争力的培育与衡量总立足于社会效益第一前提下的经济效益最大化,也使其呈现出前所未有的独特性和复杂性,这些,都有待中国报人一代又一代的努力。

第六章 案例研究:体坛周报、潇湘晨报核心竞争力培育

《体坛周报》和《潇湘晨报》是湖南两份性质、职能各不相同但都较先取得市场化成功的报纸。前者本是创刊于 20 世纪 80 年代末期的省体委机关报,如今已发展成国内影响最大的体育综合类报纸并成为我国体育报刊的国际品牌;后者是创刊于 21 世纪初期、最初由省新闻出版局主管的一份都市类综合报,短短三四年即发展成湖南发行量和广告额最大的报纸,至今已成为本土最有影响力的报媒和国内主流媒体之一。这两份报纸市场化成功之路虽不尽相同,但都体现了我国报业组织影响力企业格式塔竞争的某种规律,下面试就报纸的同类竞争,从新闻生产、市场运作、内部管理等三个方面对两家报业组织作出"格式塔"竞争的实证分析。①

一、体坛周报核心竞争力实证分析

(一)《体坛周报》:中国体育报刊的全球领跑者

1.《体坛周报》基本情况

《体坛周报》是当今中国最有影响力的体育类大报,属于行业报中的周报。1988 年 7 月 1 日《体坛周报》在湖南长沙创刊,最初 4 开 4 版,每

---

① 如未做特殊说明,文中所引数据资料综合参考:欧阳友权、柏定国主编:《2006 中国文化品牌报告》,中国市场出版社 2006 年版,第 44—56 页;欧阳友权、柏定国主编:《2007 中国文化品牌报告》,中国市场出版社 2007 年版,第 43—48 页;体坛周报社提供的内部资料;潇湘晨报社提供的内部资料。

周 1 刊,长沙 1 个印点;现每周 3 刊(逢周一、三、五出刊),4 开 32 版,拥有 34 个城市同步印刷点。

《体坛周报》是全国分印点最多的报纸。该报拥有卫星传版通讯系统等世界一流办报设备,有 34 个卫星传版接收站,是国内最早拥有卫星传版通讯先进设备的地方媒体,该报的官方网站"体坛网"首创中文报刊电子版"原版"上网方式,并与国内领先的无线互联网门户 TOM 在线结成紧密战略联盟。《体坛周报》还首开国内体育媒体驻外的先例,不仅在欧洲和美洲十余个世界体育强国设有常驻记者站,而且与法国《队报》、西班牙《马卡》报、意大利《米兰体育报》、阿根廷《奥莱报》、巴西《兰斯报》等全球知名体育强报建立了长期深度合作关系,并在日本、美国、加拿大、澳大利亚等华人聚居区设有空运直销点。

目前《体坛周报》周发行量稳定在 400 万份以上,发行和广告都占据了全国体育类报刊 55% 以上的市场份额,该报的零售量一直占据发行量的 98% 以上,是全国将近 3000 家报纸中零售量最多的一家报纸。

该报本是湖南省体育运动委员会的机关报,经过 20 年的发展,《体坛周报》早已由最初的机关小报跃升为首屈一指的全国性品牌大报。报社最初成立时仅有五个人、二间半办公室,几辆旧自行车、一辆脚踏三轮,人均收入只有 100 多元,现已拥有精干员工 150 余人、大型综合办公楼一栋、资产总额 1.2 亿元,年均产值过亿元,年最高利润 7000 多万元,年上缴最高利税 2000 多万元。以 2000 年为例,该报全年收入总额 1 亿元以上,利润 5000 余万元,上缴税费 2978 万元(其中上缴湖南省体育局就达 1000 多万元),每月赢利 400 万元以上,人均创利近 60 万元。

下面两组发行量数据显示了《体坛周报》逐步跃升的成长历程。

表 6—1　《体坛周报》1988—1997 年逐年周发行量

年份 发行	1988	1989	1990	1991	1992	1993	1994	1995	1996	1997
份	5216	11096	45772	90371	163273	257195	363007	492583	835657	1063704

表6—2　《体坛周报》1998—2008年逐年周发行量

年份 发行份	1998	1999	2000	2001(10月)	2002(3月)—2008
份	1483119	2652823	2707296	6554816	稳定在4000000以上

不难发现,体坛周报的成长呈现出几何级数增长。创刊时周发行量是5000份,一年后发行量是原发行量的1倍,两年后是8倍,三年后近20倍,四年后超过30倍,五年后近50倍,六年后近70倍,七年后超过90倍,八年后超过160倍,第十年超过200倍并突破百万大关,第十二年超过500倍。进入21世纪后体坛周报增幅趋缓但仍在平稳中上升,2001年周发行量突破300万,当年10月创下650万份的新高(中国世界杯小组出线),2002年以来稳定在400万份以上,2006年达到500万份(世界杯)。其前十五年的跳跃式成长和后五年的平稳发展可从图6—1中得到更直观的体现。

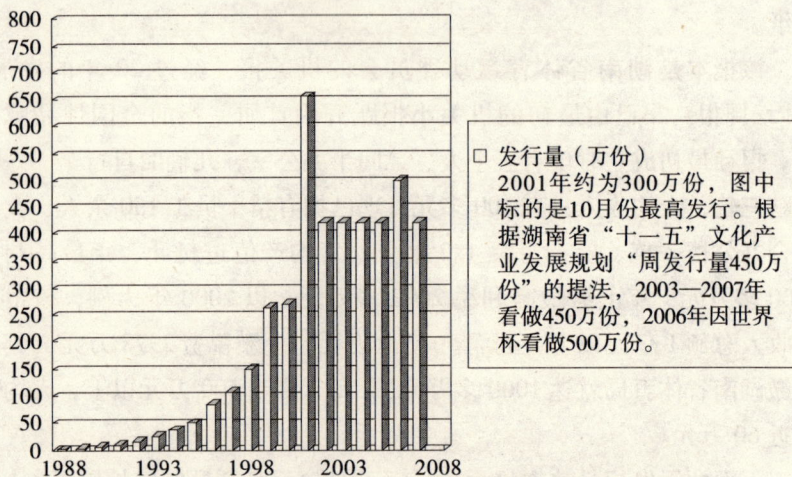

□ 发行量（万份）
2001年约为300万份,图中标的是10月份最高发行。根据湖南省"十一五"文化产业发展规划"周发行量450万份"的提法,2003—2007年看做450万份,2006年因世界杯看做500万份。

图6—1　《体坛周报》1988—2008年逐年周发行量柱形图

2.《体坛周报》与其他体育类报纸的比较

我们再看看20年当中,中国体育类报纸发展的整体情况。

1949年建国以后,各行业领域都相继创办了"一报一刊",国家体委和许多省市的体委也创办了自己的机关报,国家体委的机关报是《体育报》(即《中国体育报》);湖南省体委的机关报是《体育周报》;1979 年年底以《足球》(隶属于广州日报报业集团)创刊为标志,诞生了中国第一批专业的体育报纸。80 年代初,中国体育报刊开始进入市场阶段;1985—1988 年,《球迷》、《体坛周报》、《球报》等先后创刊。

由于专业性体育报政治色彩相对淡薄,改革开放以来人们又尤其热衷于欧洲杯、世界杯、甲 A(中超)、英超等各种国内外足球赛事,因此随着中国体育事业的发展和报纸产业化的推进,中国体育报纸迅速崛起并成为我国传媒市场化运作中最早的领域。可以说,到本世纪初,中国体育类报纸经历了一个繁荣时代。据统计,截至 2003 年年底,全国体育专业性报纸或专项性报纸已近 80 种,体育期刊 200 种[1],诸如《体育时报》、《21 世纪体育》、《体育参考》等都曾经是有一定影响的体育类报纸。然而 1994 年后,《体坛周报》开始逐渐占据中国体育传媒市场,它与《足球》成为主要的竞争对手;2000 年,《体坛周报》周发行量达 270 万份,取得了体育类报刊中的压倒性地位。

2000 年,秉持"体育娱乐化"理念的《南方体育》创刊,之后国内体育报纸大致形成《体坛周报》、《足球》、《南方体育》"三足鼎立"的局面。例如,根据成都体育学院 2002 年进行的一次成都市区体育类报纸读者调查,成都读者最喜欢的体育类报纸前三名依次是《体坛周报》、《足球》、《南方体育》。为了避免重要赛事的干扰,该调查于 2000 年 5 月 31 日开展,共发放问卷 600 份,收回有效问卷 525 份,有效率为 88%,置信度为93%,全部数据采用国际通行的社会科学统计软件 SPSS 统计处理。具体情况如表 6—3 所示。

表6—3　成都读者最喜欢的体育类报纸

报纸名称	喜欢的人数	占总数的百分比
体坛周报	281	53.3%
足球	124	23.6%

---

[1]　参见冉强辉、张业安:《从大众文化视角透视当前我国体育新闻传播中的畸变现象及原因》,《体育科学》2004 年第 4 期。

续表6—3

报纸名称	喜欢的人数	占总数的百分比
南方体育	77	14.7%
球迷	17	3.2%
中国体育报	9	1.7%
二十一世纪体育	9	1.7%
其他	8	1.5%
总数	525	100%

资料来源:《新闻记者》新闻调查档案,http://xwjz1.eastday.com/epublish/gb/paper159/200301/class015900002/hwz595970.htm.

再例如,以了解南宁地区的读者情况为目的,慧聪媒体广告研究中心2001年2月在南宁地区对415名读者进行了媒体知明度、读者偏好度、传阅率等项目的调查。调查采用统一问卷、分层随机抽样的的方式,统计分析方法采取以样本推断总体的方法,用415个样本的统计指标代替市场总量指标,经过统计汇总得出南宁地区报刊媒体的前十名,分析结果如图6—2 表示。

南宁地区报刊媒体知名度排名前十名

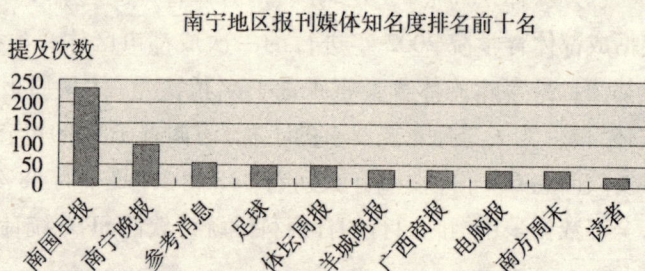

图6—2　南宁地区报刊媒体知名度排名前十名

资料来源:慧聪网传媒资讯,http://info.research.hc360.com/list/cmzx-meitibaogao.sht-ml.

成都是业内公认的报业市场化程度较高的内陆省份,南宁则是报业相对不发达地区,这两个省的市场调查情况都具有一定的代表性,至少说明,在这两个地区,《体坛周报》和《足球》是体育类强势报纸。

国内体育类报纸崛起的重要因素之一是足球,2002年中国在世界杯赛事上失利后,由于中国足球界问题不断,足球事业大幅滑坡,受众市场开始萎缩,加上网络、电视等新旧媒介的挤压,以及体育类报纸自身在内容等方面的不足,市场整合成为必然。从 2003 年开始,我国体育类报纸逐渐结束了市场争战的局面,一大批体育报纸开始消失,例如《体育时报》、《体育参考》、《体育快报》、《青年体育》、《足球 11 人》、《体育生活报》、《北京足球报》、《体育天地》、《体坛导报》、《21 世纪体育》等都退出了市场;2005 年,创办 17 年的《球报》和新锐《南方体育》的相继倒闭最为引人瞩目。

目前,仍然出版发行的体育类报纸,除了《体坛周报》、《足球》外,还有《中国体育报》、《东方体育日报》、《扬子体育报》、《竞报》、《体育晨报》、《篮球先锋报》、《球迷》、《羊城体育》、《体育周报》、《足球周报》等,但体育报业全国市场实际上是《足球》和《体坛周报》两家在争夺。

由于笔者没有搜集到《足球》的系列发行数据,难以作出直接的定量比较,这里暂时只能从定性的角度来分析。《足球》是国内第一家足球专业类全国性报纸,现每周 5 期,拥有"劲球网"和《足球大赢家》等子报子网。《体坛周报》创办前《足球》一度独领风骚,1994 年《体坛周报》加速成长后,由于两者都以足球为报道重点,具有可替代性,《足球》便渐渐丧失了第一的位置。《足球》只以足球为细分市场,对篮球等其他体育项目不予考虑,再加上报道内容和报道风格等方面的原因,2002 年中国足球事业滑坡以来,《足球》的市场欢迎程度便不断下滑,2006 年后体育报市场基本上就是以《体坛周报》为主导了。

2006 年 7 月,世界杯的报道期内,世界媒体实验室(ICXO. COM)根据《中国报刊广告市场(月度)研究报告》中的数据,统计出了当时国内体育类报纸广告媒体前五强,体坛周报列在第一位(如表6—4)。

表6—4　2006 年 7 月中国体育类报纸媒体前 5 强

排名	媒体名称	市场份额	竞争指数
1	体坛周报	52.48%	1.28
2	足球报	40.99%	10.34
3	中国体育报	3.96%	2.98
4	篮球先锋报	1.33%	1.59

续表6—4

排名	媒体名称	市场份额	竞争指数
5	篮球报	0.84%	2.04

资料来源:世界媒体实验室,http://media.icxo.com/htmlnews/2006/09/01/925213.htm.

数据摘自2006年7月《中国报刊广告市场(月度)研究报告》,广告刊例价排名。

就资产经营来看,体坛周报社也比《足球》等其他体育类报纸走在前列,如今体坛周报社成立了体坛传媒集团,旗下拥有《足球周刊》、《全体育》、《扣篮》、《高尔夫大师》、《瑜伽》等杂志以及特刊《投注》、《梦幻皇马》、《永远的乔丹》等体育类畅销书,其《足球周刊》堪称中国体育期刊第一品牌,《全体育》堪称最具个性的综合体育杂志,《高尔夫大师》则最具时尚潮流感。除了拥有以《体坛周报》为核心的"体坛系"系列报刊主营业务外,《体坛周报》还拥有一家完全按照现代企业制度建立起来的湖南体坛文化传播股份有限公司,经营范围涉及广告设计制作、体育比赛策划组织、体育服装器材销售、书报刊批发、读者咨询服务等各个方面。

《体坛周报》因其独特的成功之道和骄人业绩被业界内外普遍誉为"湘江之滨的一个神话和传奇",其所产生的品牌影响力和竞争力是公认的:2004年度中国最知名500品牌中,《体坛周报》是唯一入选的平面体育媒体,同年该报成为中国亚洲杯足球赛唯一官方指定媒体,2005年成为国际足联在中国地区的唯一平面媒体支持伙伴(Official FIFA Media Supporter),2006年成为世界杯足球赛在中国大陆的唯一平面合作媒体。

该社在取得巨大经济效益的同时也取得了巨大的社会效益:"十五"期间被评为"全省十佳报社"和"全国地方报社管理先进单位",两次被国家新闻出版总署评为"全国地方报业百强",社长本人被评为"全国新闻出版业有突出贡献的中青年专家",国家和地方相关领导人也多次强调全国和地方的报业要以《体坛周报》为楷模。1999年国家体委领导伍绍祖在全国体工会上就提出,全国报业要向湖南《体坛周报》学习,2001年7月,湖南省委宣传部组织省会的主要新闻媒体(包括中央驻湘媒体)对体坛周报社进行了深入细致的采访,其在新世纪首次推出的宣传系统重大典型报道中,体坛周报社被认定为实践"三个代表"、发展湖南文化产业的典范。

(二)打造从长沙到世界的影响

事实证明,上世纪90年代到本世纪初期,国内市场化的体育报纸本来有很多,但从2003年开始,衰落的衰落、改刊的改刊、停刊的停刊,只有《体坛周报》一路强劲。《体坛周报》的成功是核心竞争力的成功,它体现了报媒影响力经济竞争的"格式塔"特点,是市场定位、新闻提供和内部管理的协同整合。

1. 市场细分与以发行为主

《体坛周报》不是最早的体育行业报,但是国内最早进行市场化和专业化操作的体育行业报纸。

1988年7月1日,湖南省体委停刊整顿两年的机关报《体育周报》以《体坛周报》的名字复刊,负责编务工作的年轻的编辑部副主任瞿优远上街卖报时,发现当时市场上没有一张综合性体育报,凭借自身的报业工作经验,他意识到只要报纸本身能办得被广大体育爱好者所需要所接受,《体坛周报》就一定能打开局面。在这一最初判断下,他大胆打破了机关报的惯有习气,直接将报纸的读者定位为体育迷而不再是各级体委机关干部。

以球类为主一直是《体坛周报》多年不变的采编原则,因为中国的体育读者对球类运动的关心大大超过田径运动,因此《体坛周报》虽然称为"体坛",在新闻内容上却以报道球类运动为主,其他体育项目诸如自行车、水上运动、登山以及高尔夫等曾经是不予报道的。也就是说,一开始体坛周报就找到了适合中国读者体育需求心理特点的细分市场。

由于行业限制,体育报的广告经营不及发行经营,因为读者结构以年轻男性为主,不为广告主看重,鉴于当时长沙是内陆城市,广告本就很有限,因此体坛周报人确定了不以广告而以零售(发行)来赢利的基本经营方式,直到21世纪初期,《体坛周报》上的广告都不多。因此《体坛周报》的影响力经济与一般报业组织影响力经济存在着不同,它的表现同样是销售影响力,但却是将影响力直接销售给读者而不是广告客户,即以相对高的价格销售给大规模的读者,借助这种影响力来扩大发行并创办杂志等其他相关信息产品。由于是体育方面的行业报,在政策宣传方面的任务或约束会少一些,因此抓紧专业体育新闻来进行报道,读者需要什么就随时生产什么,这一市场意识是体坛周报人在创刊时就牢牢奠定的,也是其后来领先于更早创办的《足球》等体育报刊的根本原因之一。

体坛周报的市场经营策略是典型的读者需求拉动生产,即以体育报纸的读者特性、报道资源特性为线索,运用市场机制组织报纸的生产和经营,一旦社会和读者有需求,就马上出击,实际上这正是传媒市场竞争的一个硬道理。因此若干年来,体坛周报的采编宗旨一直是:以新闻为主,以短文为主,在有限的版面内增大信息容量,增加独家新闻的数量与质量,力求用最精练的文字反映每周发生的大事与大赛。其市场营销则主要体现为报纸分销渠道建设,主要途径之一便是报刊全国发行,为了降低成本和方便读者,多为中心城市邮局零售并采用分印点促进当地发行。

关于发行的数量,体坛人按照 1×1、2×2、3×3 ……的算式来做,即第一年 1×1 发行 1 万份,第二年 2×2 发行 4 万份……1995 年年底,《体坛周报》的发行量已经超过 60 万份,1996 年报社制定的发行战略是:100% 交邮,终止与二渠道的所有业务关系。看上去这似乎不符合现在所提倡的报纸自办发行或委托代理发行,然而这种邮局委托零售发行实际上乃是规模发行的一种体现,因为《体坛周报》高发行量的背后是 95% 的高零售额,它的存在说明了报纸的受欢迎程度,也反映了它的市场化程度和时效性程度,全国化的大市场中,由邮局全盘负责发行反而体现了它的规范和信誉。

市场就是读者,以读者为上,是体坛周报多年来恪守的经营信条。这种优秀市场意识更重要的表现还在于体坛周报人不会沉醉于自己的成功中而看不清周围的变化。2000 年以来,中国经济社会的发展使中国城市的广告市场日益丰富和扩大,在依靠较高的发行利润完成原始积累以后,传媒必须寻找新的赢利点以增加收益和规避风险。2002 年体坛周报发展历程中也树起了一块这样的里程碑,由体坛周报和北京体坛投资有限公司共同出资的湖南体坛文化传播有限责任公司注册成立,其主要业务包括广告设计、广告制作、发布户外广告和代理各类媒体广告,广告化经营正式成为体坛周报经营方式的新突破口。为了适应这一转变,同时根据报社业务发展及备战北京奥运的需要,报社从 2002 年起就开始采取措施充实北京和上海两个会所的力量,自创刊以来主要依靠发行及售价赢利的单纯经营格局已暗中改变,开始实现发行和广告"两条腿走路"的战略跨越。

更大的经营调整接踵而来。体坛周报创刊以来的广告业务一直实行总代理制,全部由广州凌视广告有限公司代理经营,随着报纸品牌的确立和经营格局的改变,广告经营开始由总代理制向自营制转变。2005年下半年,体坛周报下辖的湖南体坛文化传播有限责任公司改造成了纯粹的广告公司,该公司2006年与南非MIH传媒集团顺利合资,完成引进外资后将独家经营体坛周报系列报刊的广告业务。

2004年,报纸扩24版为32个彩版时,预计扩版年度损失利润2500万元,而当年的广告额则突破了2700万元,也即依旧能够达到报业年度利润稳中有升的目标。与这一基本变化相对应的还有,报纸信息产品结构也日益多元化,整合营销开始为体坛周报注重,利用品牌优势打造产业链成了体坛周报人市场策略的新支点,诸如通过电子版的销售以及彩信、短信服务从多方面满足读者的需求,利用自身的媒介优势参与社会活动、赛事运作和项目合作等。例如2004年体坛周报首次成为亚洲杯足球赛的官方合作媒体,由于在国家教练、球员、赛事报道和赛场内销售出版物等方面拥有多项权利,因此获得了不小的附加值收益;又例如2006年体坛周报选择与中央电视台共建央视体坛传媒公司,以此合作经营高尔夫收费频道,拟定控股分别为49%和51%,这是中央电视台第一次选择地方平面媒体进行战略合作,其品牌优势对于体坛周报经营的扩张无疑具有帮助。

2. 体育为本、差异为王

市场定位决定了媒介生产的方向,反过来说,媒介的产品开发又决定市场表现,不论零售为主还是广告为主,报业组织市场竞争都必须以内容为基石。《体坛周报》拥有最广泛的中文体育读者当然与其市场化路线有关,但更能起作用的则是其所报道或提供的体育资讯,它在《体坛周报》的成长历程中起着主导性的作用。

根据对中国体育报读者市场的分析,体坛周报确定了"卖内容"的基本经营战略,即作为体育行业报,要生产出更受欢迎的体育信息产品,就只能是专业差异化,它包括新闻的数量、质量和特色等几个方面。事实上,20 世纪 90 年代中期以前,我国体育报纸的整体状况是新闻报道缺乏专业性,存在大量类似于"专题广场"、"读者屋"之类的抒情散文,大量带有主观色彩的文学作品冲淡了新闻报道的客观性,真正的体育新闻报道通常占不到一半版面。洞察出这一弊端后,围绕新闻差异化宗旨,《体坛周报》紧紧抓住国际化、专业化、深度化、全面化、独家化以及第一时间报道来打造新闻差异优势。

(1)抓住中国体育迷特别关注国内外体育盛会,尤其是国外足球比赛的心理特点,突出内容的国际化。

体坛周报人提出了"世界任何赛事,《体坛周报》从不错过"的新闻口号。例如 1990 年它便开办了中国第一个系统报道欧洲各国足球联赛的栏目——"欧洲各国联赛速报",国内其他媒体 2 年之后才出现类似的栏目,在报纸板块设置和内容的分配上,国际体育的比重也一直大于国内体育报道,国内与国际体育报道所占分量大约为 3:5。

其新闻提供总的切入点是大型国际体育赛事,《体坛周报》的壮大过程正由一次次重大赛事串联而成,其发行量的几何级数飙升同重大赛事具有正相关关系,其关系如图 6—3 所示。

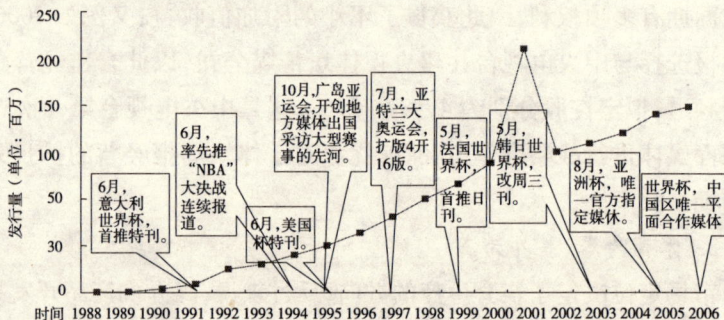

图 6—3　体坛周报重大赛事与发行量关系比较图

数据来源:叶鹏、李海斌:《淘金足球——〈体坛周报〉的崛起之路》,《新财经》2002 年第5 期;欧阳友权、柏定国主编:《2006 年中国文化品牌报告》,中国市场出版社2006 年版,第 44—56 页。

(2)保证信息的全方位展示和特色凸显,依托网络技术,围绕同一体育新闻事件设置不同的专栏、版块,在核心内容的报道上,坚持走"硬新闻"（Hard News）路线，着重在体育报道和深度评论上下功夫。

首先，体坛周报注重专业报道。比如，足球是中国体育类报纸，尤其是足球类专业报纸如《足球》、《球报》、《球迷》等的主要报道对象，体坛周报如何创造差异呢？凭专业和深度。例如，20世纪90年代中期《体坛周报》就设计了一种准确报道足球比赛的方式：第几分钟哪位球员做了什么动作，场上形势如何；哪个球员在哪个位置上以什么方式得到球，又以什么方式射门，诸如此类。《体坛周报》注重把每一个重要细节都交待清楚，以此让球迷对比赛有直观的印象。当时中国电视媒体还不发达，比赛转播少，这种专业化报道方式一出炉，便受到了球迷的欢迎。

其次，体坛周报注重深度报道。根据中国体育迷不仅要知道赛事，还要介入对赛事的评论这一潜在而强烈的心理需求，体坛周报将采编原则制定为：追踪、探索重大赛事的发展趋势，并注重发掘表象背后的实质。为此，体坛周报采取了多元化的深度报道形式。例如，报纸设有由几位有影响力的体育评论员开的专栏，深度细分英超、意甲、德甲等等"专业"赛事评论，报纸版面安排中，篇幅在1500字以上的文章占了2/3以上，电视直播盛行后，该报更借直播加大对赛事的同步评论力度。总之，《体坛周报》具有多样化的深度报道形式，它最终胜出《南方体育》和《足球》等同类报纸，并与现场转播的电视相抗衡，与其追求专业深度的报道风格有直接的关系。

再次，体坛周报注重全面报道。报纸不仅力求专业，而且力求内容丰富，后来的多次改版中，以足球为核心，报纸将篮球、乒乓球、田径等各项体育运动结合起来，使读者一份报纸在手，便可纵览各种体育新闻和赛事，避免了同类报纸的单一和电视直播的频道局限。目前《体坛周报》主要有"新闻主页"、"综合强档"、"射门中国"、"射门欧洲"、"射门世界"、"扣篮杂志"和"棋界"八个版块，常规16开32版，遇有世界杯之类重大赛事则改为日报出版。

（3）坚持体育迷办报、坚持采编人员至少精通一门外语。

传媒竞争的根本是人才，人才的差异性就是新闻的差异性，行业报采编人员的行业素养直接决定了行业报的专业化水准。在这一点上，体坛周报独步一时。报社现有80多名采编人员，虽然他们经历、专业各不相同,但都是热爱并精通某项体育运动的体育迷,而且都具有一定的外语水平,几乎囊括了法语、德语、意大利语、英语等热门体育项目强国的各种语种。体育报道需要专业水准和打破国界限制的即时交流报道,体坛周报对这一稀缺新闻资源的拥有,是别的体育类报纸难以企及的。

(4)从新闻来源上保证新闻优势的铸就。

根据体育报道资讯来源较高的垄断性特征,体坛周报人采取了不少措施从新闻来源上保证新闻优势的铸就。为此,体坛周报广泛开辟新闻的合作渠道和路径:国内赛事上力争成为国内重要赛事的合作媒体或者重要伙伴;国际赛事上则采取间接合作的方式,通过与国际知名体育媒体的联盟,拥有对法国《队报》、意大利《米兰报》等报的独有编译权,从而能在对方报纸的编辑过程中就获得部分珍贵的独家图片和文稿。

体育报道资讯垄断性这一特征还表现在体育记者或编辑个人的人脉关系上。体育报道中,采访接近权往往掌握在某些权威人士手里,诸如李响、黄健翔等人才更有可能对国际国内体坛知名人物进行采访。鉴于独特的资讯来源可能比记者本身的采写能力更重要,报社大力引进拥有独特资讯来源的名记者,借以建立自己的资讯来源和抬高体育报道的门槛。此外,体坛周报还大力加强与杂志、广播电台和电视台等的合作,通过创办新刊物、制作体育电台和电视节目来提高资讯服务的质量和接受面,用以弥补或平衡纸媒体育报道资源的不足或不均。例如《全体育》、《高尔夫大师》等就很受欢迎,与中央广播电台都市之声合作的体育在线每周推出三次,听众的反映也很不错。

(5)注重新闻的最新报道或现场报道,加强物质技术力量。

独家体育新闻常体现在对赛事的火线掌握和现场挖掘,为此,体坛周报除了在国外常驻记者、与国外体育大报合作、充分掌握人脉资源外,还注重拥有新闻生产和印制的强大物质能力。

其一,报社给每个记者都配备了最现代化的采访装备。诸如,每位记者配备了一台三万元左右并随时给予更新的手提电脑,摄影记者则装备一套高达80余万元的最先进数码设备,它们使记者们能在任何时候、任何足球赛场,用最快速度传回最清晰的稿件。此外,报纸本身也图文并茂、醒目大方:1989年元旦体坛周报就有了发展史上的第一个动作——

套红;7月体坛周报首次对足球采用进球图标示,这一形式后来成为该报的特色;1990年体坛周报进一步摆脱铅字印刷的滞碍,第一次采用胶印技术使版面变得清爽。从采稿组稿编稿到画版拼版,其生产流程的敏捷以及版面美观都是其新闻优势不可或缺的一面。

其二,利用网络新媒介来实现信息数字化的立体生产和传播。2006年《体坛周报》和TOM在线推出"TOM体坛网站(titan. tom. com)",致力打造一个综合体育门户和各种专项体育垂直门户相结合的多层次"体育门户矩阵",并提供24小时不间断的全球体育资讯服务。这一网站除了提供体坛周报集团内各媒体的国内外报道外,还同步提供国内外数十种平面媒体的最新内容,囊括《体坛周报》、《足球周刊》、《全体育》、《高尔夫大师》、法国《队报》、法国《足球》、意大利《米兰体育报》、西班牙《足球先生》、西班牙《阿斯报》、阿根廷《奥莱报》等独家资讯,不仅内容形式涵盖文字、图片、音频、视频等多媒体手段,也使读者每天第一时间可以阅读到亚洲、欧洲、美洲等世界各地最专业的体育媒体资讯。

总之,体育报以发行为生命线,内容如何决定了报纸的竞争,《体坛周报》正是凭借专业、权威、丰富而及时的报道越做越强的。《体坛周报》与《足球》、《南方体育》新闻优势方面的不同,在成都体育读者市场调查中也有所体现,如表6—5所示。总体上,专业、权威、全面、来自第一现场的新闻报道铸就了其新闻优势,不仅其他体育报纸难以企及,电视等其他媒体也难以代替。

表6—5 成都体育读者喜欢不同体育报纸的原因

体坛周报	内容丰富 (73.3%)	报道及时 (49.1%)	真实客观 (30.6%)	权威性 (27.8%)
南方体育	内容丰富 (46.7%)	图片精彩 (37.6%)	文字生动幽默 (29.8%)	评论独到 (27.2%)
足球	内容丰富 (58%)	报道及时 (43.5%)	客观真实 (32.25%)	报道深刻 (24%)

资料来源:《新闻记者》新闻调查档案,
　　　　http://xwjz1. eastday. com/epublish/gb/paper159/200301/class015900002/hwz595970. htm.

3. 以人为本的管理与激励措施

《体坛周报》由默默无闻的地方小报发展成全国品牌大报,与体坛周报社的组织管理也有着直接的关系。

报社组织机构属于党委领导下的社长负责制。现有工作人员100多人,其中记者40人(国内专职记者18人,国外专职和兼职记者20多人),编辑40人,出版20人,发行4人,另有财务、联络等人员若干名。

全社人员平均年龄在30岁左右,主要为招聘的大学毕业生。报社管理层级比较简明,社级管理层分为社委会、编委会、总编室三个部门,重大事务由社委会讨论决定,上报省体育总会,主体采编事务由编委会解决,实际采编业务由总编室管理。工作主要分两条线,一条是采编工作,工作重心围绕编辑策划,由编辑定思路,记者配合提供报道,协商着办;一条则是出版、营销、后勤等。

《体坛周报》社级领导(包括湖南体坛文化传播有限责任公司)有6人:社长兼总经理1人,总揽大局;副社长兼总编1人,负责报纸全体采编业务;副总编2人,分别负责采访和编辑事务;副社长1人,负责报纸财务、行政工作;副总经理1人,负责报纸发行工作。

人才是传媒的生命,要发展传媒产业,摆在第一位的应该是人才,对活资产的投入应要优于对固定资产的投入,而且固定资产的投入应该为活资产服务。基于这种对人的重视,报社历来把人才摆在第一位,关心员工是其管理的基本出发点。例如报社投资1000多万元设立北京会所时,本来员工的宿舍安排在办公区附近,一段时间后,员工反映这种安排让他们无法安心休息,因为隔得太近,随时都得准备到办公室加班,导致心理压力加大。了解这一情况后,报社重新在离办公室较远的北京郊区为员工购买了宿舍,同时配备了交通车。

报社的用人环境很宽松,其用人机制不讲究出身和资历。在报社,只要有能力、有想法,只要这想法有可操作性,就能得到肯定或实现。为了引进人才,社领导以诚相待、高薪聘请,一系列大手笔使报社聚集了大批精英人物,包括NBA专家苏群、足球评论专家周文渊、足球名记者马德兴、许绍连、王军、足彩报道专家颜强等,中央电视台著名体育节目主持人张斌、九段围棋大师常昊、足球评论家黄健翔以及为数不少的特邀撰稿的网络人士和海外人士。

报社整个管理体制中最具有激励作用的是工资制度。应该说,薪酬激励还是目前符合中国企业,包括文化企业员工内在需求的有效激励方法,事实上,管理层并不需要努力去想该怎样激励属下的工作积极性和热情,只要给予公平合理而可观的报酬,辅以一定的职业追求,人们就能更大程度地投入到工作中。报社的工资报酬全部实行绩效浮动工资制并向采编一线倾斜,只要工作成绩突出,编辑记者的月收入常超万元,诸如一篇2万字的特稿获得5万元的稿费在报社已不是什么新鲜事。自1993年开始,报社实行全员聘任制,所有员工一律按劳计酬、平等竞争;2000年起,报社按岗定薪,不分正式员工与非正式员工,一律严格按照各项工作指标进行考核并发放工资奖金,特殊人员聘请则采用特殊工资待遇。这些都大大激活了员工的积极性、创造性和奉献精神。

报社有属于自己的企业文化,最突出的是其敬业精神。从《体坛周报》创刊开始,一版的责任编辑一直是瞿优远,担任责编期间,每个环节他都为员工做着表率,经常一天工作12—15个小时,遇到大型比赛时甚至每天只睡四五个小时。实践的成功让体坛周报人坚持一个信念:只要报纸办好了,在中国广阔的市场里就一定有读者。因此,体坛周报人有两句口头禅——"更快更强更高,更新更深更精"、"爱好即工作,工作即爱好"。20年了,围绕这个文化核心,体坛周报人不断在突破和创新,除了"世界任何大赛,体坛周报从不错过"外,"大投入大产出"、"比欧洲读者更早地看到欧洲知名体育报纸"、"永远追求最好",这些都是体坛周报人的信念和原则。

报社管理层也很注重战略管理,其战略管理的核心实际上就是走现代企业集团化发展之路,构建真正的强势品牌。随着媒介竞争的日益激烈和经营方式的转型,报社管理层渴望寻求新的市场机会和更有利于自身发展的新环境,它选中了首都北京,因此其战略管理的直观体现便是总部由长沙迁往北京。2004年年初,报社部分采编人员进驻北京广安门新会所;2005年年初再次迁址,迁至崇文区东花市北里西区22号楼西段一座5000平方米的现代办公大厦。很快地,精干人马陆陆续续全部入京,从而成功实现了广告、发行和主体采编业务向首都的战略转移。

由长沙到北京,由湘江过长江跨黄河,其转移的意义非同小可。北京是中国的文化体育中心,视野更开阔、资源更丰富、机会更多、挑战更大,它不仅解决了"体坛系"新报刊创办过程中日益增加的人才需求,更增进了报社与国内国际体育界、传媒界和企业界的交流合作,登上这个战略制高点等于就扼住了体坛周报未来持续发展和更大作为的咽喉要害。于是,体坛周报管理层以更开放的国际战略眼光,频频寻求与 2006 世界杯、2008 奥运会等国际体育盛事的合作。以往的事实证明,社长瞿优远的市场感觉敏锐到位,出手也非常果断,这一仗同样打得极为漂亮,借助这股战略转移的东风,在更高的平台和更广阔开放的天地里,体坛周报人实际上是在为将来积累更大的能量和更强的抗风险能力。

(三)体坛周报打造核心竞争力的启示

《体坛周报》是靠发行制胜的报业组织市场竞争标本。创刊十周年之际,它由默默无闻的地方体育报异军突起,成为中国发行量最大的体育报纸,与《人民日报》、《参考消息》等齐名进入发行量超过百万份的中国最大报纸之列,并且能在电视直播的威胁下快速成长,这在中国报业史上不能不说是一个巨大的成功,这一成功又不能简单断定为是某一方面因素造成的,而是市场定位、专业报道和内部管理整合的结果。

《体坛周报》崛起于 20 世纪 90 年代,当时国内报业市场竞争远不如现今这么激烈,作为一份政治意味不太明显的体育行业报,其成功究竟算不算一种影响力企业核心竞争力的成功? 笔者以为是的。

原因之一是,尽管《体坛周报》是行业报,但它并非没有舆论导向,而是也具有很强的意识指向,即要以体育运动的民族精神、价值取向和社会道德文明建设影响公众,报社最终生产的仍是以体育道德文明为主的社会主义影响力,只是这些意识形态或舆论导向更多地面向体育受众,并且渗透融会于体育新闻的报道中而已;原因之二是,尽管当时中国报纸的整体市场化程度还不是很高,参与竞争的报纸并不多,但 20 世纪 80 年代末期报业竞争客观上已存在并悄然展开,只是由于行政力量的作用,报业竞争不集中不突出而已,而体育类报纸正是国内最早走向市场化的报纸;原因之三是,企业核心竞争力的实质是在市场中抓住机会不断施展自己的手段和智谋,实现动态的发展,它不仅仅代表竞争,更代表一种自生力和生存哲学,不管竞争激烈不激烈,只要要求有竞争和要求可持续发展就会要求有核心竞争力,只是在竞争激烈的环境下表现得更明显。

传媒的发展与当地经济发展一般是正相关关系。这份报纸生于湖南、长于湖南、盛于湖南,在湖南这个经济并不很发达的中部省份里,却唱出了社会主义报业竞争高亢响亮的音符。20年来,它的成长壮大恰好与我国报业产业化、市场化的进程同步推进,其迅速而持续的崛起不仅可以看做是我国平面体育媒体近几年获得大发展的一个缩影,也超越了体育传媒的范畴而具有普遍的传媒竞争意义。其成长之路的描述和分析,正能具体生动地展示我国报业组织影响力企业格式塔(知觉整合)竞争的某种真谛。

首先,核心竞争力的形成和培育受制于具体的外部条件,也即SWOT分析中的"O"和"T"。内陆省会城市长沙并不是国内处于政治、经济、文化中心地位或有强项影响的大城市,湖南省足球运动历史上也没有出什么强队、高手或国脚,为什么它就硬是创出了这样一张令人瞩目的《体坛周报》呢? 至少有几个客观因素起了作用。

报业市场的复苏及国家鼓励报纸经营的政策是国家层面的积极条件,它对于当时任何体育行业的报业组织都是一样的。体坛周报微观环境的不同在于,作为报社主管的湖南省体委(体育局)领导们,对《体坛周报》始终是一种只支持少干预的态度,正如当时省体育局局长所提到的,党组对《体坛周报》管理很宽松,只进行宏观管理,不进行采编经营的干预,因此这一放手不仅没有成为《体坛周报》成长的障碍,相反是给报纸得以迅速发展创造了一个有利的人和氛围。

体坛周报微观环境的第二个不同在于湖南文化市场,尤其是图书出版市场的相对发达。在很多省市还没有"书市"概念时,1988年长沙已经形成了全国最早最大最有名的民营"二渠道"书刊市场,即黄泥街书市(今长沙定王台书市),上千家民营、国营批发书店及公司在这里从事着书报刊的全国性交易。瞿优远在这当中做过一段时期的发行,书市所具有的强大书刊市场氛围,为体坛周报得以坚决走向市场提供了强大的思想变革的精神力量,从而使其在开始步入市场经济时,就大大减少了来自各方面意识形态上的阻力,同时还使其提前经受了市场经济的锻炼与洗礼,使"坚决面向读者"的办报思想能早早地在头脑中扎根。

其次,核心竞争力的形成和培育受制于具体的内部条件,也即SWOT分析中的"S"和"W"。《体坛周报》也有自己的劣势,但它的个性是市场化和专业化,这是它最大的优势,其成功可以总结为对"市场第一"或"读者第一"办报方针的坚持。社长瞿优远深知,必须根据读者的需求来确定新闻的采编,而他对于中国体育报纸读者特性的分析又恰恰十分到位,准确地抓住了一条:世界上没有任何一个国家的体育迷像中国的体育迷这样关注足球赛事。于是,《体坛周报》从一开始就以足球报道,尤其是国际足球报道为突破口,依靠其专业特色和相对较低的成本来奠定国内读者面的,之后再根据体育读者信息需求的实际情况不断对其内容进行调整和扩张。

这张靠足球内容起家、以零售为主的报纸正是秉持一切为读者着想的理念,以此成功实现了体育新闻市场化与舆论导向的两相结合。这一启示意义是意味深长的:一部体坛周报发家史就是千方百计为读者利益考虑的发展史,而这正紧紧把住了传媒影响力与影响力经济的命脉,因此,从办刊队伍、资金、地域局限上看最初似乎都不具备冲出湖南条件的体坛周报,在这样一种对影响力经济规律的准确把握中冲出湖南走向世界就是必然的了。

当然,人是最关键的因素,瞿优远本人及其报社成员就是最重要的核心资源,这也是体坛周报获取持续竞争优势的根本。在决策者的带领、一群优秀人才和所获得的得天独厚的条件下,体坛周报以明晰的市场眼光给自己确定了正确的方向,充分抓住了体育比赛的各种机遇,以严格的新闻专业精神和开明的作风不断攀升,其成长的过程就是一种对内外环境因素知性整合的过程,这一知性活动本身是动态的更新的,它不会停止,除非报社"死"了。

再次,《体坛周报》是在中国传媒最市场化的领域——体育传媒中杀出一条血路来的,对于当今雄心勃勃的中国报业组织来说,其在核心竞争力建构方面提供的既是特别的个案,也是普遍的借鉴,它直接把影响力卖给了受众,发行赢利的模式在这份报纸身上得到了充分的体现,可以说报社整个价值链运作中新闻本身得到了最大的凸显,然而它同样是新闻生产、市场导向与内部管理综合作用的结果。

二、潇湘晨报核心竞争力实证分析

(一)《潇湘晨报》:湖南报业的后起之秀

1.《潇湘晨报》基本情况

《潇湘晨报》是21世纪初期崛起于湖南的本土权威大报。

这份报纸是国内首家由新闻出版系统投资创办的大型都市综合类日报,也是20世纪90年代以来湖南第一家成功进行市场化操作的都市综合类报纸,2001年3月创刊,投资总额近1亿元人民币,是目前湖南省期发量最大、广告额最高的纸媒。

该报创刊版100版,创刊之初便赢得了"北有京华,南有潇湘"的美誉,半年即席卷湖南报业零售和私费订阅高端市场的绝对份额,一年即处于湖南报业市场的领跑者地位。根据央视调查咨询中心2002年10月24日至11月6日的统计,《潇湘晨报》平均每期阅读率为30.73%,每期读者规模为409996人,平均阅读该报的时间为36.7分钟,双休日有80%的读者,每期主动读者比例为67%,居省会5家都市类日报之首。

创刊3年后,2004年《潇湘晨报》以绝对优势开创了湖南报业"一报独大"的时代。央视市场研究股份有限公司长沙都市类报纸读者调查报告的统计数据(2003年9月至2004年2月)表明,《潇湘晨报》平均每期阅读率为33%,平均每期阅读人数达到58.62万人,比第二位高了92.96%,远远高于其他报纸(图6—4)。

2005年新生代市场监测媒介研究的调查数据也显示,湖南省的居民最经常阅读的报纸是《潇湘晨报》,为49.74%,占了近一半的市场份额(图6—5)。以上调查中报纸及排名虽不尽相同,但《潇湘晨报》都位居第一。

到了2006年,《潇湘晨报》发行量已逾52万份,广告额达2.5亿元,在湖南整个传媒市场中,广告收入仅次于湖南卫视,成为湖南报业市场的领跑者。目前该报拥有1800多人的发行队伍,完全覆盖全省14州市,常

58.62

30.38

33%

19.89

17.1%

13.04

12.69 11.29

11.2%

7.3%

7.1%

6.4%

8.77 7.64

4.9%

6.74 5.8

4.3% 3.8% 3.3%

■ 潇湘晨报
长沙晚报
三湘都市报
体坛周报
■ 文萃报
东方新报
参考消息
■ 南方周末
湖南广播电视报
当代商报

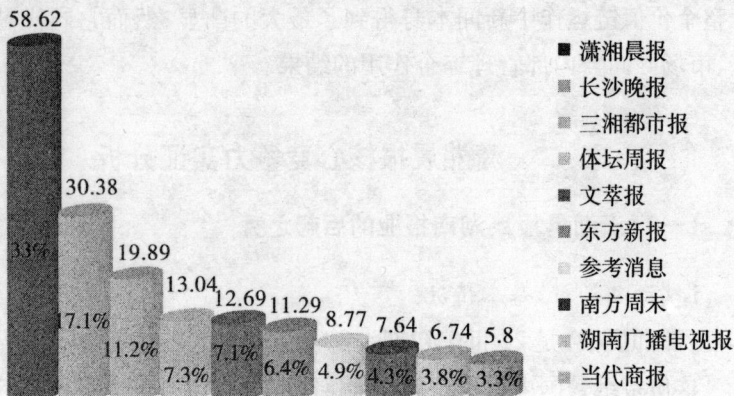

图6—4　长沙地区主要报纸平均每期人数和阅读率情况比较（单位:万人）

数据来源:CNRS'2003.9—2004.2.

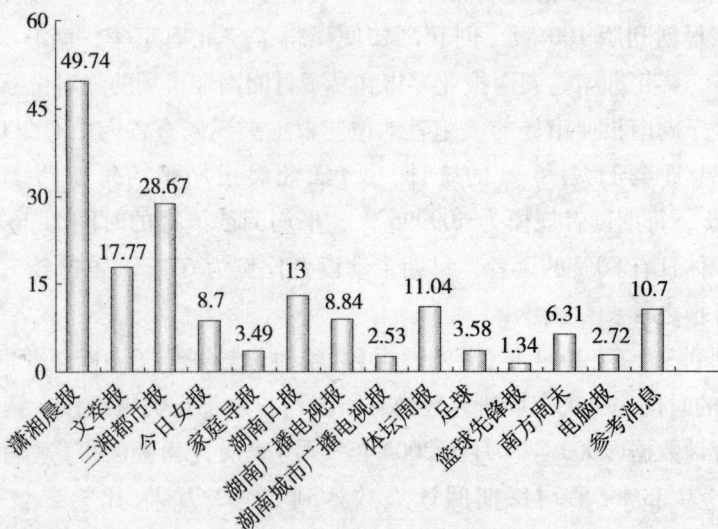

60

49.74

45

30

28.67

17.77

15

8.7

3.49

13

8.84

2.53

11.04

3.58

1.34

6.31

2.72

10.7

0

潇湘晨报　文萃报　三湘都市报　今日女报　家庭导报　湖南日报　湖南广播电视报　湖南城市广播电视报　体坛周报　足球　篮球先锋报　南方周末　电脑报　参考消息

图6—5　2005年10月湖南读者经常阅读的报刊

资料来源:新生代市场监测机构媒介研究二部2005年10月《湖南省居民消费状况报
告》。

规对开32版,彩色印刷,A、B、C三叠出版,周日曾有《星期天潇湘晨报》
出刊,重大事情配有各种特刊或号外刊。

《潇湘晨报》的业主是潇湘晨报社。2004年湖南出版集团整体改制后,潇湘晨报社成为湖南出版投资控股集团有限公司旗下 26 个子公司之一,属于带有事业性质的大型国有企业,并作为湖南出版产业一个新的经济增长点来经营。报社社长兼法人代表是龚曙光,总编兼总经理是刘剑,下设社委会、总编室、发行部、广告部、策划部、行政部、资产财务部等若干部门以及省内新闻中心、国际国内新闻中心、经济新闻中心、文体副刊新闻中心、视觉中心等五个采编业务中心和时事评论部、深度新闻部等两个直属部门。

除了《潇湘晨报》及《晨报周刊》一报一刊外,该社还拥有《网球》杂志社、《新远见》杂志社、北京国风网球运动有限公司、上海恒颐广告有限公司、湖南恒欣、恒通文化传播有限公司、湖南恒盈传媒投资有限公司、湖南恒嘉地产顾问代理有限责任公司以及《红网》等其他产业实体。"十一五"时期,随着湖南出版投资控股集团整体上市的筹划,潇湘晨报社也朝集团化迈开了更大的步伐。

由于多种原因,笔者最终没有获取该报 8 年来发行量和广告的确切统计数据,因此实证分析大多参照已有研究的数据来进行。

2.《潇湘晨报》与同城报纸的竞争力比较

基于所提供数据的考虑,这里的比较并不是对具体的竞争作出分析,而是结果的比较。

20 世纪 90 年代中期以前,长沙地区能看到的综合性日报只有创刊于 1949 年的《湖南日报》和创刊于 1956 年的《长沙晚报》,20 世纪 80 年代末两家报纸开始竞争。1995 年湖南日报社所属晚报《三湘都市报》正式创刊。之后湖南综合类日报几乎就由《长沙晚报》与《三湘都市报》构成,两者势均力敌,前者专攻长沙地区,后者主打全省市场,都以较少的版面形成市场平衡,各自取得利润最大化。晨报创刊前的 2000 年,两报广告收入分别约为 8000 万元、6000 万元,发行量分别约为 8 万份、10 万份。

同年,湖南省新闻出版局准备创办一份新的报纸来激活湖南报业市场。一系列全国范围内的谋划与准备后,2001 年《潇湘晨报》创刊。当时市场上还有另外两家报纸:《当代商报》和《东方新报》。《当代商报》是以大众经济报道为特色的综合性日报,《东方新报》则是《长沙晚报》小规模运作的子报。因此,2001年,长沙的市民报有《长沙晚报》、《潇湘晨报》、《三湘都市报》、《当代商报》、《东方新报》等5家报纸,当年的广告总量两个亿左右。

《潇湘晨报》引发了湖南报业新的竞争。到了2004年,形式基本明朗,形成了《潇湘晨报》领先,《长沙晚报》随后,《三湘都市报》跟进的局面。这一年在读者规模、首选订阅率、平均每期阅读率、广告总量、广告千人成本等许多重要指标上,《潇湘晨报》都稳居第一,成为湖南发行量最大、阅读率最高、广告收入最多的报纸。

在竞争力分析的指标选用上,笔者以当前权威的三大研究机构,即央视市场调查(CTA)、慧聪传媒咨讯、新生代市场监测机构(CMMS)的指标体系为主,辅以湖南省报刊中心(CNARS)的数据。以长沙市区为例,CNARS从2002年3月到2004年2月的统计数据表明,晨报一直在上升中与其他报纸拉开距离,见图6—6所示。

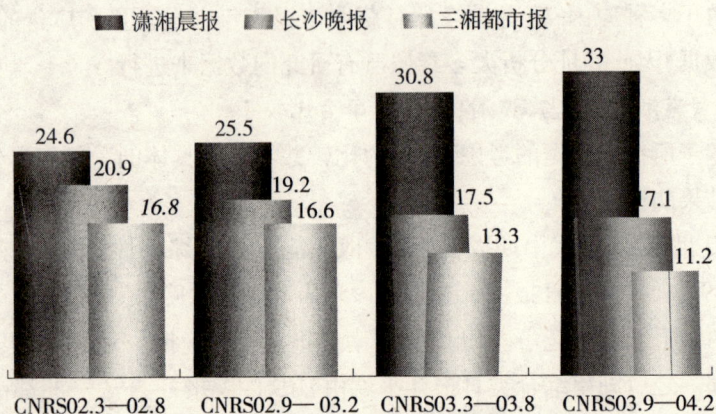

图6—6 2002.3—2004.2 长沙三大报纸发展比较

数据来源:CNARS2002.3—2004.2.

新生代市场监测机构媒介研究部2004年也对三张主要日报进行了数据统计和分析。2003年,也即创刊2年后,《潇湘晨报》平均每期阅读率、日到达率、到达人数规模、独占人数比例、读者忠诚度都高于另两家。如图6—7、表6—6、表6—7、表6—8、图6—8所示。

CMMS(中国市场与媒体研究)中,平均每期阅读率是揭示报纸每期

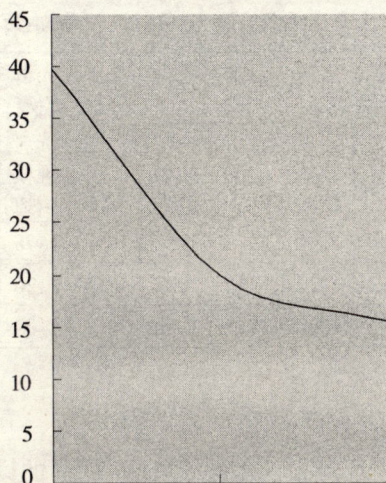

潇湘晨报39.6   长沙晚报19.9   三湘都市报15.6

图6—7 2003年长沙市三大日报平均每期阅读率对比

数据来源:CMMS2003.3—2003.12.

到达读者群的核心指标,指某报在某一时间或时间段平均每期的读者人数在调查总体中所占的比例。对于日报而言,平均每期阅读率是指调查时点前一天(昨天)阅读过该报的读者比例;对于周报而言,则是指调查时点前一天(昨天)和前7天(7天内)阅读过该报的读者比例。《潇湘晨报》以39.6%列第一位,说明了2003年《潇湘晨报》已具有比较显著的竞争优势,其市场影响力已在长沙市领军于第一集团。

表6—6 2003年长沙市三大日报到达率   单位:%

	潇湘晨报	长沙晚报	三湘都市报
日到达率	39.6	19.9	15.6
周到达率	55	34.7	28.9
月到达率	58.2	38.6	31.7
季到达率	59.6	39.9	33.5
年到达率	60.4	41.4	34

数据来源:CMMS2003.3—2003.12.

表6—7　2003年长沙市三大日报读者到达规模(单位:万人)

	日到达人群规模		周到达人群规模		月到达人群规模		季到达人群规模		年到达人群规模	
	读者数量	读者规模倍数	读者数量	读者规模倍数	读者数量	读者规模倍数	读者数量	读者规模倍数	读者数量	读者规模倍数
潇湘晨报	47.1	2.53	65.4	1.90	69.2	1.84	70.8	1.78	71.7	1.77
长沙晚报	23.7	1.27	41.3	1.20	46	1.22	47.6	1.20	49	1.21
三湘都市报	18.6	1.00	34.4	1.00	37.7	1.00	39.8	1.00	40.4	1.00

数据来源:CMMS2003.3—2003.12.

与《长沙晚报》和《三湘都市报》相比,《潇湘晨报》的读者到达率和到达规模都远远超出前两者。读者到达率和读者到达规模与发行量和传阅面相关,说明了报纸受众面的大小。

表6—8　2003年长沙市各日报独占读者与交叉读者分析

	读者人数(万人)	与潇湘晨报交叉		与长沙晚报交叉		与三湘都市报交叉		独占读者	
		读者人数(万人)	比例(%)	读者人数(万人)	比例(%)	读者人数(万人)	比例(%)	读者人数(万人)	比例(%)
潇湘晨报	47.1	47.1	100	9.8	20.8	7.4	15.7	32.3	68.6
长沙晚报	23.7	9.8	41.4	23.7	100	4.6	19.4	11.7	49.4
三湘都市报	18.6	7.4	39.8	4.6	24.7	18.6	100	9	48

数据来源:CMMS2003.3—2003.12.

独占读者的多少反映了报纸的不可替代性。《潇湘晨报》的独占读者为32.3万人,独占读者比例达到68.6%,在其他两份报纸中各有40%左右的读者同是《潇湘晨报》的读者。

经常阅读指连续出版4期,至少有3期阅读过;比较经常阅读指连续出版4期,至少有1期阅读过,此两类读者都指一份报纸的忠实而稳定的读者。经常阅读读者占所有读者的比例也就是读者的忠诚度,它是

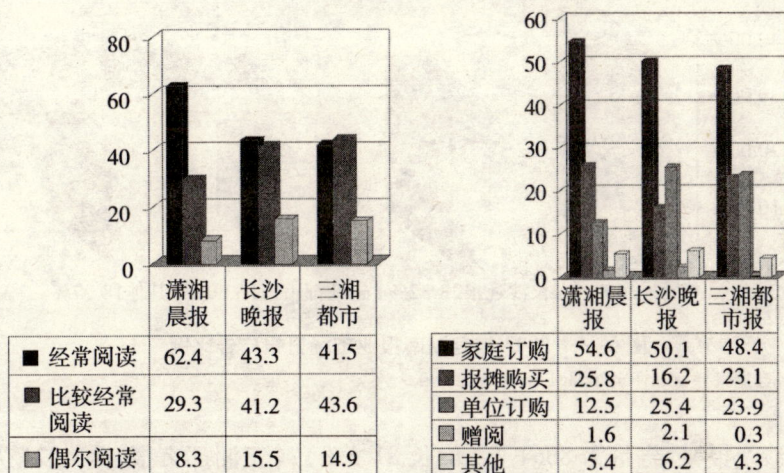

	潇湘晨报	长沙晚报	三湘都市
■ 经常阅读	62.4	43.3	41.5
■ 比较经常阅读	29.3	41.2	43.6
▨ 偶尔阅读	8.3	15.5	14.9

	潇湘晨报	长沙晚报	三湘都市报
■ 家庭订购	54.6	50.1	48.4
■ 报摊购买	25.8	16.2	23.1
▨ 单位订购	12.5	25.4	23.9
▨ 赠阅	1.6	2.1	0.3
□ 其他	5.4	6.2	4.3

图6—8 2003年长沙市三大日报读者忠诚度和阅读来源分析

数据来源:CMMS2003.3—2003.12.

衡量一份报纸实力或影响力的重要指标,直接反映报纸的可读性与未来发展趋势。《潇湘晨报》读者的忠诚度为91.7%,表明该报到达100人,即有近92人经常性地阅读而成为其忠实读者,而且以家庭订阅和报摊购买为主要阅读来源,有八成读者以自费方式(家庭订阅 + 报摊购买)的形式获取《潇湘晨报》。这些比例都高于《长沙晚报》和《三湘都市报》。

若从广告投放效果而言,《潇湘晨报》所拥有的独占读者和与其他两份报纸的重叠读者,都显示出《潇湘晨报》能覆盖到其他两报所不能覆盖到的读者群体,其阅读的不可替代优势和广告价值优势应很显著;而且读者忠诚度既反映了报纸的可读性和影响力,也使目标群的广告有效接触频次高,广告效果应会更好。根据湖南省报刊中心对2003年度长沙报业市场6家日报的统计分析,《潇湘晨报》广告已取得市场第一的领先地位。如图6—9所示,"其他"包括《湖南日报》、《当代商报》、《东方新报》。

2004年,《潇湘晨报》广告量保持了2003年度的优势地位,上半年达到了1.132亿,比去年同期增长了98.16%。其他同城报纸也有增长,

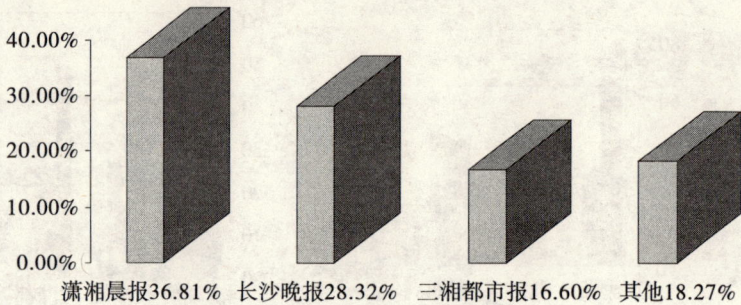

图6—9 2003年度湖南报业市场日报广告比例

数据来源:CNARS:2003.1—2003.12.

《长沙晚报》广告量为8064万(增长81.5%);《三湘都市报》为4921万
(增长82.03%);《东方新报》的增长速度最快,达到了125.03%,但在总
量上都不及《潇湘晨报》。如图6—10所示。

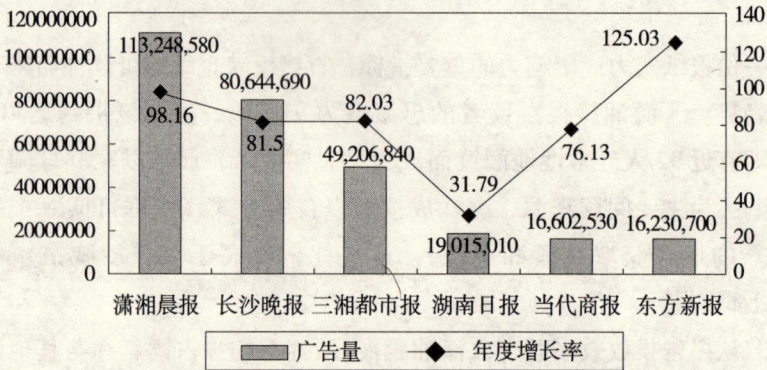

图6—10 2004年1—6月湖南六家日报广告比较

数据来源:CNARS2004.1—2004.6.

三家主要报纸还拥有各自的广告千人成本。根据新生代2003年的
监测,《潇湘晨报》千人成本为0.15元/千人.平方厘米,低于长沙晚报
0.33元/千人.平方厘米和三湘都市报0.39元/千人.平方厘米;根据央
视市场调查的比较,《潇湘晨报》广告千人成本最低,为101元/千人,其
他两家分别达到217元/千人、300元/千人。

综合以上分析,2004年伊始,《潇湘晨报》的区域性报纸冲击力显著,

优势明显,遥遥领先。因此,2004 年 8 月在第一届报业竞争力年会接受采访时,《潇湘晨报》社长兼总编龚曙光就表明:《潇湘晨报》在湖南省发行量第一,零售量第一,平均每期阅读率第一,广告传播效果最好。他认为,长沙报业的格局已经基本确定下来了。

《潇湘晨报》一直保持增长。新生代市场监测机构 2005 年 11 月发布的《湖南省居民媒体接触状况分析》显示,该报在湖南六城市（长沙、株洲、湘潭、常德、岳阳、郴州）的日到达率为 25.07%,是第二位报纸的 3.07 倍,是第三位报纸的 5.47 倍。央视市场研究股份有限公司发布的《2006 年全国都市类报纸读者调查报告（长沙卷）》也表明,该报在长、株、潭地区的发行量为 42.7 万份,是第二位报纸的近三倍,在长沙市的平均每期阅读率为 27.17%,平均每期到达人数高达 48.31 万人,是第二位报纸的 2.1 倍,是第三位报纸的近 5 倍。仅长沙地区,近三年来该报平均每期阅读率高达 39.6%,平均每月家庭消费实力高达 12.9 亿,广告千人成本仅为其他竞争媒体的 1/4,广告份额占据长沙报业市场的 55%。

进入新世纪的湖南报业因为《潇湘晨报》的崛起而不再沉静,就已经发生的来看,《潇湘晨报》是竞争的王者,在创造经济效益的同时它也创造了丰厚的社会效益,相比于其他报纸,《潇湘晨报》更能全面深刻地融入了湖南经济社会发展的新进程,成为"影响湖南"的激情推手。

创刊以来,潇湘晨报已相继获得中国国际新闻奖"版面编辑类"一等奖、第十四届中国新闻奖"报纸版面奖"、"全国地方报社管理先进单位"、"百度中国都市传媒影响力状元媒"、"2005 年度十大最具成长性创新传媒"、"2006 中国和谐地产推动力媒体"、"2006 年度风尚都市传媒专家奖"等若干奖项,总经理刘剑个人被中国新闻出版总署评为 2002—2003 年全国报业先进经营管理工作者。中央和地方各级领导以及社会各界人士也都给予了《潇湘晨报》很高的评价,2006 年时任新闻出版总署署长、国家版权局局长龙新民考察报社时对《潇湘晨报》给予了充分肯定,指出《潇湘晨报》走出了一条传统的党报和现代意义的都市报优势互补的路子,值得全国新闻出版行业借鉴。

（二）打造"影响湖南"①的一份报纸

《潇湘晨报》自一创刊,就肩负湖南报业发展的特殊使命,它身兼两职,既流淌着类似于党报的血液,又要求走都市报市场化之路。7 年来,《潇湘晨报》恪守以新闻立报、以服务制胜的理念,通过准确的市场政策和有效的营销手段,以管理为辅,成功打造了一份影响湖南的新权威媒体。其成功之路具体地展示了中国区域性报业组织,尤其是都市报影响力企业格式塔(知觉整合)竞争的某一普遍性。

1. 晨报契机及其母子报身份

湖南是文化发达之地,然而20 世纪90 年代以来,当电视湘军和出版湘军享誉全国时,湖南的报纸却过于平静保守,似乎是一种默契,《长沙晚报》专攻长沙地区,《三湘都市报》主打全省市场,《湖南日报》掌握订阅优势,在一种循规蹈矩的节奏中三报势均力敌相安无事。进入世纪之交的 2000 年,正当其他地方的报业竞争与报业发展一派生机勃勃之时,湖南的报业市场却山雨欲来而波澜不惊,虽也有《当代商报》、《东方新报》、《今日女报》、《湖南壹周通》等报刊的先后介入,但水花不大,影响微弱。

市场经济条件下,没有真正的市场竞争,就不可能有真正的报业改革与进步,在裹挟而来的媒体市场化改革浪潮下,报纸湘军该呈现怎样的姿态呢? 为了激活这一池深水,2000 年,省新闻出版局、省报刊中心共同作出了一个决定,那就是在机关报之外创办另一份报纸带动湖南报业的生机焕发和市场化进程,隶属于省新闻出版局出版集团、总投资近 1 亿元的《潇湘晨报》应运而生。其一出生就烙上了政治和市场的双重属性,用时任中共湖南省委书记杨正午与副书记文选德的话来说,就是希望不仅按政治家办报的要求办好晨报,也希望它能办成类似于电视里的"经视"(湖南经济电视台),以此激活湖南的报业市场。

报社社长龚曙光很清楚他手里这份报纸的性质,在时任新闻出版总

---

① "影响湖南"是潇湘晨报 2005 年至今的广告语和宣传语,意为以媒介的身份介入湖南经济社会的发展进程中,不仅报道新闻、引导舆论,还要促使湖南经济、政治、文化多方面的发展。

署署长龙新民对报社的考察中,他介绍到,《潇湘晨报》作为一份都市类日报,和国内其他很多同类报纸有明显的区别,因为晨报并非某一份报纸的子报,它必须承担起其他同类报纸的母报所承担的职能,这也就是母子报的双重担当,即党报和都市报的二合一。之后,虽然人事不断更迭,晨报人却始终秉持着一个信念:将晨报办成市场经济条件下的区域性主流大报,也就是办成一份"市民喜爱,商家宠爱,党和政府厚爱"的新权威大报。在此统领下,无论是新闻采编还是经营管理或品牌推广,报社都注重市场路线的坚持和新闻理念的坚持。

2. 机制创新与管理创新

事实上,湖南报纸的能量存量很大,就像海尔公司的激活"休克鱼"一样,湖南报业首先要改造的是"软环境",即机制体制的问题。因此报社刚成立时,上级部门出其不意地高薪聘请了湖南著名五星级酒店企业——通程集团的经营副总裁——龚曙光先生出任社长。其良苦用心在于,酒店行业在管理、服务等方面都有严格的规范和经过市场考验的运作流程,请一个懂得酒店管理的人来管理报社,目的就是把规范报社"软环境"作为核心竞争力,把办报变成"办"机制、"办"流程、"办"管理,从而引导湖南报业走上健康有效的市场化之路,正是在这个意义上,《潇湘晨报》才被赋予了一种与生俱来的禀性———一份真正的市场化报纸。

报社一成立就采用面向市场化的组织机构和管理。机构设置上采用社长负责制下的"两个分离":社长下设执行总编辑负责新闻业务,设常务副社长负责广告发行,采编业务和经营业务彼此独立,采编业务中采访中心和编辑中心又相对独立。通过这两个分离,不仅促进了新闻生产品质的纯正,更理顺了事业、企业、产业的关系,报社、报纸、媒体的关系,报人、商人、传媒职业经理人的关系。2004年下半年湖南新闻出版集团成功整体改制成湖南出版投资控股集团有限公司后,作为其所辖报业组织,报社也最终确立了"事业化单位、企业化管理、产业化经营"的新体制,从而根本上保证了报社能将喉舌功能和产业功能统一于媒体的社会公益原则中,在这个前提下来强调宣传责任、关注综合效益,实现经济效益和社会效益的双赢。

当然,其内部机制会随着环境的变化而变化。例如2006年第三次改版后组织机构上的直接变化就是实行大部制:报社社长兼法人代表是龚曙光,总编辑兼总经理是刘剑,下设总编室、发行部、广告部、策划部、行政部、资产财务部等若干部门,以及省内新闻中心、国际国内新闻中心、经济新闻中心、文体副刊新闻中心、视觉中心等五个采编业务中心和时事评论部、深度新闻部等二个直属部门,最早的"采编分离"也变成"采编合一",这种调整乃是为了突出新闻生产和报社管理的效率,因为大部制能更好地整合资源,实现集约化管理。

传媒企业要发展,人才是关键,要保持组织的活力首先必须保证人力资源团队的活跃和不断更新。相应地,在人事制度上报社也实行市场化的用人机制。报社率先在湖南报业实行"全员聘用、竞争上岗、末位淘汰"的用人机制,创立之初采编主要管理岗位即实行竞聘上岗,一开始就面向全国15个省市招纳优秀人才加盟;2005年7月、11月,经营采编部门又分别进行了新一轮中层干部公开竞聘,报社内部一批年轻人借此走上领导岗位;2006年3月开始,广告部、发行部也相继进行了新一轮岗位公开竞聘。同时,报社很注重人力资源的储备与开发,致力于员工专业化、职业化的可持续发展。根据报社人力资源部提供的资料,其人力资源管理以满足、激发员工的发展欲望作为基点,以专业性的发展向度作为基本向度,管理体制注重按照员工发展途径设置,努力培养职业新闻人和职业传媒商,创刊以来,报社相继组织了30多次采编业务专题培训和近30名中层以上干部分赴兄弟媒体学习,其中包括邀请美国密苏里新闻大学专家学者前来讲学。

总体上,潇湘晨报人力资源管理融汇了美国微软、日本松下、韩国三星三家公司人力资源模式的优点,即在重要的人力资源岗位参照"皇马体制",实行微软式的开放;员工培训,参照松下的做法,实施员工基础培训及企业文化的培育;职业发展上借鉴三星经验,设计、规划员工的发展。这一举措不仅促进了人才合理流动,也使固有的人力资源不断顺利转化成人力资本,现今报社采编人员200余人,平均年龄27岁,本科及以上学历占95%。

激励措施上,一方面报社推行职责量化、按绩论酬的分配制度,通过打造全新薪酬体系、实行技术阶梯制来激发工作积极性。例如,为了充分贯彻按劳分配原则,报社薪酬体系设计上实行"绩效工资制"以按绩取酬,采编部门辅以"五好"评比和差错追究制度,发行一线则普及工龄制,同时建立"员工职业技术阶梯制",对专业领域技术超群、业绩突出的优秀人才授予荣誉称号并给予相应的津贴待遇,为其提供良好的发展环境和职业发展空间,从而保证了报社内部核心人才的竞争力。另一方面报社大力建设特色报业企业文化,加强组织凝聚力。企业文化建设上,报社以"责任感"、"使命感"和"在路上"为核心,提倡新闻职业操守的专业精神,以及"追求完美,挑战极限"的现代企业精神,此外,报社还以党群活动为媒介,通过对员工在日常工作、生活、学习的指导和帮助来升华员工精神和团队意识。例如报社坚持完善党的建设,不断拓展党建工作平台,开展"党员先锋工程"等活动,使广大党员和共青团员成为迎接挑战、实现跨越发展的中流砥柱,有效增强了企业的文化内力;又例如报社注重积极发挥工会的桥梁纽带作用来增强团队的亲和力,其举措包括在员工生日赠送蛋糕、为员工家属传递节日祝福、定期组织文体活动等。以上一系列常规性的企业文化建设要实现的则是"因工作而快乐,因创造而富有,因团队而荣耀,因良善而崇高"的企业价值观。

战略管理一直都是报社管理的重心之一。跨媒介的多元化发展,或者说集团化的集约式发展是其今后的目标。事实上,晨报人一直都有居安思危的意识,当经受2004—2005年广告衰退和读者流失的双重挤压后,报社深知市场风险的瞬息多变以及自身粗放经营与单一传播的缺陷,因此做成潇湘晨报报业集团、实现多点经营的品牌管理一直是其战略努力方向,至今其产品结构已从单一的报纸延伸到了期刊、杂志、网络、广告代理、文化传播等其他产业实体,实现了如前所介绍的"一报、一刊、一网、两杂志、五公司"的产业链构建。"十一五"期间,潇湘晨报将依托湖南新闻出版集团及自身的报业资源加快改革步伐,按照"整合资源、再造流程、集约经营"的原则,进一步整合报刊、网络资源,计划在2007年组建潇湘晨报传媒集团,以此推进规模经营,实现报、网、刊灵活互动和优势互补,提高报刊网络专业化经营管理水平。2008年7月18日,在线开通的中国楼宇资讯平台和湖南省政府公共资讯互动框架网——红网传媒,便是潇湘晨报在这方面的大胆创新和尝试。

体制激发活力。作为一份流淌着党的血液的报纸,潇湘晨报社首先选择了正确的体制,并摸索、建立了一套良好的管理机制,其各项管理工作紧紧围绕报社的战略目标,以制度为先导,融管理于服务,这一切使晨报的团队能够持续地保持活力。管理成效在潇湘晨报价值链的运转中正起着牢固的基础保障作用,正如新闻出版总署报刊司原司长刘波评价的,"《潇湘晨报》观念新、机制新、面貌新,《潇湘晨报》创造了奇迹"①。当然,"懂新闻、懂文化、会管理"的带头人和一支富有开拓敬业精神的领导班子与干部队伍是管理的核心,班子强、体制活正是潇湘晨报取得成功的前提条件。

3. 内容为王、品质制胜,主流资讯、平民视角

基于对报纸是新闻纸的认识,也基于对报业经济规律的把握,自一创刊起,《潇湘晨报》就秉持一种新颖超前的办报理念,即"新闻领先,步步领先",晨报人一直将新闻生产与市场经营紧密地联系在一起,将新闻生产置于报社发展的核心之一。

因此,晨报人一开始就打"内容为王、品质取胜"的新闻牌,而"主流资讯、平民视角"则是具体的手段。晨报决策层认为,新闻的权威性、重要性,立足点是新闻的相关性与有用性,即新闻与受众的相关性及其对受众的效用程度,一个事件越与最广大的社会群体相关,新闻的重要性就越大,因此报纸的新闻必须是受众需要的爱看的,是必读性和可读性的统一。晨报既然是母子报,就必须把党的声音和人民的声音很好地统一起来,既要传递党和政府的声音,也要摆脱以往脱离群众和实际的弊端,真正找到党和政府决策与百姓生活的纽结点,从而报道出既为党和政府所希望报道的又为广大读者喜闻乐见的新闻。这其实也就是新闻报道的"三贴近"问题。因此,《潇湘晨报》以市民关注程度作为新闻价值的判断依据,不断追求时政新闻的公众化、经济新闻的社会化、法治新闻的生活化、社会新闻的纵深化。换言之,晨报的新闻理念就是:立足于社区,致力于将党和政府的声音充分转化成关注民生、守望民本并使之无限逼近湖南都市生活的真相,从而成为读者更易接受的内容和形式。

---

① 《晨报动态》,http://www.xxcb.com.cn/xxbaik/chenbao/jianjie03.htm.

晨报人还力图在新闻报道中体现出全球视野和时代话语。《潇湘晨报》虽然是区域性报纸,但并没有把眼光局限于一域,而是积极参与新闻领域的国际竞争。从雅典奥运会到德国世界杯,从印度洋海啸到泰国政变,从越南金融危机到大陆直航台湾,特派记者总是第一时间直击现场进行采访报道,立足湖南,放眼世界,以审视的眼光关注社会的发展,是其一贯的新闻使命和担当,"立足社区、关切民生、秉持正义、恪守真实"则是其一贯的办报宗旨。总体上,其新闻报道以新闻版块和动态新闻为主,以对动态新闻的强力关注、重磅报道和民生色彩来培养读者"大事看晨报"的阅读惯性和心理期待。7 年来,《潇湘晨报》积极介入湖南省及国内外重大政治、经济、文化活动,每年全国、省、市"两会"和党代会,如"新跨越"两会报道等都是《潇湘晨报》报道的重中之重;各种国内外大事,如"新农村考察"采访报道、"天脉传奇"青藏铁路报道、"中部崛起第一动力"特别报道和"神五"升空、"神六"飞天、欧洲杯、世界杯、"9·11"、美伊战争、多哈亚运会报道,普通人的感人新闻故事,如无名抗日女兵魂归故里、高考全服务报道以及"湖南人,你的血性被狗吃了"等话题,都是《潇湘晨报》报道的重点。

至于在具体的新闻操作上,晨报人则奉行新闻至上、策划先行、版面震撼等理念,诸如新闻、财经、言论、副刊的改版扩进、全景式策划、几十上百版的系列报道、号外加特刊、全天候滚动出报和两轮出报、封面封底通栏标题、头版巨幅照片、跨版设计、热线连通、特派记者国外现场采访、新华社奥运报道全球唯一合作伙伴、搜狐 15 + 1 奥运国内体育联盟等,都首开湖南报业新风气。写作上,《潇湘晨报》还学习借鉴《纽约时报》《洛杉矶时报》等名报在文本写作、版面设计、细节处理方面的特长,结合时代性思考,形成自己的话语体系。

2001 年 3 月 9 日,《潇湘晨报》就是以整整 100 版的厚重和浓墨重彩呈现在三湘人民面前的,7 年的发展不仅使晨报人日益积极地融入现代都市生活,更不断地拓展了报道领域和提升了新闻品质。可以说,这种敢为人先和大刀阔斧的新闻专业精神当时确为其他几家报纸所不及。基于此,晨报人比较成功地实现了党报舆论导向和都市类报纸面向市场的结合,不仅将自身定位为权威资讯、实用信息、互动内容和深度观点的完全供应商,而且以纯粹硬朗的新闻风格、纵横捭阖的立体报道引领了一种新锐的新闻时尚。正是"三贴近"的这一具体实践,使它保有一股新闻的活力。

报纸的优势在深度与人文关怀以及立场的诠释。当报业数字化不可逆转后,报社在新闻制高点的保持上采取了两种战略举措:一是改版强化深度报道和文化意识;二是打造立体数字化报纸。

特色化生存,或者说差异化生存是区域性报纸竞争的不二法则。事实上,在积极领悟主流意识形态要求的前提下,晨报人一直在充当市场探索者的角色,努力找寻都市人群的生存需求、文化心态,把握都市人群的道德裂变、时尚更替,介入都市人群的生存深度、价值选择,并以此确定版面构成和新闻体式。当2006年《长沙晚报》、《三湘都市报》等媒体的跟进和改革不断加强时,晨报人不得不考虑打造新的新闻得力点,并正式开始第三次改版,即差异化寻求。这次改版实质上仍是对晨报区域性主流大报办报宗旨的强化和再实践,其重点在于做厚做强、更关注本土、更加重深度和文化品位,为此晨报提出了"更多版面,更多本土;更好阅读,更具特色"的口号。

改版后,报纸头版由"浓墨大眼"变得"清秀端庄",每日分三叠出版:A叠统管时政、体育娱乐新闻,B叠专管长沙新闻,C叠负责经济新闻,周末则在一段时期内出独立的四开彩印《星期天潇湘晨报》,分为天下、文化、生活三个版块。该报四开报型,旨在深度报道一周大事,新锐表达文化诉求,生动提供生活资讯。总体上说,改版后的晨报版面更多,内容更丰富,读者群体也更广泛,其版面体式和新闻构成仍是湖南业界首创,年底持续五天、气势恢弘的"主流大道"特刊报道就显示了新闻报道的力度和广度。改版之前,报社先进行了一次内容口的结构改组,新闻生产最早的"采编分离"也变成了"采编合一",新闻生产的重要性也因此而得到突出,因为五个采编中心和两个直属部门能更有效地整合新闻制作的资源和流程。

与体坛周报一样,为了保证新闻优势的获取,潇湘晨报也紧紧扼住了"数字报业"的咽喉。2006年,潇湘晨报首先在报纸数字化方面迈出了举足轻重的一步:整合国内排名靠前的湖南新闻门户网站红网,创办了湖南最早的两家手机报。

时代总是不经意间投下某种契机。根据2005年9月出台的《互联网新闻信息服务管理规定》,商业网站或者其他单位可以和某个新闻单位合资组建新的互联网站,从而依法取得梦寐以求的新闻发布权,而在娱乐、体育、科技等非时政新闻方面,新《规定》也同意让商业网站合法采写新闻。一时间,面对虎视眈眈的商业网站,地方新闻网站和平面媒体都不轻松。显然,报纸与地方新闻网站的整合是最佳的选择,于是一系列合并纷纷展开:2005年11月千龙网被北青传媒兼并,2005年12月桂龙网并入广西日报报业集团,2006年元旦中安网并入安徽日报报业集团,而以"红辣椒评论"闻名的红网也于2006年1月顺利并入潇湘晨报。

红网原名湖南红网新闻网络传播有限责任公司,本是省委外宣办主管的党网,出版集团总公司作出收购红网的决定后,1月中旬潇湘晨报正式向红网派驻执行总编辑,而红网现任总经理、总编辑舒斌也在收购完成后成为晨报的第十四名社委。在这个制高点上,报社继续发力:3月23日,由湖南移动、红网与潇湘晨报联手打造的《湖南手机报》正式开通创刊;5月17日,由湖南联通、红网与潇湘晨报联手打造的《潇湘手机报》,同时也是全国第一份"航空母舰"式的手机报正式开通创刊。从此湖南又增添了第五媒体——手机报,新一轮市场角逐中,潇湘晨报已预先将湖南1000万移动用户和400万联通用户纳入自己的经营领域。

2007年11月,潇湘晨报正式完成和红网整合的报纸立体化改造,完整展现报纸形态的数字化报纸——潇湘晨报数字报正式上线,潇湘晨报也从网站真正提升为数字化报业。和报纸电子化、版面网页化的固有做法相比,潇湘晨报数字报力图原味呈现报纸的整体风格及新闻的核心价值观,通过极强的智能化和互动性,让读者享受到全新而充沛的用户体验,并让快乐阅读成为一种新鲜趣味。该数字报将率先开通视频板块,读者在阅读采编人员的文字和图片稿库之外,可以看到第一新闻现场的视频;此外,潇湘晨报数字报网站还将开辟"读者俱乐部"专区,利用现有的互动优势,为潇湘晨报读者提供全方位的网上服务。这一多媒体新闻的手法克服了报纸信息"扁平化"的不足,不仅将有效扩展读者与报纸的交互体验模式,也使潇湘晨报新闻价值创造模式得到了升级和更新。

在新闻优势铸就中,还值得一提的是,报社很重视版面冲击的作用。

从创刊至今的几年时间里,《潇湘晨报》发行量和广告额攀升至湖南第一位而成为湖南第一大报,其最初的模式是社会新闻主打配合大图片的使用,这一模式在报纸的成长过程中发挥了重要的作用,给当地的媒体造成巨大的冲击。因此从新闻的生动活泼、直观性、现场感出发,报社历来很重视版面的安排配置,第三次改版时就单独成立了视觉中心负责报纸的版面形式。2006 年以前,《潇湘晨报》有摄影记者 4 名,隶属采访中心,图片编辑 2—3 名,隶属于编辑中心,版式编辑 18 名,隶属编辑中心;2006年 6 月视觉中心成立后,摄影部、图片编辑部和版式部三个部门整合成一个大部门,人员增加到摄影 10 人,图片编辑 6 人,版式 20 人,版面在报纸新闻生产中的重要于此可见一斑。

在新闻的生产流程和物质技术上,报社于 2004 年就已全部施行无纸化采编办公,其印刷机器及设备则从德国购进,2006 年所有采编人员已一律使用液晶电脑,而稿件一般采用三审制。总之,作为卓越新闻的不懈追求者,更多更迅速地传播更生动活泼的新闻,是潇湘晨报一直坚持的,这种新闻探索和呼喊的勇气,正使晨报人能不断超越自己,始终处于新闻的领先地位。

4.“圈地”市场策略与强势品牌营销

像我国其他成功的报业组织一样,潇湘晨报的成功也少不了市场策略和市场运作。它的崛起也就是紧紧把握市场需求,遵循报纸产业经济发展规律,因时、因地、因人设定报业发展目标和制定具体策略的过程,同样是在与市场的相互关系中来不断拓宽报业经营之路的,尤其是其市场针对的是包括理性市场、现实消费市场乃至一般消费者在内的整个大市场。

就现实消费市场而言,根据自身都市报的特点和湖南城市发展水平,晨报确立的基本经营方针是广告化经营,它集中在长株潭地区,这样报纸的发行成本就应最大限度地集中在有效市场,或广告的目标人群中。因此晨报人坚持坚壁清野的发行策略,牢牢锁住对长株潭目标人群的全面覆盖,并联合国内权威的市场调查机构有针对性地开展读者调查,根据调查数据和调查结论对报纸的内容设计等进行调整。

在主流新闻提供的前提下,为了获取二次销售的最大化利润,晨报进行了一系列发行市场的运作。

首先,优化发行结构,实现发行网络增值。

晨报的发行策略之一是自办发行,通过社区圈地打开零售订阅的私费市场。创刊伊始,为了打开自费买报的市场,报社组织实施了"敲门发行"、"扫楼发行"和"社区圈地运动"等一系列行之有效的措施,同时配以各种促销、送物、有奖等活动,在湖南这块以行政订购为主的土地上,这种发行方式无异掀起了报业市场的一场风暴,很快,其发行量以超常规的速度增长,2006年,全省期发量已超过52万份。

在发行的有效覆盖率上,晨报采取三环发行全面覆盖的策略。为将报纸的发行成本最大限度地集中在有效市场和广告目标人群上,潇湘晨报决策层提出了以长沙为核心,以长沙、株洲、湘潭为重点,对全省中心城市实行全面覆盖的探照灯式的三环梯级辐射发行结构,使全省经济总量90%以上的地区都能看到《潇湘晨报》,进一步巩固了晨报的有效性全面覆盖。如何将广告诉求与发行诉求统一起来,这一点对于市场化报纸的成功很重要。

晨报人发行的第三种策略仍然是为了提高发行的有效面,但这时已不是区域划分,而是受众划分,即通过影响有影响力的人群来实现报纸的有效阅读及其对别人报纸选择的影响,这一策略即影响高端人群的高端对接。2004年7月,晨报通过"高端对接,完美覆盖"等系列活动,使长沙市移动公司钻石卡、金卡客户全部成为《潇湘晨报》订户,有效完成晨报对"最有影响力人群"的全面覆盖。

攻克公费征订,完善订单结构是报社推进发行的第四种策略。公费征订始终是都市报的一条软肋,2006年,《潇湘晨报》适时调整订单结构,致力于党政机关、大型企业、高等院校、星级酒店等公费征订领域的全面拓展。通过定期回访、加强联系、"钉钉子"等系列方式,公费征订额比上年增长15%,订单含金量明显提升。同时,《潇湘晨报》开展废报回收、配送等发行拓展活动,有效实现了发行网络的增值。

其次,在发行的基础上,强化广告顾问营销,坚持策划先行。

其推进广告营销的第一策略是精耕细作、顾问营销。所谓精耕细作就是广告市场细分,顾问营销则是广告研究的理性指导。当今广告投放越来越趋于精准和理性化,因此精耕细作、顾问营销不失为一种把握广告营销的有效方法。潇湘晨报广告部实行的便是"行业分工,精耕细作"制度,它将市场分成 20 多个行业,分别设置行业商务代表,全面实行"顾问式营销",并将特性相近的行业组合成事业部,设立总监负责,之后潇湘晨报仅用了 11 个月就实现了创刊第一年现金流持平。报社通过设立湖南省内媒体中唯一的媒介研究及监测机构,建立了广告数据信息系统和广告影响力评价系统,2002 年,又独立研发了湖南报媒广告研究系统,这是国内第一个由媒体自身创建的广告研究系统,系统通过对湖南 6 家综合性日报的所有硬性工商广告进行统计和定量分析,研究各行业、各类别产品、各品牌的广告投放特点和媒体广告发展趋势,形成系统的《广告监测周报》、《湖南报业广告月度分析报告》和《湖南报业广告年度蓝皮书》报告体系,为广告经营决策提供科学依据,并为客户广告投放提供更为科学的建议。

其推进广告营销的第二策略是策划先行,服务致胜。策划是指开展与广告有关的系列实体活动,服务是指提供给广告客户更完善的服务。在"策划先行、服务致胜"策略的指导下,潇湘晨报开展了系列品牌策划和行业推广活动,如"长沙人居品质理想万人大调查"、"理财改变生活"、"新南城"、"长沙国际汽车展"等,同时报社注重完善充实广告客户资料、加强广告业务交流、健全广告客户服务质量追踪和投诉处理体系。报社确定了"诚意、创意、新意"三大服务原则,每年都要举办一届外省客户联谊会,诸如从京沪穗三地各具特色的媒介推介到激情澎湃的勐峒河漂流、从海南博鳌的新权威论坛、东方之珠的庆功晚宴到"请到家中来做客"的湘江之旅,这些已成为广告界的一大盛事。2005 年《潇湘晨报》广告实现逆势上扬,年广告收入达 2.4 亿元。此外,机制上报社还破除广告经营的双轨制,例如 2006 年报社破除自营代理双轨制而建立"代理单轨运行"制,通过全面建立个人台账等一系列新举措,使广告收入达到 2.59 亿元。

为了获取综合效益,晨报人做得最突出的营销还属整合多方资源的持续品牌营销,也即影响力营销,它针对整个社会和一般消费人群。按最直观的理解,品牌营销就是整合政府、媒体、商家、读者以至社会各方资源,用各种活动从各个层面提升报纸品牌的影响力以及相关业务或行业的专业水准,这一界定含义很广,社会公益活动、各种行业活动、广告服务活动等都可包括在内。因此品牌营销可简称为活动营销或卖活动。晨报

的典型活动有:

　　各种社会活动的参与与倡导。区域性报纸的竞争不止在市场,还在市场所依托的社区和社会,非市场的竞争有时更重要。晨报人一直就对自身所在区域的责任和福祉敢于担当与谋取,它主动融入到现代湖南人的都市生活中,一直致力于开展并提供咨讯之外的社会性、经济性活动与服务,使自己与湖南经济社会血肉相连不可分割。例如每年3月9日晨报生日的读者节活动,其主题有"飞播青绿、放养富庶"、"四水溯源立碑"、"重返知青点、建设新农村"、"征集《湘江赋》"等,这些大型公益活动感动了百万湖南民众和社会各界,"非洲艺术节"、"成龙长沙行"、"大卫·科波菲尔终极魔幻之旅"、"岁华纪丽"大型音乐会、"爱心改变命运"慈善助学活动等都已成为湖南最成功的社会活动之一,其中的公益活动更是很快受到政府、读者及省内外媒体同行的热切关注和普遍赞誉,晨报的品牌影响力也就在无声无息中潜入了老百姓的心里。

　　承办长沙市房地产交易展示会和中国(长沙)国际汽车博览会。从中心城市的消费走向和广告目标市场出发,晨报人一直狠狠抓住房地产和汽车行业做文章,其独特思路是整合政府、商家、媒体、顾客、读者多方的资源和力量,用别开生面的活动实现对行业的终端渗透,在提升行业经济的同时也使自身获得品牌和广告的多重回报。因此晨报向来不介意参加各种各样的媒体联盟和举办各种高规格的会展,其承办的"长沙市房地产交易展示会"和"中国(长沙)国际汽车博览会"已成为中部地区的知名会展品牌。2004年后《潇湘晨报》获得了长沙市房地产交易展示会每年的承办权,2005年开始承办中国(长沙)国际汽车博览会,这些经济会展活动不仅扩大了报纸影响力,也确保了报纸在房地产和汽车行业的广告领跑地位,还促进了当地经济的发展。诸如2006年第二届车展,吸引了来自20多个国家和地区逾200家企业参展,参展车辆450余辆,实现贸易额6.37亿元,观众18.5万人次,中央电视台等200余家媒体对此次车展进行了报道。

　　发布《湖南消费市场白皮书》。自2005年起,《潇湘晨报》每年组织国内及省内一流专业研究机构、政府权威部门及知名经济学家,联合出品《湖南消费市场白皮书》,分别就湖南省房产、药品医疗保健品、家电、通讯产品、汽车和快速消费品（食品、饮料、烟酒）等六大行业进行权威剖析，为各行业企业提供可持续发展的重要战略资源。在对比2005年、2006年、2007年3年数据的基础上。2007年11月23日，潇湘晨报制作并发布了2007湖南消费市场发展指数，开启了全国首个由媒体制作并发布的区域经济发展指数——潇湘晨报指数。专家和企业界代表纷纷指出，潇湘晨报指数和《2007湖南省消费市场研究白皮书》，是国内外企业进入湖南市场的良好向导，也为政府的决策和学者的研究提供了第一手资料。

潇湘晨报具体的品牌营销活动还有很多，比如2007年夏季世界杯报道中，晨报将足球比赛与公益文体活动整合起来开展"足球宝贝"评选；2008年潇湘晨报与红网《百姓呼声》栏目联合开辟3·15维权通道，在全省乃至全国首开先河等等，限于篇幅，此处不再一一列举。它们意味着，《潇湘晨报》代表了一种活动营销的都市报品牌战略和效益模式，可以说开创了湖南媒体附加值经营或滚动增值经营的新纪元。

（三）潇湘晨报打造核心竞争力的启示

在晨报报业组织的价值链条上，影响力和经济利润一样，是晨报人有意追求的目标指向，类似地，晨报人也深谙纸媒影响力及影响力经济的本质，他们发觉，社会主义市场经济下，打造影响力就是产生社会效益、就是创造经济效益，三者是兼容的。因此其价值链运作中凸显出的是新闻至上和服务至上，而它同样是新闻、管理和营销格式塔整合的结果。

《潇湘晨报》的市场化进程是中国报业改革进程中的一个地域标本。这份报纸的市场化是毋庸质疑的，确切地说，它是湖南省委、省政府激活并推进湖南报业发展的产物，既不是严格的党报，也不是一般的都市报，而是一份用市场化的方法将党报和都市报合二为一的"母子报"，其血统上既恪守着新兴都市类日报全新的新闻理念及市场化运作模式，又始终流淌着党鲜红的"血液"，它的区域性成功是宣传规律、新闻规律、市场规律和管理原理成功结合的结果。

客观讲，创刊时该报的轰动主要应得益于价值链上不计成本的发行投入和生产环节中对社会新闻、时政要事的重磅报道，换句话说，《潇湘晨报》的强势推出更多的是市场营销及资本的力量使然，一些故意的炒作和粗糙的采编曾使其诟病不断。可贵之处在于，晨报能清楚地意识到自己的优势和弊端，在以天时、地利攻占市场制高点后，晨报人就开始依据外部环境和市场的变化，走自己的路，一切从读者着想，以营销开路、以新闻为本、以服务制胜，通过新闻树立品牌，通过活动巩固品牌，通过推广放大品牌，《潇湘晨报》以此塑造了主流报纸形象，并以品牌号召力赢得社会效益、经济效益的双丰收。

其核心竞争力处于动态的更新中。每一个阶段，潇湘晨报都能敏感而准确地捕捉传媒的时代风向，从自身所掌握的资源出发，与时俱进、不断铸就一种日趋完善的新权威大报和王者风范。事实上，潇湘晨报的发展大致可分为三个阶段：2001—2004 年为初创及快速增长期，2005 年为适应过渡期，2006 年为调整部署、再度发力期。到了 2006 年，潇湘晨报的定位已从新闻纸开始转变为区域主流大报，影响湖南，全面助推湖南经济社会发展成为其使命，通过媒体功能整合实现功能效益的最大化，通过人力资源、资本投入的整合实现经济利益最大化也成为其下一阶段核心竞争力的目标。因此，如前所述，潇湘晨报将依托湖南新闻出版集团及自身的报业资源加快改革步伐，进一步整合资源推进规模经营，这都是潇湘晨报市场竞争具体知觉整合的一种体现。

自创刊以来，报社就是这样一直注重根据市场环境变化、竞争格局要求、自身发展现状等因素，不断进行品牌诉求的战略升级和核心竞争力的动态管理。这从其广告语可以看出来：

2001 年广告语：早餐吃了吗，晨报读了吗？

2002 年广告语：潇湘晨报，更早更好。

2003 年广告语：影响无处不在，权威只在人心。

2004 年广告语：影响有影响力的人群。

2005 年至今的广告语：影响湖南。

这一影响力企业格式塔竞争最终可以用晨报人自己提出的"新权威媒体"理论来概括。按晨报人的理解，新权威是对党性的忠实捍卫和主流表达，而社会的主流是"现时代社会的众多人群的意愿与诉求，以及这些人群为实现这种意愿和诉求所作的努力和努力的方式"，新权威媒体就是在坚守最广大主流人群的意愿、诉求的立场上去实现对于社会的守望、减压和助推,实现媒体对社会应有的责任和作用,它不仅体现在新闻报道的"三贴近"方面,也体现在对社会经济、文化多方面的介入和推动上,从而让自己更具地域亲和力、社区归属性和市民认同感,最终不仅成为一份"市民喜爱,商家宠爱,党和政府厚爱"的报纸,也连续不断地推动了自身的可持续发展和核心竞争优势的构筑。某种程度上,潇湘晨报所倡导的"新权威媒体"是未来中国报纸发展的方向。

三、本章小结

《潇湘晨报》和《体坛周报》市场化的成功显示,市场条件下,中国报业组织的成功之路有千万条,但新闻核心、市场运作、内部管理是不可或缺的,它们具体的协同整合丰富多彩,但必定得是一种基于环境之上并和环境互动的用心观照、具体执行和整体配合,是一种基于社会主义价值观念和 SWOT 分析之上的格式塔知觉整合或价值链动态整合。

这两家报纸都是 21 世纪初期获得竞争成功的报纸。两家报业组织并非没有缺陷,也面临着威胁,它们有自己的弱势,也要面对全球报业衰退和国内国民经济的宏观调控,但两家报业组织最终却能在逆境中保持上扬,根本还是在于具有自身的核心竞争力。其市场化发展告诉我们,我国报业组织核心竞争力是报业组织创造经济价值与社会价值的整体实力,它是报业组织在谋求经济利益与社会效益的过程中不断平衡、不断创新的结果,事实上就是如何形成社会主义影响力并顺利地以这种影响力来换取经济回报并生成更好的影响力,其具备不要求任何环节或细节都做得完美,但它一定是要求开放和整合的。

说到底,当报纸由产品时代走向营销时代时,我国报业组织核心竞争力的根本问题就是报纸如何把新闻性、党性、人民性和市场化有机地统一起来,简言之,就是"读者是检验权威的唯一标准",在读者标准下,无论媒体"出身如何",不管是党报还是市场报,也不论都市报还是行业报,只要占据了最广泛的读者规模和最优质的读者群体,具有最广泛的影响力,就是当地的权威媒体。某种程度上,它们以各自的新权威媒体代表了中国未来报纸发展的方向。

结　束　语

一、主要结论

企业核心竞争力是企业在市场发展中,能动适应市场竞争的自我生长能力。它是企业基于对环境的理性认识和把握,协同内外各因素及价值链上各活动的过程,这种内部管理与外部交易的统一即企业"格式塔(完形)知觉整合竞争"。作为战略管理新范式,企业核心竞争力的格式塔竞争具有信息时代企业竞争的普泛指导意义。

核心竞争力是我国报业进一步发展的客观要求。社会主义市场经济条件和全球化背景下,产业化是我国报业发展的必然,拥有市场主体身份、参与市场竞争是其做大做强、实现可持续发展的基本依据和途径。报业核心竞争力落实于微观的企业化报业单位,即报业组织核心竞争力的具备及培育,它具有经济的、文化的、国家层面的多方面意义。

据此,本研究的主要结论是:

1. 报业组织核心竞争力的实质是"影响力企业"格式塔竞争。对于所有企业化的报业组织来说,其核心竞争力也具有企业格式塔(知觉整合)竞争的一般含义,然而报业组织市场生产的主要产品是建筑于传播能力之上的影响力,与一般企业不同的是,报业组织核心竞争力乃是"影响力企业"格式塔竞争。这一"影响力企业"格式塔竞争的实质在于它是在"经济利益←→社会控制"二元对立中的平衡,不论什么性质的报业组织,产生符合其国家现实行政需求和社会心理需求的社会影响力总是其实现经济利润最大化的约束条件。

2. 我国报业组织核心竞争力的实质是"社会主义影响力企业"格式

塔竞争。我国报业组织核心竞争力"经济利益←→社会控制"的二元整合具有自己的独特性。由于新闻自由主体的不同,西方报媒影响力的最终指向是私人资本的精神代言和社会舆论,在报纸企业竞争的二元格局中,经济控制最终要制约社会控制,经济之利成为影响力经营的根本。我国报业组织的所有者是全体人民,人民的代理则是党和政府,基于所生产的是社会主义影响力,我国报业组织核心竞争力不同于西方商业报媒之处主要在于:一是它具有"党委领导与法人治理相结合"的双法人市场主体身份;二是在我国现行制度框架和国家战略发展指向下,它体现出社会效益第一、"义""利"互动的内在统一。具体表现即如何使"党的声音和人民的声音有机统一起来",我国报业组织的市场竞争必须围绕这一核心展开。

3. 报业组织核心竞争力格式塔竞争的内在机理是价值链运作,报业组织核心竞争力的构建也即价值链构建,它体现为价值链链状球体的动态整合运行。我国报业组织价值链有自身的规定性。一定环境下,在报业组织的价值链构成中,其战略得力点在于内容生产的新闻价值体现、市场经营的准确清晰(含社会介入)以及整个内部管理的配合。以此为三大支撑点,围绕"经济利益←→社会控制"的核心,我国报业组织核心竞争力的构建是一个价值链链状球体动态运行的格式塔过程。

4. 我国报业组织核心竞争力的培育也即格式塔的具体展开,从平面操作的角度来看,包括三个方面的整合:

(1)新闻生产是基石。它要求我国报业组织树立"三贴近"的新闻观,传递新的主流声音,其新闻优势的铸就可以从新闻信息量、思想性、版面吸引,从新闻生产流程优化,从信息数字化等几个方面来协同考虑。

(2)市场营销是关键。它要求我国报业组织有明确而正确的市场意识与营销意识,建立将采编理念与经营理念统一的报业运营模式,其市场优势的树立可以从准确的市场定位、需求拉动生产、强势发行及品牌营销等方面来协同考虑。

(3)内部管理是保障。它要求我国报业组织建立现代管理的科学坐标,实行基于核心竞争力的品牌管理,其管理优势的形成可以从组织机制创新、学习型报业组织建设、有效激励、资本管理与集团化等几个方面来考虑。

此外,本研究认为,报业组织核心竞争力的格式塔效果是可以衡量评价的,以品牌评价和关键活动评价为主;由于核心竞争力的模糊无形,报业组织核心竞争力需要运用多种指标来计量分析,因此它具有衡量评价的综合指标体系。

二、主要不足及研究展望

报业的双重属性使报业竞争牵涉因素很多,报业组织对其内外环境的反应也是一种生命有机体活动,认识其竞争的复杂精微及实质需要仔细的观察、持续的关注、深入的思考以及科学分析与反复的实践,因此本研究实在是微不足道,多有瑕疵和不足,笔者内心深感惭愧。任何研究都希望能做到尽善尽美,然而任何研究又不可能做到绝对的尽善尽美,由于受到认知水平、理论素养、研究方法以及其他各种因素的影响,本研究存在很多的局限。主要在于:提出了观察的角度和观点,但没有作出深入报业组织内部的实地分析,远没有触及问题更深层的复杂和实质,对于报业集团化、资本管理、数字报业、行业报、农村报业发展等更切实的问题也都没有给予更多的关注和分析,相应地,不仅规范分析有待完善,实证分析也不够充分、量化分析过于薄弱。笔者心怀惴惴,希望以此为开端,让它成为今后学术生涯中的一个台阶,引导笔者孜孜不倦地向前,不断攀登新的学术高峰、不断迈向新的学术境界。

因此笔者将在以后的学术研究中继续前行,尽己所能探究报业发展的规律和方法,为社会为国家作出贡献。基于本文研究的不足,下一步研究展望包括:

1. 加强实证研究。

2. 随着市场的发展,我国报业组织双法人市场主体身份所带来的一些传媒竞争悖论已不断出现,究竟如何来操作才能真正有效发挥党委领导和法人治理的双重功效,在市场竞争中释放报业组织的新闻生产力和经济能量,实现两个优势结合、两个效益兼收的整合效应,而不会陷入产权不清、党资不分、法人地位不独立等困境和尴尬,这些都是既急切又长远的问题,有待在实践中得到进一步的检验、探讨、总结和完善。

3. 笔者探讨的对象主要是以报社为主的报业组织,其隐含前提是性质还比较单纯,而报业产业化的趋向是规模化,不管是不是以党报为首,报业组织集团化发展都是必然的,报业集团核心竞争力才是我国报业竞争和可持续发展的重中之重,这在本文着墨不多,因此报业集团核心竞争力,尤其是跨区域、跨媒介的发展与竞争将是笔者下一阶段着力研究的。资本管理和多元化是报业集团成长的基本条件,据此报业集团的价值链构成更复杂,也势必和产业链交纠缠绕在一起,与单纯的报业组织相比,其价值链整合是更艰巨更复杂的过程,也可能会具有一些质的不同,但社会主义影响力经济规律是一致的,报业集团围绕"利益←→控制"二元核心的价值链球状运作应是一致的,其集团化整合的机理和规则、其更精深微妙之处都有待持之以恒的考察和思索。

主要参考文献

中文参考文献

[1][美]A. 佩恩:《服务营销》,郑薇译,中信出版社 1998 年版。

[2][美]阿尔文·托夫勒:《第三次浪潮》,黄明坚译,中信出版社 2006 年版。

[3][英]奥利弗·博伊德·巴雷特、克里斯·纽博尔德:《媒介研究的进路——经典文献读本》,汪凯、刘晓红译,新华出版社 2004 年版。

[4][英]安德鲁·坎贝尔等:《核心能力战略——以核心竞争力为基础的战略》,严勇、祝方译,东北财经大学出版社 1999 年版。

[5][美]丹尼尔·贝尔:《后工业社会的来临——对社会预测的一项探索》,丁学良译,新华出版社 1997 年版。

[6][美]丹尼斯·麦奎尔:《大众传播理论》,潘邦顺译,风云论坛出版社有限公司 1996 年版。

[7][美]戴维·贝赞可等:《公司战略经济学》,武亚军总译校,北京大学出版社 1999 年版。

[8][美]大卫·科利斯、辛西娅·蒙哥马利:《公司战略:企业的资源和范围》,王永贵、韩经纶等译校,东北财经大学出版社 2005 年版。

[9][美]菲利普·科特勒:《营销管理:分析、计划、执行和控制》,上海人民出版社 1997 年版。

[10][英]福克纳、C. 鲍曼:《竞争战略》,李维刚译,中信出版社 1997 年版。

[12][美]赫伯特·阿特修尔:《权力的媒介》,黄煜等译,华夏出版社 1989 年版。

[13][奥]哈耶克:《通向奴役的道路》,滕维藻、朱宗风译,商务印书馆1962年版。

[14][美]J.戴维·亨格、托马斯·L.惠伦:《战略管理精要》,王毅、应瑛译,电子工业出版社2004年版。

[15][美]杰克·富勒:《新闻的价值——信息时代的新思考》,陈莉萍译,新华出版社1998年版。

[16][美]杰克·富勒:《信息时代的新闻价值观》,展江译,新华出版社1999年版。

[17][美]杰克·泰斯默:《公司定位》,李亚主译,中国劳动社会保障出版社2003年版。

[18][美]卡尔·W.斯特恩、小乔治·斯波克:《公司战略透视——波士顿顾问公司管理新视野》,波士顿顾问公司译,上海远东出版社1999年版。

[19][德]库尔特·考夫卡:《格式塔心理学原理》,黎炜译,浙江教育出版社1997年版。

[20][美]利昂·纳尔逊·弗林特:《报纸的良知》,萧严译,中国人民大学出版社2005年版。

[21][美]鲁道夫·阿恩海姆:《艺术与视知觉》,滕守尧、朱疆源译,中国社会科学出版社1984年版。

[22][德]路德维希·艾哈德:《来自竞争的繁荣》,祝世康、穆家骥等译,商务印书馆1983年版。

[23][美]罗伯特·皮卡特:《传媒管理学导论》,韩骏伟、常永新等译,人民邮电出版社2006年版。

[24][美]罗杰·菲德勒:《媒介形态变化:认识新媒介》,明安香译,华夏出版社2000年版。

[25][美]迈克尔·埃默里、埃德温·埃默里:《美国新闻史》,展江、殷文译,新华出版社2001年版。

[26][美]迈克尔·波特:《竞争优势》,陈小悦译,华夏出版社1997年版。

[27][美]迈克尔·波特等:《战略——45位战略家谈如何建立核心

竞争力》,刘守英编译,中国发展出版社 2002 年版。

[28][加]麦克卢汉:《理解传媒——论人的延伸》,何道宽译,商务印书馆 2000 年版。

[29][美]尼葛洛庞帝:《数字化生存》,胡泳等译,海南出版社 1997年版。

[30][美]纳尔逊、温特:《经济变迁的演化理论》,胡世凯译,商务印书馆 1997 年版。

[31][美]尼古拉斯·柯瑞奇:《纸老虎:操纵言论自由的人》,汪仲译,广东教育出版社 1997 年版。

[32][丹]尼古莱·J. 福斯、克里斯第安·克努森主编:《企业万能:面向企业能力理论》,李东红译,东北财经大学出版社 2003 年版。

[33]欧高敦总编:《亦真亦幻的核心竞争力》,三联书店 2001 年版。

[34][美]斯蒂芬·罗宾斯:《管理学(第 4 版)》,黄卫伟等译,中国人民大学出版社 1997 年版。

[35][美]索恩、奥根、鲍里奇:《报业管理艺术》,中国人民大学新闻系译,中国人民大学出版社 1991 年版。

[36][英]唐纳德·索尔;《创造优势——如何提升公司核心竞争力》,李朱译,企业管理出版社 2004 年版。

[37][美]汤姆·邓肯、桑德拉·莫利亚蒂:《品牌至尊:利用整合营销创造终极价值》,廖宜怡译,华夏出版社 2002 年版。

[38][美]韦尔伯·斯拉姆等:《报刊的四种理论》,中国人民大学新闻系译,新华出版社 1980 年版。

[39][美]韦尔伯·施拉姆、威廉·波特:《传播学概论》,陈亮、周立方、李启译,新华出版社 1984 年版。

[40][美]沃尔特·李普曼:《舆论学》,林珊译,华夏出版社 1989年版。

[41][美]沃纳·赛佛林、小詹姆斯·坦卡德:《传播理论——起源、方法与应用(第 4 版)》,郭镇之主译,华夏出版社 2000 年版。

[42][美]希克洛什:《报业大兼并》,王强译,光明日报出版社 1998年版。

［43］［美］约翰·奈斯比特:《大趋势》,梅艳、姚综译,中国社会科学出版社 1984 年版。

［44］［美］朱·弗登伯格、戴维·K.莱文:《博弈学习理论》,肖争艳、侯成琪译,中国人民大学出版社 2004 年版。

［45］《马克思恩格斯全集》第 27 卷,人民出版社 1971 年版。

［46］艾丰:《中国品牌价值报告》,经济科学出版社 1997 年版。

［47］陈力丹:《舆论学——舆论导向研究》,中国广播电视出版社 1999 年版。

［48］蔡雯:《新闻报道策划与新闻资源开发》,中国人民大学出版社 2004 年版。

［49］曹鹏:《中国报业集团发展研究》,新华出版社 1999 年版。

［50］崔保国主编:《2006:中国传媒产业发展报告》,社会科学文献出版社 2005 年版。

［51］崔迅等:《顾客价值链与顾客满意》,经济管理出版社 2004 年版。

［52］邓荣霖:《现代企业制度概论》,中国人民大学出版社 1995 年版。

［53］方汉奇、张之华:《中国新闻事业简史第 2 版》,中国人民大学出版社 1995 年版。

［54］管益忻:《企业核心竞争力:战略管理赢家之道》,中国财政经济出版社 2002 年版。

［55］郭庆光:《传播学教程》,中国人民大学出版社 1999 年版。

［56］丁和根:《传媒竞争力——中国媒体发展核心方略》,复旦大学出版社 2005 年版。

［57］何得乐主编:《简明不列颠百科全书(第 2 卷)》,中国大百科全书出版社 1985 年版。

［58］花建等:《文化产业竞争力》,广东人民出版社 2005 年版。

［59］黄升民、丁俊杰:《媒介经营与产业化研究》,北京广播学院出版社 1997 年版。

［60］黄继钢:《核心竞争力的动态管理》,经济管理出版社 2004

年版。

[61]贾国飚:《媒介营销——整合传播的观点》,湖南人民出版社2003年版。

[62]金元浦:《当代文化产业论丛》,广东人民出版社2005年版。

[63]金碚:《报业经济学》,经济管理出版社2002年版。

[64]金碚等:《竞争力经济学》,广东经济出版社2003年版。

[65]李彬:《传播学引论(增补版)》,新华出版社2003年版。

[66]李德成主编:《文化传媒业政策法规精解》,法律出版社2006年版。

[67]李良荣:《新闻学概论》,复旦大学出版社2005年版。

[68]刘海贵主编:《中国报业发展战略》,上海人民出版社2006年版。

[69]刘晋伦:《能力与能力培养》,山东教育出版社2001年版。

[70]刘鹏:《竞争时代的报纸策略》,山东人民出版社2005年版。

[71]刘年辉:《报业核心竞争力:理论与案例》,中国广播电视出版社2006年版。

[72]鲁开垠、汪大海:《核心竞争力:企业永续制胜之路》,经济日报出版社2001年版。

[73]陆小华:《整合传媒:传媒竞争趋势与对策》,中信出版社2002年版。

[74]欧阳友权主编:《文化产业通论》,湖南人民出版社2006年版。

[75]欧阳友权、柏定国主编:《中国文化品牌报告》,中国市场出版社2006年版。

[76]彭丽红:《企业竞争力——理论与实证研究》,经济科学出版社2000年版。

[77]宋建武等:《中国媒介经济的发展规律与趋势》,中国人民大学出版社2005年版。

[78]邵陪仁、陈兵:《媒介战略管理》,复旦大学出版社2003年版。

[79]史东明:《核心能力论:构筑企业与产业的国际竞争力》,北京大学出版社2002年版。

[80]唐绪军:《报业经济与报业经营(第2版)》,新华出版社2003年版。

[81]田中阳:《媒介竞争论》,岳麓书社2002年版。

[82]童利忠、丁胜利、马继征:《企业核心竞争力新论》,人民邮电出版社2006年版。

[83]王朝晖:《决胜媒体市场:新闻信息资源开发战略》,新华出版社2003年版。

[84]王方华:《整合营销》,山西经济出版社1998年版。

[85]王洪钧:《新闻采访学》,正中书局1997年版。

[86]汪兴明、李希光主编:《政府发言人15讲》,清华大学出版社2006年版。

[87]韦森:《文化与制序》,上海人民出版社2003年版。

[88]吴飞主编:《传媒竞争力》,中国传媒大学出版社2005年版。

[89]杨瑞龙、周业安:《企业共同治理的经济学分析》,经济科学出版社2001年版。

[90]喻国明:《传媒影响力》,南方日报出版社2003年版。

[91]喻国明:《媒介的市场定位》,北京广播学院出版社2000年版。

[92]喻国明、张小争:《传媒竞争力》,华夏出版社2005年版。

[93]赵彦华:《媒介市场评价研究》,新华出版社2004年版。

[94]赵曙光、史宇鹏:《媒介经济学》,湖南人民出版社2003年版。

[94]赵国浩:《企业核心竞争力——理论与实务》,机械工业出版社2005年版。

[96]张锦华:《传播批判理论》,黎明文化事业公司1994年版。

[97]张瀛、于文明、张峰:《聚焦新经济——解读新经济时代的生存战略》,地震出版社2000年版。

[98]章东轶:《媒介管理学经典案例》,高等教育出版社2003年版。

[99]郑保卫主编:《论媒介经济与传媒集团化发展》,中国人民大学出版社2003年版。

[100]支庭荣:《媒介管理》,暨南大学出版社2000年版。

[101]周鸿铎:《传媒经济导论》,经济管理出版社2003年版。

[102]周绍森等:《新经济论——中国实现跨越式发展的理性分析》,高等教育出版社2001年版。

[103]《邓小平文选》第2卷,人民出版社1994年版。

[104]中国社会科学院语言研究所词典编辑室主编:《现代汉语词典(第2版)》,商务印书馆1983年版。

[105]中国新闻出版总署:《中国报业发展报告2007:创新成就未来》,社会科学文献出版社2007年版。

[106]中宣部新闻调研小组:《中国报业总量结构效益调查》,新华出版社1996年版。

[107]卓南生:《中国近代报业发展史(1815—1874)》,中国社会科学出版社2002年版。

[108]夏征农主编:《辞海》,上海辞书出版社1989年版。

英文参考文献

[1]Aime Heene & Ron Sanchez. *Competence-based Strategic Management*. New York:John Wiley& Sons,1997.

[2]Agostino LA Bella,Mario Raffa & Giuseppe Zollo. *Leve Strategiche Nei Mercati Integrati(Strategie levers in integrated markets)*. Milan:Etaslibri,1995.

[3]Alan B. Albarran. *Media Economics:Understanding Markets,Industries and Concepts*. Ames Iowa:The Iowa State University Press,1996.

[4]Alan B. Albarran & Sylvia M. Chan-Olmsted. *Global Media Economics:Commercialization Concentration and Integration of World Media Markets*. Ames Iowa:The Iowa State University Press,1998.

[5]Alison Alexander & Rod Carveth. *Media Economics: Theory and Practice*. Mahwah:Lawrence Erlbaum Associates,2004.

[6]Annet Aris. *Value-creating Management of Media Companies*. New York:John Wiley & Sons,2005.

[7] Bagdikian Ben H. *In The Media Monopoly*. Boston:Beacon Press,1997.

[8]Benjamin M. Compaine & Douglas Gomery. *Who Owns the Media?*: *Competition and Concentration in the Mass Media Industry*. Mahwah: Lawrence Erlbaum Associates,2000.

[9]C. Edwin Baker. *Media, Markets, and Democracy*. New York: Cambridge University Press,2002.

[10] Colin Hosins, Stuart McFadyen & Adam Finn. *Media Economics*: *Applying Economics to New and Traditional Media*. Thousand Oaks: Sage Publications, Inc. ,2004.

[11]David Croteau & William Hoynes. *The Business of Media*: *Corporate Media and the Public Interest*. Thousand Oaks: Pine Forge Press,2005.

[12]David Faulkner & Cliff Bowman. *Competitive Stratege*. 北京: 中国人民大学出版社,1997(英文版).

[13] Denis McQuail. *Mass Communication Theory—An Introdution*. Thousand Oaks: Sage Publications, Inc. ,1994.

[14]Dimmick John W. *Media Competition and Coexistence*: *The Theory of the Niche*. Mahwah: Lawrence Erlbaum Associates Inc. ,2002.

[15]Dominick Joseph. R. *The Dynamics of Mass Communication*. NewYork: McGrawHill, Inc. ,1993.

[16] Doris Graber. *Media Power in Politics*. Woshington: Congressional Quarterly Inc. ,2000.

[17] Drew Fudenberg &David K. Levine. *The Theory of Learning in Games* (*Economic Learning and Social Evolution*). Massachusetts , Cambridge: The MIT Press,1998.

[18]Fink C. Conrad. *Strategic Newspaper Management*. NewYork: Random House,1988.

[19]Frank Denton and Howard Kurtz. *Reinventing the Newspaper*. New York: The Twentieth Century Fund Inc,1993.

[20]George S. Day& David J. Reibstein. *Wharton on Dynamic Competitive Strategy*. New York: John Wiley & Sons,1997.

[21] Guido Capaldo, International Council for Small Business& Mario

Raffa. *Innovation and Economic Development : The Role of Entrepreneurship and Small and Medium Enterprises*. Napoli : Edizioni Scientifiche Italiane , 1999.

[22] Howard Thomas & William C. Bogner. *Drugs to Market*. New York : Pergamon Press , 1996.

[23] Hunt Todd & Brent D. Ruben. *Mass Communication : Producers and Consumers*. New York : Harper Collins College Publishers , 1993.

[24] Jack Fuller. *News Values : Ideas for an Information Age*. Chicago : The University Of Chicago Press , 1996.

[25] Joseph K. Klapper. *The Effects of Mass Communication*. New York : The Free Press , 1960.

[26] Joseph Strubhaar& Robert Larose. *Media Now : Communications Media in the Information Society*. Belmont , CA : Wadsworth Publishing Company , 1995.

[27] Killebrew K. C . *Managing Media Convergence : Pathways to Journalistic Cooperation*. Ames Iowa : Iowa State Press , 2004.

[28] Leonard-Barton D. *Wellsprings of knowledge : Building and Sustaining the Sources of Innovation*. Boston : Harvard Business School Press , 1995.

[29] Marshall A. *Principle of Economics*. London : Macmillan , 1925.

[30] Marshall McLuhan. *Understanding Media : The Extensions of Man*. NewYork : McGraw-Hill Companies , 1964.

[31] Meyer P. *The Vanishing Newspaper : Saving Journalism in the Information Age*. LeMone Boulevard Columbia : University of Missouri Press , 2004.

[32] N. Rosenberg. *Perspectives on Technology*. Lodon : Cambridge University Press , 1982.

[33] Nicolai J. Foss. *Resources , Firms , and Strategies : A Reader in the Resource-Based Perspective*. Oxford University Press , 1997.

[34] Penrose E. *The Theory of the Growth of the Firm*. New York : John Wiley& Sons , 1959.

[35] Philip M. Napoli. *Impact Of Regulatory Change On Media Market*

Competition and Media Management. Mahwah：Lawrence Erlbaum Associates，2004.

[36]Philip. S. Cook，Douglas Gomery & Lawrence W. Lichty. *The Future of News*. Washington：The Woodrow Wilson Center Press，1992.

[37]Richard A. D'Aveni. *Hyper-Competition：Managing the Dynamics of Strategic Maneuvering*. New York：The Free Press，1994.

[38]Richard A. D'Aveni & Robert E. Gunther. *Hyper-competitive Rivalries：Competing in Highly Dynamic Environments*. New York：The Free Press，1995.

[39]Richard Keeble. *The Newspapers Handbook (Media Practice)*. London：Routledge，2005.

[40] Riode Janeiro & Brazil lastJune. *Materials Successful Newspaper Strategies*. Paris：World Association of Newspapers，2001.

[41]Robert G. Picard. *The Press and the Decline of Democracy*. Westport：Greenwood Press，1985.

[42]Robert G. Picard. *Press Concentration and Monopoly：New Perspectives on Newspaper Ownership and Operation*. Stamford：Ablex Publishing Corp. ，1988.

[43]Robert G. Picard. *Media Economics— Concepts and Issues*. Thousand Oaks：Sage Publications，1989.

[44]Robert G. Picard. & Tefrey H. Brody. *The Newspaper Publishing Industry*. Boston：Allyn & Bacon，1996.

[45]Robert G . Picard. *The Economics and Financing of Media Companies*. New York：Fordham University Press，2002.

[46] Robert G. Picard. *Media Firms：Structures ，Operations and Performance*. Mahweh：Lawrence Erlbaum，2002.

[47] Roger Fidler. *Mediamorphosis：Understanding New Media*. Thousand Oaks：Pine Forge Press，1997.

[48]Rucker Frank W. & Herbert Lee Williams. *Newspaper Organization and Management*. Ames，Iowa：The Iowa State University Press，1974.

［49］Sanchez R, Heene A. *Managing Articulated Knowledge in Compe-tence-Based Competition*. New York : John Wiley & Sons, 1997.

［50］Stanley J. Baran& Dennis K. Davis. *Mass Communication Theory: Foundations, Ferment and Future.* 北京:清华大学影印本, 2003.

［51］Steven E. Ames & Edmund C. Arnold . *Elements of Newspaper De-sign*. New York : Praeger, 1989.

［52］Timothy E Cook. *Governing with the News: The News Media as a Political Institution*. Chicago : the University of Chicago Press, 1998.

［53］William Ahachten. *The Troubles of Journalism: A Critical Look at What's Right and Wrong with the Press*. Madison: The University of Wisconin Press, 1998.

［54］W. Parkman Rankin. *The Practice of Newspaper Management*. New York: Praeger, 1986.

［55］William Thorn & Mary Pat Pfeil. *Newspaper Circulation: Marketing the News*. New York: Longman, 1987.

后　记

2008 年初春，伴随着日益清新的绿色和日见繁盛的春花，我给这部书稿画上了最后一个句号。文章天下事，甘苦寸心知，当书稿即将付印之时，不免有许多感动的话要说。

负责该书出版事宜的是人民出版社政治编辑室的张怀海博士，他的真诚、严谨、幽默以及工作效率给我留下了深刻的印象，谢谢他提供的这次出版机会。

选择这个题目，是对中国报业的热爱和关注所致。放眼望去，当代中国处于一个报业大发展的时代，报业竞争的生动性和复杂性正慢慢地绽放出来，是它们让我有了描述的对象，并尝试着去进行完整的描述。因此，我向它们致谢，谢谢整个发展中的中国报业和文化产业，谢谢本研究作为案例的两家报媒组织——体坛周报社和潇湘晨报社。

当代中国，报业竞争需要核心竞争力，我国报业组织核心竞争力的实质与特点是什么？又怎样来识别和培育呢？带着这些问题和思考，我写下了以上文字。为此，我要感谢国内外一直致力于新闻传媒及报业研究的各位学者和业界人士，我是站在他们的肩膀上，汲取了他们所提供的丰富的思想资源和方法指导后，才得以完成这部书稿，请让我向他们致以深深的敬意和谢意。

这次写作属于跨学科的探索和研究，而个体的生命本就包含在集体中，在我身边，一直有那么多善良热诚的师友在默默地支持和帮助我。在他们的关心和指导下，我得以不断提高对研究对象的认识，并让自己的文稿日益臻于成熟和完善。请让我向他们敬礼和致谢：

谢谢中南大学文学院院长、博士生导师欧阳友权教授所给予的全面指导,谢谢中南大学商学院院长、博士生导师陈晓红教授所给予的亲切指正,谢谢中南大学商学院教授、博士生导师李一智老先生的悉心指导,谢谢中南大学商学院教授、博士生导师罗新星等专家所给予的具体意见,谢谢中南大学文学院阎真教授、柏定国教授、谭德晶教授、蓝爱国教授、聂茂教授、胡光华书记等所提供的各种帮助。

同时,我深深地感谢北京工业大学文化创意产业研究所所长、教授、博士生导师王国华先生,上海社科院文化产业研究中心主任、研究员、博士生导师花建先生,中山大学中文系教授、博士生导师高小康先生,湖南师范大学新闻传播学院院长、教授、博士生导师田中阳先生,四川大学文学与新闻传播学院教授、博士生导师欧阳宏生先生,谢谢他们的鼓励、帮助和所给予的宝贵意见。

学无止境,这部书稿尚有很多不成熟不完善之处,也还存在引用、归纳及认识等方面的偏颇和错误,希望大家能给予我更多的批评、宽容和指正,我愿在未来的学习和研究中,以更加丰厚的成果来答谢所有关心、帮助和支持我的领导、老师、同事和朋友。

在书稿出版过程中,中南大学出版社的何彩章女士、中南大学机电学院的王琴女士、岳麓书社的皮朝霞女士、我的大学同学罗红红女士和何海龙先生,都给予了相关的建议和帮助,在此一并致以诚挚的谢意。

谨为记,祝大家都健康快乐。

钟 虎 妹

2008 年 8 月 8 日

于中南大学本部南校区

责任编辑:张怀海
封面设计:肖　辉
版式设计:陈　岩

图书在版编目(CIP)数据

我国报业组织核心竞争力研究——基于"格式塔"竞争的视角/钟虎妹　著.
-北京:人民出版社,2008.9
ISBN 978－7－01－007223－4

Ⅰ.我…　Ⅱ.钟…　Ⅲ.报纸-市场竞争-研究-中国　Ⅳ.G219.2

中国版本图书馆 CIP 数据核字(2008)第 120996 号

我国报业组织核心竞争力研究
WOGUO BAOYE ZUZHI HEXIN JINGZHENGLI YANJIU
——基于"格式塔"竞争的视角

钟虎妹　著

人民出版社 出版发行
(100706　北京朝阳门内大街 166 号)

北京市文林印务有限公司印刷　新华书店经销

2008 年 9 月第 1 版　2008 年 9 月北京第 1 次印刷
开本:710 毫米×1000 毫米 1/16　印张:18.75
字数:300 千字　印数:0,001－3,000 册

ISBN 978－7－01－007223－4　定价:39.00 元

邮购地址 100706　北京朝阳门内大街 166 号
人民东方图书销售中心　电话 (010)65250042　65289539